金持ち父さんのアドバイザーシリーズ

資産はタックスフリーで作る

恒久的に税金を減らして大きな富を築く方法

序文
ロバート・キヨサキ

公認会計士
トム・ホイールライト

白根美保子／シュレーゲル 京 希伊子 訳
編集協力 渡邊浩滋（大家さん専門税理士）

筑摩書房

資産はタックスフリーで作る

目次

資産はタックスフリーで作る

contents

第1部 税法はあなたの一番の味方になれる

第2部　タックスフリーで資産を作るための戦略　173

Tax-Free Wealth
How to Build Massive Wealth
By Permanently Lowering Your Taxes
By Tom Wheelwright

This edition published by arrangement with
Rich Dad Operating Company, LLC.
First edition, October 2019

資産はタックスフリーで作る

――恒久的に税金を減らして大きな富を築く方法

本書を母デボラ・アン・クーラム・ホイールライトに捧げる。
あなたは私に、すべての問題は単に克服すべき課題にすぎず、
その解決方法はあらゆる方向から与えられることを教えてくれた。

著者による前書き

税金に関して、ごく一般の人が「読んでみたい」と思うような本を書くのは容易なことではない。たいていの人は税金と聞くと恐れをなす。税法は自分たちを捕まえるためにあるのだと思っている。メディアや、ファイナンシャル・アドバイザーと呼ばれる人たちは、長い間、税法はとてつもなく複雑で一般の人には到底理解できないと言い続けてきた。これらの業界人たちは言わないでいるが、実際のところ、税法はとてもシンプルだ。確かに注意をしなければならない細かい点がたくさんあるし、それを理解するには税務アドバイザーの力を借りなければいけないが、それでも、税法の基本的なコンセプトは小学校五年生程度の学力があれば、だれにでも簡単に理解できる。

当然ながら、最初に税法が作られた時には、一般の労働者は対象にすらされていなかった。大金持ちの個人や企業が余分に儲けているお金だけが対象とされていた。でも、最近数十年の間に、税法は政府が社会政策、経済政策を立てる際の道具へと姿を変えた。

税法がはじめて従業員に適用されるようになった時には、平均的な給料を稼ぐ平均的な従業員には課税されなかった。今では、従業員が一番多く税金を払い、雇用主や投資家が一番少なく税金を払っている。なぜこんなふうになってしまったのだろう?

政府の経済政策立案者たちは、税制上の優遇措置に対して人々がとてもすばやく、素直に反応することに気が付いた。たとえば、政府がもっと大家族を増やしたいと思ったら、子供の数に応じて税額控除を認めればいい。国内でのエネルギー生産への投資を促進させたかったら、石油や天然ガスへの投資に対して大幅な課税控除を認める。また、低所得労働者向けの集合住宅の建設に投資する人を増やしたかったら、そういう投資に対して控除を与えるだけでいい。そのほか例を挙げたらきりがない。

本書は世界の税法のありかたを批判するために書かれたものではない。それどころか、税法を変える必要があると主張するものですらない。税金は私たちの世界の一部であり、これからも常に生活の一部であり続けるだろう。だから、ぶつぶつ文句を言いながら、政府がそれをもっと公平にしてくれることを期待していても仕方ない。それよりも、税金を理解し、自分の生活の中で利用するようにしよう！

税金はあなたを金持ちにするか、貧乏にするか、そのどちらかだ。どの国の税法も、景気をよくし社会政策を促進するのに役立つ活動を後押しすることを目的に書かれている。税法を理解し、その目的に沿って利用することは私たちの義務だと言っていい。

本書は税法の抜け穴を解説する本ではない。「抜け穴」は、法律を制定した側の意図とは異なる「予期せぬ結果」だ。本書は法律を作った側が「意図した結果」を利用する方法を取り上げている。意図された通りに優遇措置を利用することは、まさに政府が私たちに「してほしい」と思っていることなのだ。政府が投資しろと言っているところに投資する。そうすれば税の優遇が受けられる。雇用機会や住宅を増やし、経済成長を促す活動に時間や才能をつぎ込めば、税の優遇が受けられる。だから、多くの点から言って、税法を最大限に利用して、できる限り税金を減らすことは、私たちが国のためにできることの中で、最も愛国的なことの一つだと言える。

大事なことなので繰り返すが、税法のコンセプトを理解するのはむずかしいことではない。ただし、本書を読んでも、あなたは自分の国の税法のエキスパートになれるわけではない。本書は税法の基本となっている原則を教え、政府が望むような形でそれを利用できるようにするための本だ。そのようにして税法を利用すれば、きっと自分のビジネスや投資からより多くの利益を得られるようになる。言うならば、税法は宝のありかを教えてくれる地図だ。この宝の地図に従って進むうちに、税金は下がり、ビジネスからの利益や投資からのリターンが増えていく。この「宝探し」を大いに楽しんでもらいたい。そうすれば、あなたが思っているよりもずっと近くに、経済的自由があることがわかるだろう。

ロバート・キヨサキによる前書き

昔からよくこう言われている——人生には二つのものがつきものだ。それは死と税金だ。このことについての私の意見はこうだ。だれでもこの二つをできる限り先延ばしするため、あるいは少なくともそれに伴う苦痛をできる限り少なくするために、自分にできることはすべてやりたいと思っている。

私は長生きをするために、健康にいい物を食べ、運動をし、飲みすぎや喫煙といった健康に悪いことをしないようにしている。健康は大事だ。だから、専門家の助けを借りて身体の状態をベストに保ち、身体にいい物だけを体内に取り入れる。私は自分の言ったことは実行する。

でも、前からこんなふうだったわけではない。前はジャンクフードを食べるのが大好きだったし、ちょっと飲みすぎだった。それに運動もしなかった。そして、その「つけ」は回ってきた。太りすぎて健康を害し、心臓が危ないと警告された。

私は身体についての「ルール」がわかっていなくて、ルールを破ってばかりだった。そのためずいぶん高くついた。ありがたいことに、健康上の問題が出てきたおかげで、健康になろうという気にさせられた。だから、不測の事態が起これば話は別だが、今は前よりだいぶ寿命が延びたと思う。

若かった頃は、私は税金に関するルールもわかっていなかった。おそらく今のあなたもそうだと思うが、私も税金を「避けることのできない大きな不都合」と受け止めていた。ありがたいことに、私が金持ち父さんと呼んでいる人物が、税金は避けられないものではないこと、そして、それどころか自分の得になるように利用することさえできるのだということを教えてくれた。

私の金持ち父さんは実の父ではない。親友の父親だ。金持ち父さんは起業家で、小売店やレストラン、ホテルを何軒も持っていた。本当の父は学校の先生で、その後ハワイ州の教育長になった。

お金の世界に四つの異なるタイプの人間がいるということを、自分の息子と私に教えてくれたのはこの金持ち父さんだった。彼は「キャッシュフロー・クワドラント」と名付けた図を使って、この四つのタイプがどんなものか説明してくれた（図①。クワドラントは円を四等分したものを指す）。

私は子供ながらも、金持ち父さんのおかげで、EとSのクワドラントに属する人たちが税金を一番多く払っていることを知っていた。また、BとIのクワドラントの人たちが一番低い税率で税金を払っていること、時にはまったく払っていないことも知っていた。私は金持ち父さんのアドバイスに従って、BとIのクワドラントに焦点を合わせて人生を歩んだ。そしてその結果、金銭的にとても大きな成果をあげることができた。

ここまで来るのに、私自身はルールと、それを使ってプレーする方法を知ってさえいればよかったが、問題は金持ち父さんと同じくらいよく税法を理解しているCPA（公認会計士）を見つけることだった。

何年もの間、私は税金で損をしてきた。その理由はただ一つ。私が雇っていたのが、料金と教育程度は高いが、業界で最も優秀というわけではないCPAだったからだ。でもトム・ホイールライトと出会って状況

①キャッシュフロー・クワドラントで見る4つのタイプ

E…従業員（employee）
S…スモールビジネス（small business）
　自営業者（self-employed）
B…従業員500人以上のビッグビジネス
　(big business)
I…投資家（investor）

は一変した。数年前にトムと出会って以来、彼は私の手本となってくれている。おかげで私は自分が一番得意なこと——つまり、起業、投資、仕事の創出、お金を稼ぐこと——に全力を注ぐことができる。その一方で、払う税金はどんどん減っている。もちろん合法的にだ。だからこそ私は、この本を書くようにトムに勧めた。とくに今のような時代においてとても大きな意味を持っている。本書ができあがってとてもうれしい。みなさんにも楽しく読み、多くを学んでもらえると信じている。

今、税金は多くの人を「金銭的に殺している」。おそらくあなたには、私が何を言いたいのかわかってもらえるだろう。毎月給料明細を見て、自分が稼いだお金はいったいどこへ行ってしまったのかと疑問に思ったことはないだろうか？　お教えしよう。そのお金は、損をするのではなく儲けるために税金を利用する方法を知っている人たちのところに流れ込んでいる。つまり、私のような人間たちに、ということだ。

本書を読み進めるとわかるが、政府は優遇措置を与えることによって、投資家や起業家に政府が望むことをさせるために税法を設けている。つまり、たとえば、低所得者向けの住宅を供給したいと思ったら、大幅な税の優遇を用意して、開発業者がそのような住宅を建てるように仕向ける。

問題は、政府にはほかにも出費がたくさんあるということだ。では、だれに税金をかけるか？　そう、中流層だ。そして、私のような人間が税の優遇を受けるために政府の意向に沿った活動をするのを助けるのに、そのお金を使う。

知っての通り、最近「金持ちに課税しろ」という声が高まっている。多くの人が金持ちは税金をごまかしていて、貧困層や中流層からお金をだましとっていると信じている——確かにそういう金持ちもいる。税金が存在する限り、税金をごまかす人は必ずいる。だがそのすべてが金持ちというわけではない。お金がなくてもごまかす人はごまかす。世界のどの都市でも、税金を払わずに成り立っている巨大な経済が地下でうごめいていることはみんな知っている。そこは脱税だらけだ。あなたもそういうことをしている人を何人か知っているかもしれない。

トム・ホイールライトが書いたこの本は、税金に関する新しい見方を教えてくれる。彼は税金を、経済という名の列車の車輪に油を差し、スムーズに走らせるために政府が与えるインセンティブ（報奨金）、経済的刺激策の一つだととらえている。

これは私の金持ち父さんのとらえ方と同じだ。金持ち父さんは、ただ単純に、自分は政府が「こうなるといい」と思っていることをやっていて、その見返りとして、税の優遇を与えられているのだと考えていた。お察しの通り、友人、家族、仕事の取引相手といった周りの人たちに、税金に関して私と同じような見方をさせるのは大変だった。その人たちの中にはもちろんＣＰＡも含まれている。

たいていの人はこのような見方を理解できない。理由は単純だ。税務署を恐れているからだ。ＣＰＡの中にさえ、そういう人はたくさんいる。たいていの人は間違ったことをしないようにとビクビクしながら生きている。だから、税金が増えてもただ払い続けることで安心し、その一方で金持ちは税金をごまかしていると文句を言う人がたくさん出てくる。でも、これはファイナンシャル・インテリジェンス（お金に関する知性）が高いやり方とは言えない。

今私は税の優遇を受けているが、それはビジネスを通じて仕事を供給したり、アパート経営によって住宅を供給したり、石油採掘によってエネルギーを供給し、エネルギーコストを下げたりすることで、経済を動かすことに貢献しているからだ。

私は自分の優位な立場をひけらかすためにこんなことを言っているわけではない。ちょっと見ただけでも、こういった状況が公平に思えないこともわかっている。でも、金持ち父さんだけでなく、おそらくどんな父親も子供に言ったことがあると思うが、実際のところ「人生は公平ではない」。私がこんなことを言っているのは、あなたも税法を利用してお金を儲ける――儲ける、とまでいかなくても、少なくとも税金を大幅に減らす――ことができることを知ってもらいたいからだ。

友人でもあり私自身の税務アドバイザーでもあるトム・ホイールライトがこの本を書いたことをとても喜

んでいるのは、以上のような理由からだ。税金がどのように働くか、どのようにすれば税法の力を借りて金持ちになれるかを説明するのに、彼以上に適した人はいないと思う。税金を楽しいものにする——冗談で言っているわけではない——ことができるとしたら、彼以上の適役はいない。

本書を読むとあなたにもわかってくると思うが、税金に対するトムの情熱、そして、人が節税するのを助けたいという強い気持ちには「感染性」があって、私たちも同じような気持ちにさせられる。また、彼がここで紹介する豊富な知識が、人生を一変させるほど貴重なものであることもきっとわかるだろう。

トムは私たちにいい知らせをもたらしてくれる。そのいい知らせとは、「税金によって金銭的に殺されるがままになっている必要はない」ということだ。税法上の規則は、あなたがそれを知っているかいないかには関係なく、そもそもあなたを助けるために存在している。あなたを傷つけるためにあるのではない。

あなたに必要なのは、適切な知識とちょっとしたアドバイスだけだ。トムは本書でその二つを確実にあなたに届ける。

もしあなたが、金持ちは税金をごまかしていて、貧困層や中流層からお金をだまし取っていると信じているとしたら、本書はあなたには向いていない。そういう人は、おそらく『資本論』を読んだほうがおもしろいと感じると思う。

でも、もしあなたが、政府が望んでいること、成し遂げる必要があると考えていることをやることで、自分の収入を増やし、税金を減らしたいと思っているならば、あなたが読むべき本はまさにこれだ。

ロバート・キヨサキ（資本家）

はじめに

少年の頃、私は人と議論するのが大好きだった。テニスをしている時であろうと、モノポリーで遊んでいる時であろうとおかまいなしだ。なぜそんなに好きだったかというと、自分のほうが正しいと主張したかっただけでなく、人と議論することそのものに喜びを感じていたからだ。そのうちに私は、そのテーマについて知識が多ければ多いほど、議論で相手に勝つチャンスが大きくなることに気が付いた。同感していただけると思うが、もちろん、議論は勝つつもりでやらなければ意味がない。

私はまた、問題となっていることがあいまいであればあるほど、議論するのがたやすいことにも気が付いた。だから、何に関してであれ、はっきりした答えのないテーマについて学ぶことが大好きになった。一九歳になった時、私はモルモン教会の使節としてフランスのパリへ渡った。フランス人が議論好きなのは有名だ。おまけにフランス語はそれにぴったりの言葉だ。フランス語での議論は、私がこれまで経験した中で最も楽しかったことの一つだ。フランス語の響きは本当に美しい。そして、フランス人は実りある議論を展開するのが大好きだ。彼らはアメリカ人と違って、議論を個人への攻撃ととらえない。だから、何時間も議論したあとも、気持ちを傷つけられたと感じる人はいない。私はフランス人が七種類もの料理からなるコースメニューを考え出したのは、食べ物が冷めるのを心配せずに、心おきなく議論するために違いないと思っている（覚えているだけでも、四時間以上かかった食事が何回かあった）。

おそらく、そもそも私が法律に興味を持ったのは、このような実りある議論が大好きだったからだろう。法律の学位はとらなかった（弁護士との付き合いはしたくなかった！）が、法律を仕事にするというアイディアは、とても気に入っていた。

私はまた、お金について学ぶことやお金を稼ぐこと、そして使うことが大好きだった。だから大学では会計の講座をとり、税務会計を専門に学んだ。税理士になれば、法律とお金の二つの世界で働くことができる。

大学卒業後、最初の一三年間は、ビッグ・フォーと呼ばれる四大会計事務所や、フォーチュン1000に名を連ねる大企業で働いた。私は従業員として大きな成功を収め、大した苦労もなく順調に昇進した。最初に勤めた会計事務所アーンスト&ヤングでは国税課で働く機会——新米のCPAには大きな名誉！——を与えられた。その後働いた大企業でも大いに腕を発揮して、会社の売上税や資産税を大幅に軽減するのに貢献した。そんなふうにしていくつかの一般企業で働いたあと、私は会計事務所の仕事に戻ることにして、ある国際会計事務所に就職した。働き始めてわずか七か月後、オフィスに入ると上司からのメモが机の上に置いてあった。メモには、出社したらすぐに廊下の先にある彼のオフィスに来るようにとあった。

これはちょっと奇妙な話だった。というのは、私が働いていたのはフェニックスの事務所で、上司は普段ロサンゼルスの事務所で働いていたからだ。彼が来ることも聞かされていなかった。私はすぐに指定された部屋に行った。上司は私に中に入るよう手招きし、私が入るとすぐにドアを閉めるように言った。これは何かある。それがいいことなのか、悪いことなのか、その時はすぐには判断できなかった。上司は私に座るように言った。いい話ではなさそうだ。次に彼は、「きみを手放すことに決めた」と言った。私が「クビだということですか？」と聞くと、彼はうなずいた。

学校でも職場でも常に優秀な成績を収めてきた人間にとって、これはかなりのショックだった。私はすぐに家に帰った。玄関を入ると妻のロージーが声をかけてきた。「まあ、今日はずいぶん早いのね？　どうしたの？」私は何があったか話した。妻は、その時にはすでに「元」上司になっていた人間について、一言二言辛辣な言葉を吐いた（彼女はいつだって一切手加減しない）。それから、私たちは二人で将来の計画を立て始めた。ロージーは「あなたはいつも自分でビジネスを始めたいと言っていたから、これを機会にそうしたらいいんじゃない？」と提案した。収入の道が一つで、二人の幼い息子を抱える世帯の家計を私一人が支えている状況を考えると、これはずいぶんと思い切った賭けだった。

私は顧客が二人きりの状態から始めた。それから九か月、自分のビジネスを立ち上げるために休む間もなく働いた。知り合いにはすべて声をかけ、まったく知らない相手に手当たり次第に電話した。効果はてきめんで、九か月後には顧客の数が倍になった！ そう、二人が四人になった……。これでは毎月の請求書を支払うには足りない。そんなある日、同じくCPAの友達が電話で、うちから程遠くないところで会計事務所が売りに出されたと教えてくれた。よく聞いてみると、売主のCPAは私の知り合いだった。

唯一の問題は、私にはお金がないどころか、四万ドルの借金まであったことだ。友達にアドバイスを求めると、彼は少しお金を貸してくれると言った。さらに売主が売値のほぼ半分を融資してくれることになり、残額は両親が貸してくれた。私にとって頭金ゼロのはじめての取引だった。それから一年のうちに、仕事はどんどん増え、パートナーを見つけなければならないほどになった。

それからおよそ五年後、私はロバート・キヨサキと出会い、彼のもとでお金とビジネスについて学び始めた。私が学んだのは、お金とビジネス、そして教育に関するまったく新しい見方だった。彼と会うまで、そんなふうに教えてくれる人は一人もいなかった。私は彼の講演会に出席するようになった。

その結果、今では「金持ち父さんのアドバイザーシリーズ」の本を書くまでにいたった。ロバートがいなかったら、私はこの本を書くことは決してなかっただろう。実際のところ、書けなかったと思う。本書に含まれている、税金や財産に関する大局的な思考のプロセスは、ロバートと行った数多くのミーティングやセミナーで学んだものだ。

ロバートが私に「本を書かないか」とはじめて持ちかけてきた時、彼は「その本は起業家と投資家がどうやったら税金を減らせるかということについての本で、世界のすべての国を念頭においたものでなければいけない」と言った。私は書店や図書館で調べてみたが、国際的な視点で書かれた税金の本は一冊も見つけられなかった。つまり、これは私にとって大きなチャレンジだった。

あらゆる国の起業家、投資家に向けた税金に関する本なんて、一体どうやったら私に書けるというのか？アメリカの税法ならよく知っている。三〇年学び続けているのだから。でも、だれもがそう思っているように、私もほかの国の税法はアメリカのものとはかなり違うだろうと思っていた。

ところが調べてみると、それとはまったく違う結果が出た。先進諸国の税法はどれも似たり寄ったりだということがわかったのだ。実際のところ、ほとんど同じと言っていいほどだ。だから、世界中の起業家や投資家に向けて税金の本を書くことは可能だった。それがこの本だ。

確かに税法の詳細は国によって違う。本書ではそれぞれの章の最後で、具体的な税金戦略を紹介している。そこにはあなたが自分の国で使える戦略も含まれている。でも、あなた自身が税金の専門家でない限り、一般の起業家や投資家はすべての詳細を知る必要はない。そういったことは税務アドバイザーに任せておけばいい。あなたが知らなければならないのはコンセプトだ。そして、このコンセプトはあなたが生まれ育った国、ビジネスをしている国が世界のどこであれ、同じなのだ。

本書は、税金対策の基本となるコンセプトについての本だ。あなたの国の税法をどのように利用するか、その方法について書かれている。本書の中で、私は税法がどのような仕組みで働くかお話しする。さらに、税法が税金を増やすためではなく、減らすために作られていることについてもお話しする。この基本的な原則を理解できれば、もう税法を恐れる必要はなくなる。税法はあなたやあなたのビジネスの邪魔をするためにではなく、助けるために存在しているのだから。

節税のためのいくつかの基本原則がわかると、すぐに税金を減らし始めることができる。そして、将来的には、所得税を合法的にゼロにしたり、そのほかの税金も大幅に減らすこともできるかもしれない。それができるようになれば、税金の負担のない豊かなタックスフリーライフを楽しむことができる。

さあ、その第一歩を踏み出そう。

第1部

税法はあなたの一番の味方になれる

第1章　税金はあなたからお金と時間と未来をかすめ取っている

「支出の中で最大の割合を占めるのは税金だ」

——ロバート・キヨサキ

毎日、税金はあなたの生活を奪い取っていく。所得税、売上税、付加価値税、雇用税、そのほかありとあらゆる種類の税金が、あなたの生活を食い尽くす。

税金はただお金を取っていく——あなたはそう考えているかもしれない。本当にそれだけだったらむしろありがたい。**税金が取っていくのはお金だけではない。時間もかすめ取っていく。なぜなら、「時は金《かね》なり」だからだ。**金持ちが時間をたっぷり持っているのは、自分の時間をお金と取り換える必要がないからだ。その代わりに、彼らはお金を時間と取り換えている。

先進国のごく平均的な人は、人生の二五パーセントから三五パーセントの時間を、税金を払うために働くのに費やす。つまり一日の労働時間のうち二時間以上を、政府を養うために捧げているということだ。一年にしたら三か月から四か月が、ただ税金を払うための労働に費やされている計算だ。そしてそれらの合計は、就業期間のうちの一三年以上、一生のうちの二〇年にもなる。まるで懲役判決だ。

この状況が近い将来よくなる見込みはまったくない。インフレーションのせいで、通貨の購買力は下がり、私たちはより高い税率区分へと押し上げられていく。そして、課税される所得の割合が増えるから、私たちの購買力はさらに下がる。また、どの国でも給付金制度の数がどんどん増えていて、その制度を支えるためにより多くの税収が必要になっている。アメリカ一国だけ見ても、政府が高齢者たちに給付を約束しているメディケア（高齢者医療保険）や社会保障制度において、八〇兆ドル以上が積立不足となっている。そして、

この額は新たな給付金制度が議会を通過するたびにどんどん増えている。

これはもとからこうだったわけではない。所得税が導入された当初は、課税対象は少数の富裕層だけだった。彼らには、快適な生活を送るのに必要な額以上の所得があるから、そのうちのいくらかを政府に払い戻す余裕があると考えられたからだ。彼らは政府の保護のもとにこの所得を稼ぎ出していたので、戦時中に自分たちの自由と政府からの保護を維持するために、余分な所得のうちいくらかを政府に戻すというのは、確かに公平なやり方だった。

ところが第二次世界大戦の終結とともに、状況は一変した。各国の政府は、所得税が、戦争で荒廃した経済を立て直すための有効な増収源であることに気が付いた。だから、中流階級に税金をかけ始めた。はじめは、給与所得者たちが、平均的な生活費以上に稼いだ分だけに課税されていた。政府は最初の所得に対して適用除外を定めた。それは、平均的な人間が通常の稼ぎで生活することができるようにして、投資などに使うことになる余分なお金に対してのみ課税するためだ。

所得税を払うようになった人々の行動を観察しながら、政府は納税者の活動にどのような影響を与えるかを見るために、税法に手を入れ始めた。そして、ほんの少し税法を変えただけで、人々の行動に大きな影響を与えることができることに気が付いた。もし政府がビジネスへの投資に対して税の優遇を与えれば、人々はビジネスに投資する。石油や天然ガスに投資する人にそれを与えれば、石油や天然ガスに投資する人が増える。

その結果、税法は単なる増収手段から、国の経済的活動を支配する膨大な量の法律の集合体へと変身した。今では、どの国の税法も、経済や社会政策の変化に合わせて修正されたものになっている。

もしかするとあなたは、自分が払う税金の額について選択肢は与えられていないと考えているかもしれない。だれでも税金を払わなくてはいけない――そう考えていないだろうか？　その考え方は間違っている。世の中には、合法的に税金を少なく払っている人たち、あるいはまったく払わないでいる人たちがたくさんいる。なぜそんなことができるのだろう？　税金を払わないでいられる法律の抜け穴を知っているのだろうか？　そうではない。彼らは単に、税法がどのような仕組みで働くのかを知っているだけだ。彼らは税法が、政府がただ税金を上げるためだけに使っている道具ではないことを知っている。税法は政府が国の経済の方向付けをし、社会政策、農業政策、エネルギー政策を推し進めるために使う道具だ。

今言ったような人たちは、先進国ならばどの国においても、税法は起業家と投資家に対する一連の景気刺激策であることを知っている。アメリカでは税法の九五パーセント以上が、税金を上げることではなく、経済、農業、エネルギーの分野の活動を活発にすることを意図して書かれている。実際のところ、**税法は巨大な富のありかを示す地図**（あるいは暗号書）だと言っていい。税法は税金を減らす方法を教えてくれるだけではない。税法を細かくたどっていけば、**膨大な量のキャッシュフローと富とを手に入れるための秘密がそこに隠されている**ことがわかるだろう。

理由は簡単だ。政府が経済を成長させたいと思っているからだ。あなたに国内でのエネルギー生産に投資してほしい、人々に住宅や仕事を供給するような経済活動に投資してほしいと思っている。そういったことがすべて税法に反映されている。自国の税法を理解すれば、政府があなたのお金を使って何をしたいかがわかる。そして、たくさんのお金を儲けるための基本原理が何であるかがわかってくる。

■税金対策のヒント

あなたの資産形成戦略の中に税金対策を含めよう。よく覚えておいてほしい――大事なのは、どれだけ稼ぐかだけでなく、どれだけ手元に残せるかだ。投資をする時に税金のことをきちんと考えていれば、より多くのお金を手元に残すことができるし、投資先を決める際によりよい決定ができる。

税法は金持ちのために書かれたものなのか？　もちろん、そうだ。税法を利用するカギは、金持ちの一員になることにある。政府があなたにやってほしいと思っている活動をやろう。そうすれば、この先ずっと、税金を一〇〜四〇パーセント、あるいはそれ以上減らせるだけでなく、想像をはるかに超える財産とキャッシュフローを手にする第一歩を踏み出すことになるだろう。そのことは、税金がなかったら、一万ドルの投資がどれほど早く増えていくか見てみればすぐにわかる（表②）。

②１万ドルを利益率 10%で投資した場合、税金０%と 40%でこれだけ差がつく

年	税金を払った場合	税金がない場合
年	税金40%で 利益率10%	税金なしで 利益率10%
1	10,616.77	11,047.13
2	11,271.59	12,203.90
3	11,966.80	13,481.81
4	12,704.89	14,893.54
5	13,488.50	16,453.08
6	14,320.44	18,175.94
7	15,203.69	20,079.20
8	16,141.42	22,181.75
9	17,136.99	24,504.47
10	18,193.96	27,070.41
11	19,316.13	29,905.04
12	20,507.50	33,036.48
13	21,772.36	36,495.84
14	23,115.23	40,317.43
15	24,540.93	44,539.19
16	26,054.56	49,203.03
17	27,661.55	54,355.23
18	29,367.65	60,046.93
19	31,178.99	66,334.63
20	33,102.04	73,280.73
21	35,143.70	80,954.18
22	37,311.29	89,431.14
23	39,612.57	98,795.75
24	42,055.78	109,140.96
25	44,649.69	120,569.45
26	47,403.59	133,194.64
27	50,327.34	147,141.86
28	53,431.42	162,549.54
29	56,726.95	179,570.60
30	60,225.75	198,373.99

カギはあなたの「実態」にある。ここで言う実態とは、ビジネスに関わる活動、投資活動、個人的活動の三つを含む、あなたの実際の状態だ。また、それらの活動の記録をどのようにとっているかということも含まれる。税金はすべて、あなたの実態と状況に基づいて課される。だから、もし税金の額を変えたいと思ったら、実態を変えればいい。ごく簡単な理屈だ。

本書の目的は、あなたの実態をどのように変えたら税金を減らすことができるかを教えることだ。また、本書を読めば資産を築くための原則も学べる。税金を減らすために実態を変えれば、同時に収入を増やすことになる。あなた自身が、そもそも税法が優遇することを意図して書かれた金持ちの仲間入りをするのだ。

■ここに注意！　こんな税務申告書作成代理人には気を付けよう

1．必ず税金を下げることができると約束する人。実際は脱税をするだけだ。
2．税金を先送りする、つまり「繰り延べる」ことばかり考える人。本当の税金対策は永久的なもので、税金をいつか改めて払うことには決してならない。

だから、ＩＲＳ（米国内国歳入庁）、ＣＲＡ（カナダ歳入庁）、ＨＭＲＣ（英国歳入関税庁）といった政府機関に、あなたのお金をかすめ取られるのを黙って見ているのはやめよう。彼らにあなたの時間をかすめ取らせてはいけない。今こそ、刑務所から出て、足枷《あしかせ》から自由になる時だ！　税金について本当のことを学んでいくうちに、その真実があなたを自由にしてくれる。あなたは欲しいだけの時間とお金を手に入れる。そうすれば、夢にまで見ていた経済的自由、快適な生活、そして安心を手に入れることができる。

■第１章のキーポイント

1．金持ちの仲間入りをして、ＩＲＳに自分の時間を与えるのをやめよう。自分のお金を時間に換える方法を学び、政府が経済の方向付けをするために使っている活動に参加しよう。税法は起業家と投資家のための一連の景気刺激策であることを忘れないようにしよう。

2．税金はあなたの実態と状況に基づいて課される。実態を変えれば税金も変わる。

●税金戦略1：資産形成戦略の中に税金対策を含める

投資をして資産を築くための戦略を立てる時に、税金のことを考えに入れない人があまりに多すぎる。そういう人は、投資によって得られる利益にかかる税金を払う前の額を、その投資からの利益だと思っている。これはまったくのナンセンスだ。私たちにとって最大の支出が税金だとしたら、どの投資に関しても、税金を支払ったあとの利益がどのくらいか知っておいたほうがいいのではないだろうか？　その額を知ったら、思っていたよりもずっと割のよくない投資や、意外に割がいい投資があることに気が付くかもしれない。

アメリカでの例を見てみよう（本書ではこの先、このような例を掘り下げて見ていくつもりだ）。まず、不動産だ。私がよく耳にするのは、不動産は平均的に見て、まあまあの成果をあげる投資に過ぎないという話だ。確かに、税金を勘定に入れず、レバレッジ（借金）も考えに入れずにほかの投資と単純に比較するならば、この話はもっともだと言うしかないだろう。たとえば、五〇万ドルの賃貸用の不動産を、自己資金一〇万ドル、銀行からの借入金四〇万ドルで買ったとしよう。あなたが投資した一〇万ドルに対する年利益率は七パーセントとする。次に、同じ一〇万ドルを年利益率一〇パーセントの株式に投資したとしよう。どちらのほうが有利だろうか？　利益率で言えば当然ながら、株式の一〇パーセントのほうが不動産の七パーセントよりも有利に見える。

でも、ちょっと待ってほしい。利益率一〇パーセントの株式があなたにもたらす一万ドルは、税金を払う前の額だ。実際はそこから約二〇パーセントのキャピタルゲイン税を支払わなければならない。連邦税と州税を合わせると、税引き後の収益は八〇〇〇ドルだ。一方、利益率七パーセントの不動産からの税引き前の利益は七〇〇〇ドルだが、減価償却（第7章で解説する）の魔法のおかげで、この七〇〇〇ドルに対して、あなたは税金を払わなくてすむ。そうは言っても、七〇〇〇ドルは税引き後の株式からの収益八〇〇〇ドルに比べると少ない。だから、まだ株式のほうが得に思える。

ただ、この話にはまだ先がある。それは、不動産は単に非課税の収入をもたらしてくれるだけではないということだ。実際のところ、不動産はあなたがほかから得る収入、つまり給与やビジネスからの収入を「減らして」くれる。なぜならば、不動産から七〇〇〇ドルのプラスのキャッシュフローがある一方で約二万七〇〇〇ドルの減価償却がある場合、あなたは他からの収入に対して二万ドル（不動産収入との相殺分七〇〇〇ドルを差し引いたあとの二万ドル）の税控除を受けることができるからだ。あなたが一般的な税率区分に該当しているとすると、所得税率は三〇パーセントだから、不動産投資以外の収入に対するこの二万ドルの控除は六〇〇〇ドルの減税にあたる。

だから、不動産からの本当の利益は、税引き前の利益七〇〇〇ドルに加えて、あなたの給与やビジネスからの収入に対して普通あなたが払うはずの六〇〇〇ドルがあり、合計一万三〇〇〇ドルになる。つまり、株式投資からの税引き後の収益に比べて五〇〇〇ドル多い。

これは、あなたのキャッシュフローと財産に税法がどれほど劇的な効果を与え得るかという、一つの例にすぎない。税金を払う前のキャッシュフローからだけ利益を計算していたら、株式からの一万ドルの利益は、不動産からの利益よりもずっといい（三〇〇〇ドルも多い）。だが、税金を計算に入れると話は逆転する。税の優遇（この場合は減価償却）を受けたあとの、不動産からの利益は一万三〇〇〇ドルであるのに対して、税引き後の株からの利益は八〇〇〇ドルだ。

投資計画を立てる時はいつも税金のことを考慮に入れなければいけない理由が理解できただろうか？

第2章　税金はおもしろくて簡単で、だれにでも理解できる

「世界で最も理解に苦しむのは所得税だ」
——アルベルト・アインシュタイン

●死と税金

death（死）とtax（税金）——この二つは英語で最も「恐れられている」単語だ。いや、どんな言語においてもそうだろう。その理由はよくわかる。だれだって死にたくない。そして、もしかすると、税金を払うくらいなら死んだほうがましだと思っている人もいるかもしれない。もしかすると私たちが税金を死と結びつけて考えるのは、税金が、自分たちが働いて得たすべてのものの死を象徴しているからかもしれない。あるいは、死がどんなものか私たちにはわからないが、それと同じくらい、あるいはそれ以上に税金についてわかっていないからかもしれない。

実際にはこういうことかもしれない——税金はあなたの希望や夢を「殺す」ことができる。どうやって？あなたの財産をかすめ取り、生活の質を下げることによってだ。家族をびっくりさせようと、ひそかに準備していた休暇旅行も、税金のせいでパアになる。必要な家の修繕も、税金の時期が来たらバイバイだ。あなたにも思い当たることがあるに違いない。そういう人はあなただけではない。**世界中どこでも、平均的な人は、苦労して手に入れた稼ぎのうち三〇パーセントから五〇パーセントを、所得税、売上税、付加価値税、給与税、遺産税、資産税といった形で、税金として支払っている。**よく考えてみてほしい。世界の富のうちほぼ三分の一から二分の一が政府に手渡されているのだ。これはまずい。

でも、いい話もある。税金は必ずしもあなたの夢を「殺さなければいけない」というわけではない。実際のところ、起業家や投資家の九割は、税法の基本を学ぶというただそれだけのことで、税金を減らすことが

できる。

「すばらしい。起業家と投資家を助けるための本がまた一冊増えたというわけだ。だが、私はごく普通の人間だ。税金を下げるために私に何ができると言うんだ?」あなたは今、そんなふうに思ったかもしれない。

私からの答えはこうだ。「あなた自身が納税者の中の特権階級の一員になったらどうなると思います? 適切な手段を講じ、より多く稼ぐだけでなく、より少なく税金を支払うための準備をしたらどうなると思います?」

そんなのむずかしすぎる――確かに今はそう思えるかもしれない。でも、本書を読み進めるとわかるが、実際はそれほどむずかしいことではない。起業家や投資家の道へ足を踏み入れると、税金が自分のためにどのように働いてくれるかを学ぶことにより、政府のために働いて税金を払い続ける代わりに、税金を一〇パーセントから四〇パーセント、簡単に減らせることがわかってくる。

> **■税金対策のヒント**
>
> よく旅行に行く場所で投資をしよう。どこかお気に入りの旅行先はないだろうか? もしあったら、その場所で投資することを考えよう。そうすれば、好きだからという以外に、そこへ何度も行く大きな理由ができる。そして、旅行に行けばいずれにしても発生する旅費の一部を経費として落とすことができ、より多くのお金を自分のポケットにとっておけるようになる。

●税金はだれでも理解できる

これを聞いたらあなたは笑うかもしれないが、私は税金が大好きだ。冗談などではない。税法について自分が学べる限りのすべてを学び、自分と顧客の節税に税法がどのように利用できるかを知ることに対して情熱を持っている。私が会計と税金について学び始めたのは、かなり若い頃だった。

ハイスクール時代、私は商法の授業をとり、それがすごく気に入った。また、ハイスクールに通っている間ずっと、父の印刷会社の会計部門で働いた。お金を相手に仕事をするのは楽しかった。そして、法律について学ぶのも大好きだった。だから、大学では会計を専攻し、税法を専門に学ぼうと決めた。そうすれば、将来お金を相手に仕事をし、税法について学び続けることができ、一生弁護士と付き合う必要がなくなる……そう考えたのだ。

私に税金について教えてくれた最初の教授はヘイニー博士だ。彼は人に教える才能に恵まれた人で、税法を愛していた。私は税法の授業をとるのが楽しくてたまらず、会計の上級クラスをとるのは三年生になってからにして、二年生のうちにとれる限りの三つの授業を全部とった。

私は早く税務関係の仕事に就きたくてたまらなかった。だから、税金の授業をとっていた二年生の時、イエローページ（職業別電話帳）をめくって、地元の公認会計士（ＣＰＡ）事務所の中で、名称に複数の人名が使われていたり個人名のあとに「＆アソシエイツ」のような言葉がついていて、複数の人が中心となって働いていると思われる事務所にかたっぱしから電話をかけた。そして、数日後、フランシス＆カンパニーという名前の事務所で面接を受けた。この時、私の会計士としての長く、スリリングな旅が始まった。

翌日、私はその会計事務所のシニアタックスマネジャーの面接を受けた。彼は私の経歴や教育、興味を持っていることなど、ごく当たり前の質問をいくつかした。そしてそのあと、実に奇妙な質問をしてきた。

「トム、きみは活字体が得意かい？」

この唐突な質問に私は少しあわてた。あとでわかったことだが、この事務所では手書きで多くの税務申告書を作っていた。まず鉛筆で書き、それをコピーして提出する。彼は、顧客やＩＲＳの人が、申告書に書かれた数字が読みにくくてイライラすることがないように、私の筆跡が読みやすいものであることを確かめたかったのだ。幸いなことに、私の筆跡は人が読めるものだった。なぜなら、それまでにかなり苦労してきちんとした字で書けるようになっていたからだ。私はその場で採用となった。

これは一九八〇年のことだった。その時からずっと、私は税法を学ぶ（そして愛する）ことに自分の人生を捧げてきた。その長い年月の間に私が発見したのは、税法の基本原理はとてもシンプルだということだ。実際のところ、あまりにシンプルなので、文字通りだれでも学ぶことができる。この章の冒頭の名言を吐いたアルベルト・アインシュタインでさえだ（基本原理を教えてくれる人を見つけてさえいれば、アインシュタイン博士も税金のシステムにあれほど悩まされることはなかっただろうと、私は確信している）。あまりにシンプルなので、あなたが本書を読み終わった時には、「恒久的に税金を減らす」ために必要な基本原理のすべてを知ることになるだろう。そして、そのルールを知れば、あなたも「減税」生活を送ることができる。それはさまざまな意味でより豊かな生活だ。そのことは私が請け合う。実際のところ、もしかしたらあなたは、税金を合法的にゼロにして、完全にタックスフリーの財産を手に入れることができるかもしれない。

■ここに注意！　税金を理解することと、自分で税金の処理をすることとは違う。

1．基本原理を理解したとしても、あなたにはまだ、税法の詳細を理解している有能な税務アドバイザーが必要だ。

2．有能な税務アドバイザーには、税務申告書の準備・作成のほかに、健全な税務戦略を立て、それを実践する手伝いをしてもらえる。

●税金はおもしろい——本当に！

私のことを知っている人はだれでも、私が税金をおもしろいと思っていることを知っている。そう、今私は「おもしろい」と書いた。かなりひねくれたものの見方に聞こえるかもしれないが、私は本当に税法が大好きなのだ。そして、ほんの少し基本的な情報を手に入れれば、だれでも税金がおもしろく、簡単で、理解しやすいものであることがわかると固く信じている。私の言葉が信じられない人は、ちょっと考えてみてほしい。あなたは税金の還付を受けたことがないだろうか？　還付金の知らせを受けて、いくらかお金が戻ってきた時、どんなにうれしかったか覚えていないだろうか？　とてもうれしかったのではないだろうか？それに、よく見れば、refund（還付）という単語の真ん中にはfun（うれしい、楽しい）という単語が入っているではないか！　確かに、最後の話はちょっと無理のあるこじつけだ。でも、私の言いたいことはわかってもらえたと思う。

本書は、あなたがより多くの税金の還付を受けられるよう、手助けすることを目的に書かれた本だ。それも、一度還付を受けたらそれで終わりというような一時的な方法について話しているわけではない。本書で説明されている原理を応用すれば、「毎年」相当な額の還付が受けられるようになる。それに、もしかしたら税金をゼロにして、タックスフリーの財産から得られる自由を楽しむことができるようになるかもしれない！

タックスフリーの財産を手に入れるまでの道のりが、あなたが想像するよりもずっと簡単で、シンプルで、楽しいものであることは私が保証する。本書は、あなたが経済的にもっと自由な生活を手に入れるためのガイドブックだと考えてほしい。経済的に自由な生活とは、あなたが汗水流して稼いだお金を、それが本来属する場所――政府のポケットではなく、あなた自身のポケット――にとっておけるような生活だ。さあ、今から始めよう。

■第2章のキーポイント

1. 今こそ、税金を減らすために行動を起こす時だ。たいていの人は苦労して稼いだ所得の三〇パーセントから五〇パーセントを、所得税、売上税、付加価値税、給与税、遺産税といった税金として政府に支払っている。そういう平均的な人間でいるのはやめよう――そのための第一歩は税法の基礎を学ぶことだ。

2. 納税の際に優遇を受けられる「特権階級」の一員になろう。そのためには、どのようにしたら税法があなたに有利に働くのか、また、どのようにしたら税金を一〇パーセントから四〇パーセント、簡単に減らすことができるのか、その仕組みを学ぶことだ。

●税金戦略2：よく旅行をする場所で投資をする

第6章を読むとわかるが、ほとんどすべての費用が経費として控除可能だ。こんなふうに言うと変に聞こえるかもしれないが、私の「お気に入りの費用」の一つは旅行費だ。私は旅行をして、新しい人と出会ったり、異なる文化を経験したりするのが大好きだ。また、ただリラックスして頭を休めるためだけに、どこかに行きたいと思うこともある。

私が世界中で一番好きな場所の一つはハワイだ。ハワイの人たちはとても素朴でのんびりしている。一年に少なくとも一度、二週間ぐらいはハワイで過ごす。もちろん、私はハワイ旅行を控除の対象にしたいと思っている。そして、ありがたいことに、適切な準備をすればそれが可能になる。

どんな旅行でも、ビジネスや投資のための必要経費にして控除することができる。つまり、旅行の主な目的がビジネスであれば、ホテル代、飛行機代、食費などを含め、旅行に関するすべての費用が控除できる。旅行の主な目的をビジネスとするための基準に関して、IRSは、「リクリエーションに過ごす時間よりも多くの時間をビジネスのために費やすこと」と言っている。だから、もし一週間ハワイに行くとしたら、そこで過ごす時間の半分はビジネスに費やさなければならない。これは単純に、通常の一日八時間の労働時間のうち、四時間以上を費やすということを意味している。つまり、毎日四時間半、仕事に費やす必要があるということだ。でも、ハワイで息抜きをしている時に、働きたいなどと思う人がいるだろうか？　だが、もし仕事が楽しくて、おもしろくて、たくさんお金を稼げるものだったらどうだろう？　それだったらやるのではないだろうか？　もしハワイの不動産を、あなたの投資戦略の主軸にしたとしたらどうだろう？　税金面でのさまざまな優遇を考慮し、また、一日四時間半の投資活動であなたが稼げるお金をすべて計算にいれたら、おそらくあなたは、その時間を不動産を見て回ったり、不動産管理会社の人と会ったりすることに費やすのは、そう悪くないと考えるに違いない。この戦略が、毎年ニューメキシコに旅行する私の顧客にどのような効果をもたらしたか、第5章で紹介しているのであとで読んでほしい。

第3章　一番大事な二つのルール

「だれでも、税金をできるだけ低く抑えるために、自分の経済的な活動を調整することが許されている。人は、財務省に支払うのが一番いいという、ありがちなパターンを選ぶ必要はない。自分の税金を増やすことは、愛国的な義務ですらない」
——ラーント・ハンド判事

少し前、私の親しい友人のガイ・ザンティが、人を集めて『キャッシュフロー』のやり方を教えたことがあった。このゲームは経済的活動をシミュレーションしたボードゲームで、ロバート・キヨサキとキム・キヨサキが開発したものだ。**『キャッシュフロー』をプレーするのは、お金と投資に関する金持ち父さんの原則を学ぶのに最適の方法だ。**また、それらの原則を実践するためにも大いに役に立つ。ガイが不動産に関する税の優遇について、とくに非課税の買い換え特例に焦点をあてて話をしていると、聴衆の中の一人の女性が手を挙げた。

「はい、そこの女性の方」とガイは声をかけた。

「そんなふうにして税金を減らすのは悪いことだとは思いませんか?」その女性はそう聞いてきた。「政府からお金をかすめ取る方法を見つけようとするのではなくて、払うべき税金を払うのが国民の義務なのではありませんか?」

ガイはびっくりした。自分の耳が信じられなかった。その女性がなぜ税金を減らすことが悪いことだと思うのか、まったく理解できなかった。何と言ったって、結局のところ、みんな税金を減らしたいと思っているのではないのか?　だが、現実はちょっと違う。私たちはどういうわけか政府に借りがあると信じ込まされている。本当は借りなどない。実際のところ、税法は私たちが「合法的に」税金の負担を減らすのを助けるために作られている。

私に言わせると、本当は、この女性をはじめ多くの人とは正反対の考え方のほうが正しい。税の負担を軽くしようと「しない」ことのほうが間違っている。**あなたを助けるために存在する法律を利用しないのは、自分自身、家族、そして自分の未来から盗みを働いているのと同じだ。**

実際はそれほど驚くべきことではなかった。この女性はただ、税法に関する次のような「ルール1」を理解していなかったのだ。もしかすると、あなたもそうではないだろうか？

ルール1：それは政府のお金ではなく、あなたのお金だ。

独裁国家に住んでいるのでない限り、あなたが稼いだお金、築き上げた財産はあなたのものだ。確かに、政府が道路を作ったり、軍隊を維持したり、学校システムを支えたりするのを助けるために、そのうちのいくらかは政府に差し出すように求められるかもしれない。でも、基本的にはそれはあなたのお金だ。

■税金対策のヒント

ＬＬＣ（有限責任会社、合同会社）は望み通りの形で作れる。その方法を学ぼう。ＬＬＣは財産保護を目的として作る法人形態としてよく使われるが、税金を減らすために使う場合はどうだろう？　ＬＬＣが望み通りの形で作れるというのは、税金の申告の仕方を選べるという意味でもある。つまり、個人事業として、あるいはパートナーシップ（共同経営会社）、Ｃコーポレーション（二重課税のある株式会社）、Ｓコーポレーション（二重課税のない小規模株式会社）として申告できる。このような柔軟性が、節税と財産保護の世界で最強のサポートを与えてくれる。ＬＬＣがない国では、ＬＬＰ（有限責任事業組合）といった法人形態が同じような柔軟性を与えてくれる場合がある。

合衆国第二巡回控訴裁判所の元判事で、司法哲学者でもあったラーント・ハンド判事は、この原則を強く支持していた。そして、こうまで言い切った。「裁判所はこれまでに幾度となく、税金をできるだけ低く抑えるために、自分の経済的な活動を調整することに関して、後ろめたいところはまったくないと言ってきた。金持ちだろうが貧乏人だろうが、だれもがそうしているし、だれもが正当なことをしている。なぜなら、法律が要求する以上に支払わなければならないという公的義務は、だれも負っていないからだ」

あなたは気付いていないかもしれないが、これは本当だ――税法はあなたの税金を増やすためではなく、減らすために書かれている。たとえばアメリカでは、税法は五八〇〇ページ以上ある。そのうち税金を上げることに関するページは、ほんの三〇ページくらいだ。つまり、六一項（a）に「この副題中でほかに特別の定めがある場合を除き、総所得とは、種類を問わずあらゆる収入源から得られた、すべての所得を意味する……」とあり、そのあとに税率と、そのほかのいくつかの税金についての話が数十ページ続く。そして、残りの五七七〇ページは、すべてあなたの税金を減らすことにあてられている。言い換えるなら、税法の〇・五パーセントが税金を上げることにあてられていて、残りの九九・五パーセントはあなたの出費を少なくするという目的のためのみ存在する。だから、ルール2は次のようになる。

ルール2：税法はあなたの税金を下げることを一番の目的として書かれている。

ルール2についての私の話が信じられないという人がいるかもしれない。そういう人は、会計士のところに行って、自分たちの国の税法のうち、どれくらいの部分が税金を増やすためにあてられているか聞いてみるといい。会計士は本当のことを教えてくれるだろう――ほんのわずかだと。ガイの集まりに来ていた女性が、できるだけ多くの税を払うことが愛国者としての義務だと感じていたのは、バカげた話であるばかりでなく完全に間違っている。実際のところ、これから先の章でお話しするように、本当は合法的な手段によって税金を減らすことこそが愛国的義務なのだ。

■ここに注意！　本当は政府のために働いている税務アドバイザーに注意しよう。

1．税務アドバイザーの多くは政府を恐れている。だからあなたのために法律を利用する方法を学ぼうとしない。

2．税務アドバイザーの中には、あなたの税金を減らすことより自分自身を守りたいと思っている人もいる。

今あなたは、私が何を根拠にこんなことを真顔で言えるのか、不思議に思っているかもしれない。では、考えてみてほしい――税法の九九・五パーセントが税金を減らすのを助けるために書かれているとしたら、政府があなたにやってもらいたいのはまさにそのことなのではないだろうか？　もしそうでないとしたら、税金を減らすのを助けることを目的とした法律を、一体なぜ、こんなにたくさん制定しているのか？　税法は複雑だとよく言われるが、本当はあなたの税金を減らすことだけを目的としているからこそそうなっているのだ。増やすためではない。

税法に関するこの二つの基本的なルールが正しいと信じ、それを実践することを肝に銘じない限り、税金を減らすためにあなたにできることはない――それに、そういう人には本書はほとんど価値がない。必要もないのに、苦労して稼いだ収入の三〇パーセントから五〇パーセントを政府に払い続けるしかない。もしかするとそうしたいという人もいるかもしれない。でも、あなたは違うのではないだろうか？

この二つの基本的なルールを本当に信じ、それがしっかり心に刻み込まれると、「自分にはいついかなる時でも税金を少なくする権利があるのだ」ということに気が付く。そのためにしなければならないことはただ一つ。この「ゲーム」のルールを学ぶことだ。ここで、本書が本領を発揮する。

ありがたいことに、税金に関するルールを理解するのは簡単だ。その証拠に、最初の二つのルールはもうあなたにも理解できている。ここからは、税法がどんな人間のために、どんな理由で書かれているのかを学び、あなたが自分のお金と税金に対する考え方をどのように変えていったらいいかを学ぶだけだ。

だから、もし今あなたが「私のお金は私のもので、政府のものではない。税法は私の税金を減らすために存在する」と信じているとしたら、本書を読み進め、税法を自分のために働かせる――自分を税金のために働かせるのでなく――方法を学ぶ準備ができたということになる。さあ、仕事に取りかかろう！

■第3章のキーポイント

1. 政府に「自分のお金」の一部を支払う義務があると信じ込まされている人たちがいるが、それはまったくの間違いだ。
2. 税法は私たちが税金の負担を「合法的に」減らすのを助けるために作られている。
3. アメリカの税法のほとんど全部――九九・五パーセント――があなたのお金を節約するという目的のためのみに存在している。
4. 税法は複雑だと言われるが、それは税金を増やすためではなく、減らすためにそうなっている。

●税金戦略3：LLCにどのように課税されるかはあなたが選ぶ

この章の「税金対策のヒント」でお話ししたように、財産保護や節税に役立つ法人形態としては、課税方法などに柔軟性のあるLLCが最適だ。

ここでカギとなるのは、税法に関しては「いいとこ取り」が可能なことがよくあるということだ。LLC

は節税に役立つように、あなたの好きな形にすることができる。そのことを理解するだけで、資産を保護すると同時に、Sコーポレーション、Cコーポレーション、あるいはパートナーシップとしての税金面での優遇も受けられるようになる。金持ち父さんのアドバイザーで資産保護と法律担当のギャレット・サットンは、ベストセラーとなった著書『Start Your Own Corporation』（自分の会社を始めよう）の中で、財産保護という観点から見て、有限責任の法人が持つ有利な点について詳しく話をしている。税金を減らす目的のためにどのタイプの法人を作ったらよいかを決めたら、適切な形で法人税が払えるように、IRSに提出する書類にある選択肢から適切なものを選んでチェックを入れるのを忘れないようにしよう。それを選んでおかないと、IRSはどのような形で税金を払う法人なのか、あなたに代わって勝手に決めてしまう。たとえば、構成員一人のLLCの個人事業主として税金を払う、あるいは、構成員が複数のLLCのパートナーとして払う、といった具合だ。この選択は一年のうち、いつでもできる。このように法人税の支払い方法を選ぶことで、税金対策に大きな柔軟性が与えられる。たとえば、あなたが新しいビジネスを始めたばかりだとしよう。まだ初期の段階、つまりビジネスが損失を出している、あるいは収入があってもあまり多くない時期には、あなたは自分のビジネスを個人事業体として扱ってほしいと思うかもしれない。そうすれば、別の税金申告書を提出しなくてすむからだ（会社形態の法人は、ビジネスオーナーのものとは別に所得税申告をしなければならない）。ビジネスが軌道に乗り、雇用税を減らすためにSコーポレーションにしたいと思ったら、IRSの用紙の所定欄にチェックを入れて、その旨、届を出せばいい。

第4章　自分のポケットにお金を戻す――今すぐに！

「収税吏（tax man）と剝製《はくせい》職人（taxidermist）の唯一の違いは、剝製職人は皮は残すことだ」

――マーク・トウェイン

子供の頃、私はいつもお金儲けの方法を探していた。九歳の時、仲のいい友達と一緒に、はじめての「ベンチャービジネス」に手を染めた。私たちはマリーゴールドの花が枯れて種ができているのに気が付いた。庭いじりに興味のない人は知らないかもしれないが、マリーゴールドの種は収穫が実に簡単だ。花の先をもぎ取って、中にぎっしり詰まった種を手に受けるだけでいい。友達と私は、こんなに簡単にとれるのはすごいと思った。そして、とてもいいことを思い付いた。近所の家のマリーゴールドの種を全部集めて袋詰めし、それをまた近所の人に売るというアイディアだ。ねらいは見事に当たった。秋に自宅の庭で種をとることを許してくれた同じ隣人たちが、春になると私たちから種を買い戻してくれたのだ。このことは次のような事実を証明している――**ビジネスは、必ずしも人が自分でできないことをするといいというわけではなく、人が自分でやることを思い付かないようなことをするのがいいということもある。**

それから、一一歳の時には、近所の人を相手にカーニバルを主催した。好きなカップケーキを順番にとっていく「カップケーキ・ウォーク」や賞品のもらえる「魚釣りゲーム」、そのほかちょっとした技術を必要としたり、チャンスを利用するゲームを考え出した。近所の友達全員にカーニバルのことを知らせ、私たちは準備に精を出した。実際のところ、今思い返しても大仕事だった。カーニバルが終わってから私たちは腰を下ろしてお金を数えた。二〇ドルの儲けだった。当時、一一歳の二人の少年にとって、これはかなりの額だった。

今、私は仕事柄、常に人からどうしたらお金が儲けられるか聞かれる。そういう人たちの多くは、今すぐに現金を必要としている。私は「一攫千金《いっかく》のもうけ話」は信じていない。だから、自分の顧客は、そういう話を持ってくるたぐいの人間から遠ざけるようにしている。私の顧客はみんな、キャッシュフローと財産を増やすために、もっといい方法はないかと探している勤勉な人たちだ。あなたも同じようにしたいと思っているのではないだろうか？　そんなあなたにいい知らせがある。「ほぼ今すぐに」現金を自分のポケットに入れる方法があるのだ。それはルール３で紹介する、税金を減らすという方法だ。

ルール３：自分のポケットにお金を一番早く入れる方法は、税金を減らすことだ。

考えてみてほしい。**税金を減らすことで、あなたは給料から出ていくお金をすぐに減らすことができる。**

また、ビジネスオーナーや投資家の場合は、四半期ごとの税金の支払額を減らすことができる。

おまけに、節税の恩恵を受けるのを次の税申告の時まで待つ必要もない。税の修正申告は、アメリカを含め多くの国でいつでもできるようになっている。つまり、これまでに税金を払い過ぎたと気が付いたら、三年前までさかのぼって納税申告書の間違いを正すことができる。あるいは、今年度の損失を前年度に繰り戻すことだってできる。損失を前年度の収入と相殺して税金の還付を今受けるのだ。

「あなたは税金を減らすことによって、自分のポケットにお金を入れることができる」――この私の言葉に注意してほしい。肝心なのは「あなた」という言葉だ。そう、あなたのお金と税金に対してコントロールする力を持っているのはあなただけだ。ほかのだれでもない。あなたの税務申告書を作成する人にも、税務アドバイザーにもその力はない。彼らにはあなたの税金を減らすことはできない。彼らにできるのは、あなたがそうするために手を貸すことだけだ。

「税金は税務アドバイザーが何とかしてくれる」――あなたはそう言うかもしれない。でもそれは税金の世界の「神話」に過ぎない。あなたの税務アドバイザーはあなたの税金を何とかすることなどできない。彼らは税務申告書を準備することはできる。特定な状況においてどうしたらよいか、アドバイスを与えることもできる。税金を減らすのに役立ちそうな規則をいくつか教えてくれることもできるだろう。でも、あなたの税金を減らすための実際のステップを踏むことはできない。それができるのはあなただけだ。

■ここに注意！　税金対策を立てるのに年末まで待たない。

1．節税は毎日できる。

2．年末の税金対策は大事だが、一年を通じた税金対策を立てるほうがもっといい。

うれしいことに、税金は「今すぐ」減らすことができる。それも、だれでも、一日も例外なく、毎日いつでもできる。**税金を変えるためにあなたがしなくてはいけないのは、あなたの「実態」を変えることだけだ。**税金を減らす方法を考える時、あなたが心にとめておかなければならない、簡単な原則が二つある（ルール4参照）。それは、稼いだお金はすべて税金を上げる可能性があり、使ったお金はすべて税金を下げる可能性がある、という二つの原則だ。そしてまた、投資やビジネス上の取引は、すべて税金に対していい影響か悪い影響か、いずれかを与える。

ルール4：あなたがやることはすべて、税金を上げるか下げるかのいずれかだ。

そうだとしたら、やることのすべてが税金にいい影響を与えるようにする方法を学んだらいい――そうではないだろうか？　ありがたいことに、これはそう面倒なことではない。「悪い所得」と「いい所得」、そして「もっといい所得」、この三つの違いを学ぶだけでいい。そして、次に、支出を節税に利用する方法を学ぶ。ここで本当にすごいのは、すべての支出が節税に利用できる可能性を持っているということだ——嘘ではない、「すべての」支出だ。

■税金対策のヒント

仕事にからめて食事をして節税しよう。食事をしながら仕事の話をするのは、従業員や顧客と時間を共にするのに最高の方法だ。なにしろ、ビジネスの話をして、その食費を控除可能な費用にできるのだから。

正直に言って、お金を持っていることの一番の「利点」は、それを使うところにあるのではないだろうか？　そしてさらに、ただお金を使うだけでなく、使いながら税金を下げることができるとしたら、それはもう最高だ。

普通より安く買い物するのが大好きで、安売りや特売のチャンスをいつもねらっている人はたくさんいる。そういう人にとって、それはプロスポーツのようなものだ。お買い得品を見つけ、お金を節約するために彼らが費やす時間、エネルギー、努力がどれほどか、聞いても普通の人には信じられないだろう。二〇パーセント引き、三〇パーセント引きといった割引価格で物が買えると、彼らは大喜びする。でも、税金の計算となると、あまり時間をかけたがらない。私にはそれがわからない——いや、本当はわかっている。税金の申告は大きな頭痛のタネになりかねないからだ。だから、たいていの人はただそれを処理して、できるだけ早く片付けてしまいたいと思う。でも、もし一年中いつでも、すべての物が二〇パーセントから三〇パーセント引きで買えるとしたらどうだろう？　あなたの個人的支出をビジネス上の経費に変えると、まさしくそれが可能になる。つまり、事実上、政府があなたの買い物の二〇パーセントから三〇パーセントを、控除という形で払ってくれる。

私は、食料品やそのほかの日用品を割引価格で売っているコストコで買い物するのが大好きだ。コストコではガソリンも売っている。ほかのガソリンスタンドよりも常に一〇パーセント安いから、行列ができる。時にはかなり長い時間待つこともある。

私はガソリンはコストコでは決して買わない。なぜかと言うと、コストコでは私がビジネス用に使っているクレジットカードが使えないからだ。私が車を使うのはほとんど仕事のためだから、ビジネス用のクレジットカードを使えば控除が受けられる（それに航空会社のマイレージも貯まる）。その控除は税金を下げてくれるから、私にとっては二〇パーセントから三〇パーセントの割引と同じことになる。だから、控除を受けるために、ちょっと先のガソリンスタンドで少し高めに払うことには十分価値がある。これはごく小さな選択だが、毎日行うこのような決定が積もり積もって、大きな節税へとつながる。

ここまで読んできたあなたは、毎日どうすれば税金を減らすことができるか、知りたくてうずうずしているに違いない。

■第4章のキーポイント

1. ほとんど今すぐ、あなたのポケットにお金を入れる方法が一つある。それは税金を減らすことだ。
2. あなたがすることのすべてを、節税に使うにはどうしたらよいかを学ぼう。
3. あなたの支出を、個人的な支出から控除可能なビジネス上の経費に変える方法を学ぼう。

●税金戦略4：食費を経費として控除する

ほとんどすべての出費は、状況次第で控除が可能になる。その中には、食費、娯楽費、旅費、そして住居費さえも含まれる。そのためにするべきことは、費用がビジネスの経費になるように、あなたの「実態」を変えることだ。では、ビジネスの経費とは何だろう？　アメリカの税法では、ビジネスの経費として控除するには三つの要件を満たさなければいけないとされている。

第一に、その費用がビジネス上の目的を持っていること。つまり、そのお金を使う主な理由がビジネスに関わるものでなければいけない。食事を例にとろう。控除ができるようにするためには、その食事の目的がビジネスでなければいけない。これは、あなたが食事を共にする相手と、食事の前か、食事中か、食後にビジネスについて話をする必要があることを意味する。そのほかに、あなたがビジネスを目的として旅行をしている間の食事も、ビジネスの経費として認められる場合がある。

二つ目の要件は、その出費が「普通」であることだ。ここで言う「普通の出費」とは、「慣行に沿っていて、通例として認められる出費」という意味だ。つまり、あなたの属している業界で、その出費が金額の点から言ってごく普通であり、また、あなたと同等の地位にある人間がその出費をする頻度を考えた場合にも適正だと認められなければならない。例えば、ビジネス仲間と食事に行ったとしよう。あなたの属する業界では、いくらくらいの食事が一般的にビジネス目的の食事とみなされるだろうか？　あなたがもしトラックの運転手だったら、あなたの「ビジネスを主な目的とした」一般的な食事は、映画スターやプロのスポーツ選手の場合とは異なるだろう。また、保険外交員であれば、顧客や仕事仲間と毎日ランチに行くかもしれないし、自動車部品製造業界の人は一週間に一回くらいしか仕事がらみのランチに行かないかもしれない。ここでのカギは、業種とその中でのあなたの地位を考慮した上で「一般的」と考えられれば、ＩＲＳが「普通」であると認めてくれるだろうということだ。

三つめは、その費用は必ず必要なものでなければいけないということだ。「必要」というのはその費用が、あなたのビジネスがより多くのお金を稼ぐための出費でなければならないということだ。ただ友人と外に出かけてランチを食べ、ビジネスの話をしたのでは十分ではない。ランチの席での会話が、あなたのビジネスの利益を増すという意図を持っていなければならない。

これらの三つの要件を満たすのは、むずかしいことではない。たとえば、ビジネスパートナーが配偶者だったとしよう。だいたいのビジネスパートナーがそうであるように、あなたがたもいつもビジネスの話をし、ビジネスをもっとよくしようと、その方法を常に探しているに違いない。だから、レストランで静かに食事をする時はだいたいいつも、ビジネスについてあれこれ話し合うのではないだろうか？　ただし、ビジネス・ディナーと称して、むやみに高い食事をするのはだめだ。ここで、常識的なアドバイスを一つ——欲ばりすぎると結局すべてを失う。欲を出していつも高級レストランにばかり行っていると、ＩＲＳはその食費をビジネス経費とすることにあまりいい顔をしないかもしれない。そういった間違いをしないように注意することはもちろんだが、そのようなケースよりももっと多く見かける、一番ありがちな間違いは、夫婦で外食する時にいつもビジネスの話をしているのに、ビジネス用のクレジットカードを使わずに支払いをすることだ。

第5章　起業家と投資家が一番得をする

「何かがもっとほしかったら、助成金を与えよ」

ミルトン・フリードマン

一九九五年三月、私はプロの会計士として本格的に仕事を始めた。そして、それから今まで、マーケティングと業務獲得を通して、パートナーたちと共に事務所を大きくしてきた。業務獲得の中で最も印象に残っているのが、二〇〇一年に買収したフェニックス地域での税務の仕事だ。その年のはじめ、私は泥仕合のあげく、ほかの三人の公認会計士たちとのパートナーシップを解消していた。ありがたいことに、顧客の半数は私と新しいパートナーたちについてきてくれた。そして、古い事務所の従業員のうち一人を除く全員が私たちのもとにとどまった。つまり、仕事の量よりも働く人間のほうが多かった。

そういった状況にさらに加えて、夏になると、以前私の生徒だった大学院生の一人が仕事を求めてやってきた。彼女は優秀な学生だったので、従業員としても腕をふるってくれると私は思った。そして、ジム・コリンズが名著『ビジョナリーカンパニー2　飛躍の法則』（日経BP社）で言っている「まずは適切な人をバスに乗せ、そのあとで彼らの席を見つけろ」というアドバイスに従い、彼女を雇った。

その結果、実際にするべき仕事よりも仕事をする人間のほうがずっと多いという状態になった。そこで、私は真剣に業務獲得に乗り出した。ある日、ビジネスブローカーからカードが届いた。フェニックス地域でいくつかの会計事務所が売りに出されているというような話だった。私がそのブローカーに電話をかけてみると、そのうちの一つが私たちにぴったりだということがわかった。業務内容として、大金持ちの顧客のための税金対策がたくさんあって、質の高い顧客が何人かいた。その顧客の一人は友人のキム・バトラー、そしてもう一人の顧客がロバート・キヨサキだった。

それまで私は、ロバート・キヨサキの名前も、リッチダッド・カンパニーの名前も聞いたことがなかった。そこで、顧客についてよく知ろうと、すぐに本屋に行ってロバートの書いたベストセラー『金持ち父さん貧乏父さん』を買ってきて読んだ。私はこの本がすっかり気に入った。そのあと、ロバートと仕事をしたことがあると言っていたキム・バトラーとランチを食べ、彼について聞いてみた。キムはロバートと彼が主宰する組織のすばらしさを教えてくれた。悪い話は一つもなかった。キムと話をした同じ頃に、私は別の友人のジョージ・ダックからメールをもらった。それはつい最近、転職したという知らせだった。彼の新しい仕事はリッチダッド・カンパニーでのCFOの仕事だった。

私がリッチダッド・カンパニーとのすばらしいビジネス関係を持つに至ったこれらのすべての出来事が同時に起こったのは、偶然だったのだろうか？　その答えは私にはわからない。でも、人に教えることについて、そしてお金や経済について、私がロバート・キヨサキとキム・キヨサキの二人からとても多くのことを学んだことは、よくわかっている。**私が最初に学んだことの一つは、「キャッシュフロー・クワドラント」についてだった。**

キャッシュフロー・クワドラントは収入を得ている人を四つのクワドラントに分類したものだ（図③）。縦の分割線の左側にあるのが従業員（Ｅ）と自営業者（Ｓ）、右側にあるのがビッグビジネスオーナー（Ｂ）と投資家（Ｉ）だ。この図をはじめて見た時、当然ながら私の頭には、それぞれのクワドラントに属する人たちに対する税効果（それと税の優遇）はどうなっているのだろうという思いが浮かんだ。そして、すぐに、クワドラントの左側から収入を得ている人は、右側からお金を稼いでいる人よりもずっと高い税金を払っていることに気が付いた。

キャッシュフロー・クワドラントについてはじめて学んだこの時からずっと、私は税法を見る時に、その内容をこの図にあてはめるようにしてきた。そうしているうちに、**BとIのクワドラントの人間が納める税金が、EとSの人間と比べてなぜこれほど少ないのか、その理由がわかってきた。それは、議会（あるいは**

国会）がそうしたいと思っているからだ。

議会、国会など国によって名称はさまざまだが、一般に政府と呼ばれるものの目標達成方法について考えてみよう。政府がある特定の活動を奨励したいと考えている時、それを実行する方法は二つある。力ずくでやるか、政策でやるかのいずれかだ。そして、この章の冒頭に引用した、偉大な経済学者ミルトン・フリードマンの言葉通り、「何かがもっとほしかったら、助成金を与えよ」ということだ。助成金を与えるのに最も簡単で効果的な方法は、税法を通してすることだ。それを続けるうち、税法を利用して助成金を与える方法はどんどん簡単になっていった。そして、それと同時に、政府が国の経済的動向を方向付ける際の最も重要な方法になっていた。次のルール5はそのことを表している。

ルール5：税法は起業家と投資家を対象とした景気刺激策だ。

では、政府は何をしたいと思っているのだろうか？　まず、彼らはより多くの仕事を創出したいと思っている。仕事を創出するのはだれだろう？　起業家だ。だから起業家は、仕事の創出を促す助成金の役目をす

③キャッシュフロー・クワドラントのそれぞれの文字の意味

E…従業員（employee）
S…スモールビジネス (small business)
　自営業者 (self-employed)
B…従業員 500 人以上のビッグビジネス
　(big business)
I…投資家（investor）

るさまざまな税の優遇を利用できるようになっている。政府はほかに何をしたいと思っているのだろうか？手ごろな値段の住宅の供給だ。だから不動産投資家は、手ごろな値段の住宅の建設を促す助成金の役目をするさまざまな税の優遇を利用することができるようになっている。

時として政府は、自由市場（民間企業）に任せておくよりも、自分たちのほうが仕事の創出や住宅の建設がうまくできると思い違いをする。でも、そのうちに、市場のほうがうまくやってくれることに気が付く。それに、実際のところ、政府主導のプログラムを通して仕事を増やしたり住宅を建てたりするよりも、ビジネスオーナーや投資家に税の優遇を与えたほうが、政府としてはずっと安くつく（図④）。

政府が起業家と投資家にさまざまな税の優遇を与えるのは、この二つの目標のためだ。政府はさらに、投資の種類や、市場に創出してほしい仕事の種類を細かく特定することさえしている。石油や天然ガスへの投資、農業、畜産、養殖、グリーンエネルギー、低所得者向け住宅の供給などといった分野で、特定の税の優遇を与えているのがその例だ。

■ここに注意！　税の優遇を受けるためだけにビジネスを始めてはいけない。

1．税の優遇を受けるには、そのビジネスが実体を持ち、利益を出すことを意図するものでなければいけない。

2．ビジネスで失敗するより、税金を払うほうが安くつく。ビジネスを始める前によく勉強して、十分な準備をしよう。

税金を多く払っているからと言って、キャッシュフロー・クワドラントのEとSに属する人が「罰せられている」わけではない。ただ、クワドラントのBやIに属する人が与えられている「ご褒美」（つまり助成金）をもらっていないだけだ。政府が「自分たちの国でこんなことが起きてほしい」と願っていることがど

④政府は起業家と投資家に税の優遇を与える

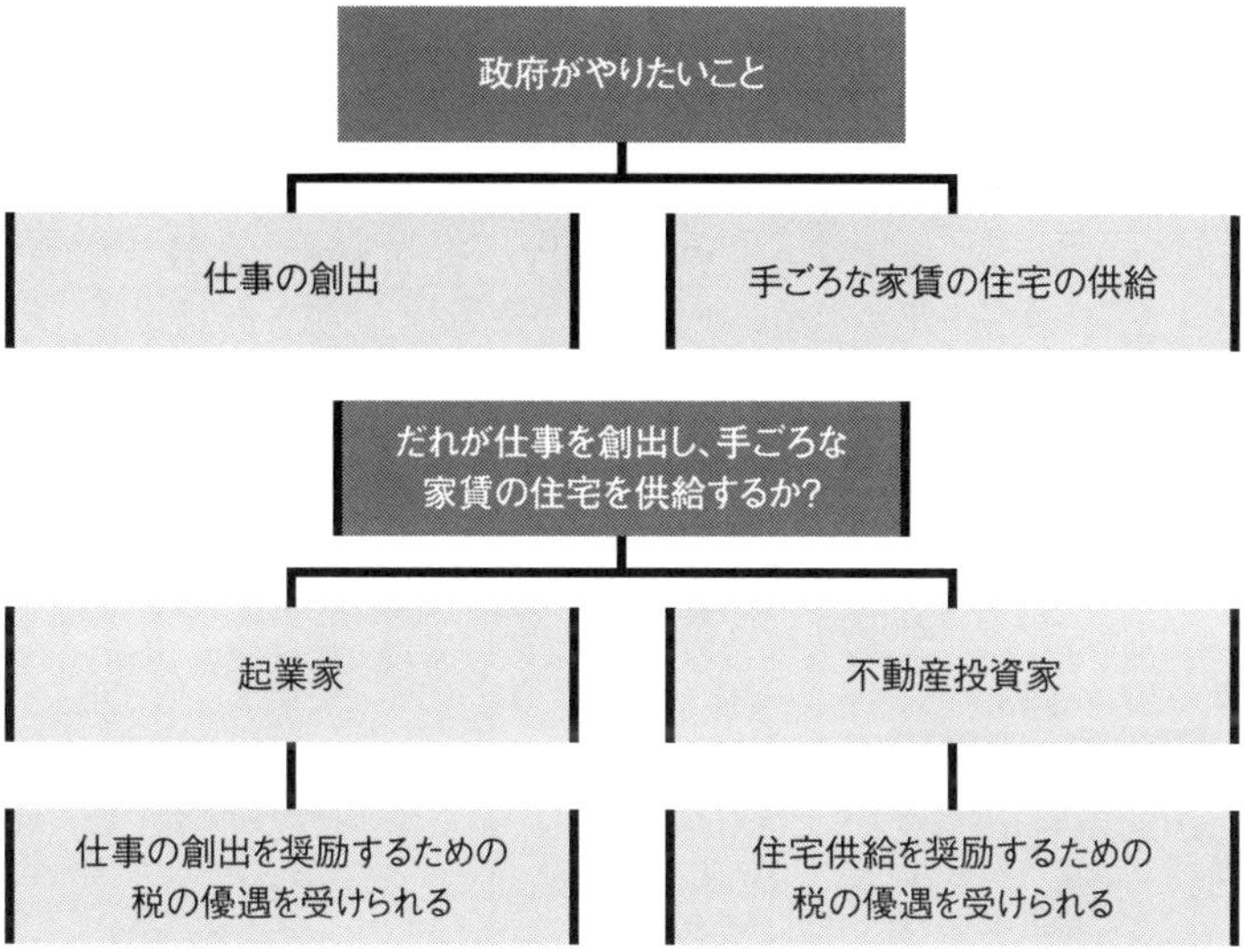
政府がやりたいこと
仕事の創出
手ごろな家賃の住宅の供給
だれが仕事を創出し、手ごろな家賃の住宅を供給するか?
起業家
不動産投資家
仕事の創出を奨励するための税の優遇を受けられる
住宅供給を奨励するための税の優遇を受けられる

んなことか知りたかったら、税法を見ればいい。「奨励金」はどこに流れ込んでいるのか？　その流れ込んでいる先が、政府があなたにお金と労力をつぎこんでもらいたいと思っている場所だ。私が、あなたの「実態」を適切なものにして節税することのほうがより愛国的な行為だと言うのは、それだからだ。税金を少なくした時、あなたは実際のところ、政府があなたにやってもらいたいと思っていることをやっている。つまり、仕事を創出したり、住宅や人の役に立つ建物を建てたり、食料やエネルギーを生産していたりしている。

起業家と投資家にはさらにもっと「いい話」がある。税の優遇を受けるために政府の規則に従っていると、結果としてあなたはそのほかの恩恵も受け、もっとお金を稼ぐことになる。次にその例を一つお話ししよう。

新しい顧客の一人は、どうにかして所得税を減らしたいと思っていた。彼には、条件さえ整っていればどんな出費も控除可能だという話はすでにしてあった。この顧客夫婦は、落ち着いた雰囲気のニューメキシコが大好きで、よくそこに行っていた。そして、あまり頻繁に行くので、自分たちの旅行を税金の控除に使えないだろうかと考えていた。私は法律に従ってそれを控除可能にするためには、旅行をビジネスに関連付けなければいけないと説明した。

次に会った時、彼はとてもはりきっていた。何か話したくてうずうずしているのがよくわかった。彼の説明はこうだった。妻と二人でニューメキシコへ行ったが、旅行に関わる出費を経費として控除したかったので、そこに滞在している間、多くの時間を投資用の不動産物件を探すのに費やした。そして、それを見つけたというのだ。実際のところ、この不動産取引はとても割がよくて、いずれ一〇〇万ドル以上の純益（税引き前）をもたらしてくれるだろうと彼は見積もっていた。だから、いつもの旅行をビジネスを目的とする旅行にして費用を控除可能にしたおかげで、三〇〇〇ドルほどの節税ができることにも大喜びしていたが、不動産取引からおよそ一〇〇万ドルが得られることにはもっと大喜びしていた。

■税金対策のヒント

家族をビジネスに関わらせよう。あなたのビジネスを「家族ビジネス」にすれば、ビジネスを目的とした家族旅行の費用が控除可能になる。それに、所得を、あなたが属する高率の税率区分から、家族の属するもっと低い税率区分に移すこともできる。これは「恒久的な」節税効果を生み出す。

政府は、時間やお金、労力をビジネスに費やす人間たちこそがお金を生み出すことを知っている。また、お金が仕事や住宅を生み出し、政府の税収を増やしてくれることも知っている。つまり、どんなにいい税金対策をしたとしても、先ほどの私の顧客が不動産取引で得る一〇〇万ドルの利益のうち三〇万ドルは、最終的には政府の税収となる。あの取引は、ビジネスを目的とした旅行に対して与えられた三〇〇〇ドルの税の優遇がなければ決して実現しなかったわけだから、政府の側としては三〇〇〇ドル払って三〇万ドルを得たことになる。これはだれが考えても実に割のいい取引だ。もちろん、私の顧客があの旅行の費用を控除可能にする方法を理解していなかったら、不動産取引も実現しなかっただろう。

今あなたはこんなふうに思っているかもしれない――「うまい話だ。でも、私はどうなる？　E（あるいはS）のクワドラントに属している私に一体何ができると言うんだ？」確かに、今お話ししたようなビジネス上の経費は今のあなたには利用できない。でもそうできるようにすることは可能だ。そのために必要なのは、収入を稼ぎ出す活動の一部を、クワドラントのBやIの側に移すことだけだ。ありがたいことに、これはたいしてむずかしいことではない。世界中で何百、何千万という人が在宅ビジネスをやっていたり、不動産やエネルギー、農業に投資したりしている。そして彼らはみんな、税法に従った節税という「優遇」を受けている。

だからといって、この優遇を受けるために、あなたの時間とお金のすべてをビジネスや投資に費やさなければいけないわけではない。ただビジネスや投資を始めさえすればいい。でも、その前に、いくらか計画を立てておいたほうがいい。次にそのことについてお話ししよう。

■第5章のキーポイント

1．キャッシュフロー・クワドラントは、人が収入を得る四つの異なる方法をわかりやすく表したすばらしい図だ。その四つの方法の違いは、あなたが支払う税金に大きな関わりを持っている。
2．クワドラントのEとSに属する人は、BやIが受けている税の優遇は受けていない。
3．政府は税法によって人々の経済的活動の舵取りをしている。つまり、政府が好ましいと思う活動に対して、税の優遇という「ご褒美」を与える。だから、税金を減らすことは事実上、愛国的行為だということになる。
4．収入を得る方法をクワドラントのBやIの側に移動して、税の優遇を受けられるようにするのは簡単だ。

●税金戦略5：自分のビジネスや投資に家族を参加させる。

クワドラントのBとIの側に属していることで得られる大きな税の優遇の一つは、所得を合法的に自分の子供に移転できることだ。子供たちも納税者だ。勤労所得――労働の対価としての所得――に関しては、それぞれの税率区分に従って所得税を支払っている。そして、それ以外の所得を得た場合も、子供は子供の税率で税金を払う。

子供たちは、家族でやっているビジネスや投資のために働くことで所得を得ることもできる。あなたのために子供を働かせる利点の一つは、あなたが属している高い税率区分の中で、子供に支払う給料に対して税金の控除を受けることができる点だ。そして、子供は自分たちが属する低い税率区分の中で所得税申告をする。

私の顧客でもある昔からの友人は、九歳の娘にこの方法を使った。自分がやっていた不動産投資に関する帳簿付けを娘にやらせることにしたのだ。この子はとても頭がよく、帳簿の付け方を理解するのに問題はなかった。それに、不動産の管理を受け持っている母親が監督するから安心だ。この娘さんは、一般の帳簿係と比べて妥当な額の給料をもらっている。一年で四〇〇〇ドルほどになるだろう。この四〇〇〇ドルは両親が税金控除に使う。一方、娘のほうはそのほかに収入はない。彼女の場合、標準控除にその他の控除を加えると四〇〇〇ドルを超えるから、税金を払う必要はない。一方、父親である私の顧客は税率四〇パーセントの区分に属しているから、娘に払う四〇〇〇ドルは一六〇〇ドルの節税となる。

さて、ここからがこの戦略の一番いいところだ。この顧客の娘は帳簿の付け方を覚え、家族ビジネスの一員となっている。つまり、この先、一生役に立つ技術を学びつつあるということだ。それに、不動産投資についても理解し始めている。いいことだらけなのだから、政府がこのような戦略を用いることを国民に許しているのも当然だ。

実際のところ、政府は「許可」するだけでなく「奨励」している。この私の友人は他人を雇って帳簿付けをさせる代わりに、娘を雇っているために、社会保障税に関しても税の優遇を受けている。つまり、娘に払う給料に対しては社会保障税を払わなくていいのだ。

だからあなたも、子供を自分のビジネスに参加させよう。ためらうことはない。あなたには大きな税の優遇が与えられるし、子供にとってはとてもいい教育になる。それにあなたが引退を決めた時、安心して任せられる人間を育てられるのだから、悠々自適の「出口戦略」としてこれ以上のものはない！ そして、これこそが、金持ちたちが昔から知っていて実践し続けてきた戦略だ。彼らはこのようにして自分たちのお金を家族内にとどめ、自分がいなくなったあともビジネスを続けられるようにしているのだ。

第6章　ほとんど何でも控除できる

「所得税政策に関して『不公平』という言葉を使う人間は電気椅子に送ってやりたいくらいだ」
――ウィリアム・F・バックリー

●平均的であることをやめよう

税金は平均的な納税者に対して公平ではない。では、平均的納税者とはどんな人間か？　平均的な納税者とは、職に就いていて、家庭があり、住宅ローンを抱えるか家賃を払っている人たちだ。平均的な納税者のファイナンシャル教育の程度はごく低いか、ゼロだ。彼らはCNN（ニュース番組）やH&Rブロック（税務サービス会社）からアドバイスをもらう。平均的な納税者が利用できる税の優遇は人的控除や項目別控除――たとえば住宅ローン返済利子、資産税、慈善寄付など――だけだ。それから、もちろん、アメリカの401（k）やIRA（個人退職年金）、カナダのRRSP（年金貯蓄）など、引退するまで税金負担の一部を遅らせることのできるシステムもあることはある。

つまり、**平均的納税者は平均的な税の優遇を受ける――それが現実だ。**そういう人がアドバイスを求めてうちの事務所にやってくることもある。彼らはどうやったら税金を減らせるか教えてほしいと言う。もっと401（k）への拠出額を増やすべきだろうか？　もっと大きな家を買ったほうがいいだろうか？　ついでに、子供の数も増やしたほうがいいだろうか？

こういう人たちに対しては**「平均的納税者の生活を送っている限り、あなたのために私にできることはありません」と答えるしかない。解決の道は「平均的であることをやめる」ことだ。**そして、平均以上の納税者、つまり「スーパー納税者」になることだ。

国の経済の発展にもっと貢献し、政府があなたにやってほしいと思っていることをやり始めよう。ラッキーなことに、本書を読んでいる時点で、すでにあなたは平均的納税者よりもずっと有利な納税者になり始めている。本書を一ページ読むたびに、あなたのファイナンシャル・インテリジェンスは上がっている。そして、ここで学んだコンセプトを応用した時、本当のスタートが切れる！

専門的知識や技術を使う職業の人の多くがそうだと思うが、私も、自分のアドバイスに自分自身が従うよりもずっと前に、他人に税金に関するアドバイスをし始めた。だから、大学院を卒業する前に、すでに税に関するアドバイスを人に与え始めていた。自分ではビジネスを所有していなかったにもかかわらず、ビジネスオーナーたちに税金を減らす方法を教えたりしていたのだ。また、不動産に関しても、自分でそれを所有するようになるずっと前から、不動産投資家たちに控除の増やし方を教えたりしていた。それらのアドバイスはいいアドバイスだっただろうか？　もちろんだ。私は学業に励む優秀な学生で、税法をしっかり学んでいたのだから。では、すばらしいアドバイスだっただろうか？　それは違う。

学校で学んだことを自分の生活の中で一度も応用したことがない人間に、「すばらしい」アドバイスができるはずがない。のちに自分でビジネスを始め、さらにその後不動産投資を始めてからやっと、私はビジネスオーナーや不動産投資家に本当に「すばらしい」アドバイスができるようになった。自分が獲得した知識を自分自身の生活に応用するようになってようやく、顧客のビジネスを理解し、最高のアドバイスを与えられるようになったのだ。そして、自分で自分の知識を応用すればするほど、他人へアドバイスを与えるのもうまくなっていった。

あなたの場合も同じことだ。本書で学んだコンセプトを自分自身の生活に応用し始めると、それらすべてがどのように働くかがわかってくる。そして、税金が減り、より多くのキャッシュフローが入ってくるようになると、知識から得られる恩恵を十分に享受すると同時に、自分が学んだことをよりよく理解できるようになっていく。これこそが「知恵」というものだ。

では、スーパー納税者になるための第一歩は何だろう？　それは次のルール6を理解することだ。

ルール6：条件さえそろっていれば、ほとんど何でも控除できる。

これは本当だ。ほとんどどんな出費も、条件さえそろっていれば所得から控除できる。どうしたらそんなことが可能なのか？　それは、法律がそうなっているからだ。前に、税法は起業家と投資家に有利にできていると言ったことを覚えているだろうか？　その理由は、一般的に起業家と投資家は、消費ではなく生産するために経済にお金をつぎ込むからだ。ある費用を控除可能にするためのカギは、それをビジネスや投資がらみの支出にすることだ。つまり、**その支出の目的が、より多くの収入を得ることであれば控除できる。**

そしてもちろん、この原則は世界中で通用する。先進国の所得税は純利益に基づいている。純利益とは単純に言って、いろいろな控除をしたあとの収入だ。控除の多くは費用から生まれる。ビジネス上の経費は控除として一番有効だ。二番目は不動産関連の経費だ。国によっては、エネルギー関連でも経費が利用できる場合がある。株式市場への投資に関連した経費も、部分的には控除可能だが、それは「能動的な《アクティブ》」投資ではないので、控除の効果は一番少ない。

控除可能な経費を増やすための第一歩は、起業家か投資家になることだ。この一歩を踏み出さない限り、あなたはいつまでたっても平均的納税者のままで、税法はあなたにとって不利なままだ。でも、ありがたいことにこの一歩を踏み出すのに、今の仕事を辞める必要はない。ただ、起業家や投資家のように考え、行動し始めればいいだけだ。つまり、あなたがまずやるべきことは、自分のファイナンシャル教育に投資して、ファイナンシャル・インテリジェンスを高めることだ。ファイナンシャル教育を受けずに、ビジネスを始めたり何かに投資を始めるのは、お金に関してあなたができることの中で「最も危険な行為」だ。

●起業家になる

何かを始めようとしている人に対する私のアドバイスはこうだ——小さく始めよう。まず、不動産やそのほかの投資に関するセミナーをとったり、起業家のための講座などをとって学ぼう。そして在宅ビジネスから始めてみよう。できれば自分がよく知っている分野のビジネスがいい。

私も同じようにして始めた。だいぶ前の話だが、私は独立した公認会計士として働くのを一旦やめて、フォーチュン1000社に名前を連ねる大企業の税務アドバイザーとしてしばらく働いたあと、再び会計事務所の仕事に戻った。いろいろな顧客を相手に仕事をしたかったし、チャレンジがしたかった。でも、その転換期に、私は間違った選択をしてしまった。その結果、自分に合わない会社で、自分に合わない仕事に就き、七か月後にクビにされた。私は人生ではじめて仕事に失敗し、仕事に裏切られた。でも、のちにこのことは、私にとって最良の経験であったことがわかった。

この時私は、はたと気付いた——仕事がないということは、自分がずっとやりたいと思っていたことをやる自由が与えられたということだ。そして、自分のやりたいこととは、ビジネスを始めることだった。私は修士号を持っていて、税務アドバイザーとして一三年間の経験を積んでいた。そろそろ自分の会計事務所を開いていい時期だった。妻と幼い二人の息子たちに後押しされて、私は自宅で会計事務所を始めた。いろいろな人に連絡して、顧客を獲得するために一日一〇時間働いた。九か月かけてやっと最初の四人の顧客を獲得した。その時以来、私は過去を振り返って後悔したことは一度もない。それまで、こんなに仕事が楽しかったことも、払う税金がこんなに少なくなったことも一度もなかった。

私はあなたに、クビになることや仕事を辞めることを勧めているわけではない。そうではなくて、あなたもきっと、自分のビジネスを始めるために使える、市場価値のある技術や知識を何かしら持っているに違いないと言いたいのだ。まずはパートタイムで始めよう。自宅の一部屋をビジネスにあてればいい。見栄えのよいオフィスや大々的な広告にお金を使う必要はない。いつか自分の時間の大半——すべてではないにしてもほとんどの時間――を、自分のビジネスや投資、そして家族のためにあてることができるようになった時、どれほどの「自由」が手に入るか考えてみてほしい！

すべては適切な税金対策から始まる。**ビジネスを始めると、控除できる支出の選択肢が飛躍的に増える。あなたの支出の大半を控除できるようにするのは簡単だ――お金を使う時に、その意図が「さらに多くのお金を稼ぐ」ことにあるようにすればいい。**アメリカの税法ではこれを、「ビジネス上の目的を持った支出」と呼んでいる。

だから、お金を使うときには十分注意しよう。バカなものにお金を使ってはいけない。ビジネスを成長させる可能性のあるもののために使おう。同じ業種の人間が買うようなものを買う、つまり、その業種内で一般的とみなされる支出をするということだ。支出を意味のあるものにしよう。自分の役に立たせるようにしよう。そうすれば、支出が「必要なもの」になる。そして、必要な支出になれば、それは「控除可能な支出」に変身する！

●「能動的《アクティブ》投資家」になる

今度は、ビジネスは始めたくないがスーパー納税者にはなりたいという人の場合を考えてみよう。それにはどうしたらいいか？　投資家になればいい（図⑤）。覚えているだろうか？　キャッシュフロー・クワドラントの右側にはビジネスオーナーと投資家の二つがあった。でも、ここにちょっとした問題がある。それは、もし投資に対する税の優遇を受けたかったら、「典型的な投資家」になるのではだめだということだ。「能動的な投資家」になる必要がある。これは、不労所得――勤労所得ではなく――のために、能動的に投資をする投資家にならなければいけないということを意味する。ごく簡単に言うと、不労所得とは配当や家賃収入、ビジネスへの投資から得られる所得だ。不労所得は勤労所得よりもかなり低い税率で課税される。

ここで言う勤労所得とは給料のほか、短期保有資産の売却益も含む。スーパー投資家になるためには、不労所得を生み出す投資で、割がよくて多くのキャッシュフローをもたらしてくれる投資を見つけなければいけない。このテーマに関しては、とてもためになる本があるので、ぜひ読んでみてほしい――ロバート・キヨサキ著『金持ち父さんのアンフェア・アドバンテージ』（筑摩書房）だ。

能動的な投資家になるのはむずかしそう……あなたは今そう思っているかもしれない。だが、そんなことはない。**実際のところ、能動的な投資家になるのは案外簡単だ。起業家になるのと同じで、すべてはファイナンシャル教育から始まる。**四年がかりで金融の学位を取る必要もなければ、短大の学位を取る必要すらない。でも、自分が興味のある投資に関していくつか講座をとることは絶対必要だ。どんな投資が好きかわからない人は、異なる種類の投資に関していろいろな講座をとってみればいい。不動産の講座をとってもいいし、株式投資に関するものでもいい。あるいはビジネスに投資する方法を学ぶのでもいい。学んでみなければ自分の好きなものが何かはわからない。「リッチダッド・エデュケーション」も能動的投資家になるのに大いに役立つ。もっと詳しく知りたい人は、www.taxfreewealthbook.com に行ってみてほしい。

自分がどんなタイプの投資をやりたいかだいたいわかってきたら、次は、あなたが投資をするのを助けてくれるメンター（よき師）、あるいはコーチを見つけよう。適切な人が見つかったら、とにかく投資を始めてみよう。先ほど、ビジネスを始めることに関してアドバイスしたが、ここでもまったく同様だ。小さく始めよう。つまり、小さな不動産の取引を一つやってみる、少しだけ株式の取引をやってみる、あるいは株を上場していない小さな企業に少額の投資をしてみるといった感じだ。そういったことをしている間も、自分の教育と実際の投資にかかった出費をすべてきちんと記録するのを忘れないようにしよう。あなたの所得税申告書を作る人が適切に処理してくれれば、その費用の一部、あるいは全部を経費として控除できるはずだ。

●「受動的投資家《パッシブ》」とは何か

スーパー納税者にはもう一つの別のタイプの人間がいる。それは受動的投資家だ。早とちりしないでほしい。ここで言っているのは、投資信託やＥＴＦ（上場投資信託）などを通して株式に投資する、いわゆる「投資家」のことではない。ビジネスや不動産、農業、エネルギーなど、税的に有利な投資先で、直接的に働いている能動的投資家と一緒に自分のお金を投資する人のことだ。受動的投資家はまた、自分の出費の多くを控除するという恩恵も受ける。適切な税金対策を立てれば、ほかの手段で稼いだ所得から、投資による損失を差し引くこともできる。

受動的投資を成功させるためのカギは優秀なチームにある。あなたには優秀な投資アドバイザーと税務アドバイザーが必要だ。そのほかに、腕利きの弁護士、知識と経験の豊富なバンカー（投資銀行家）も欠かせない。これらのチームメンバーは、あなたに最高の利益をもたらすように一致協力して働く必要がある。私の経験から言って、チームのメンバーをうまく協力させるための最良の方法は、「資産戦略ブレイン」を雇うことだ。チームの中のアドバイザーの一人がその役を担ってもいいし、まったく別に専門家を雇ってもいい。この資産戦略ブレインは、あなたとほかのチームメンバーとの間のパイプ役になってくれるだろう（図⑥）。

多くの国では、受動的投資家になれる個人の条件が厳しく定められている。アメリカではそういった個人は「適格投資家」と呼ばれている。適格投資家は政府によって定められた最低資産額と収入基準をクリアしていなければならない。オーストラリアではこういった投資家は「洗練された投資家」あるいは「プロの投資家」などと呼ばれている。どの国でも最低資産額が決められていて、そのほかに認可のための規則が決められている国もある。その根底にあるのは、お金を十分に持っている人は、金銭取引を適切に評価できるだけの高いファイナンシャル教育を受けているか、いくらかお金を損しても大丈夫に違いないという考え方だ。根拠は何であれ、受動的投資家になりたかったら、政府のガイドラインのもとで資格条件を満たしていなければいけない。

受動的投資家の損失や費用は控除可能だが、そのための規則は多少めんどうだ。この道に進むことを考え

⑤スーパー納税者になるには

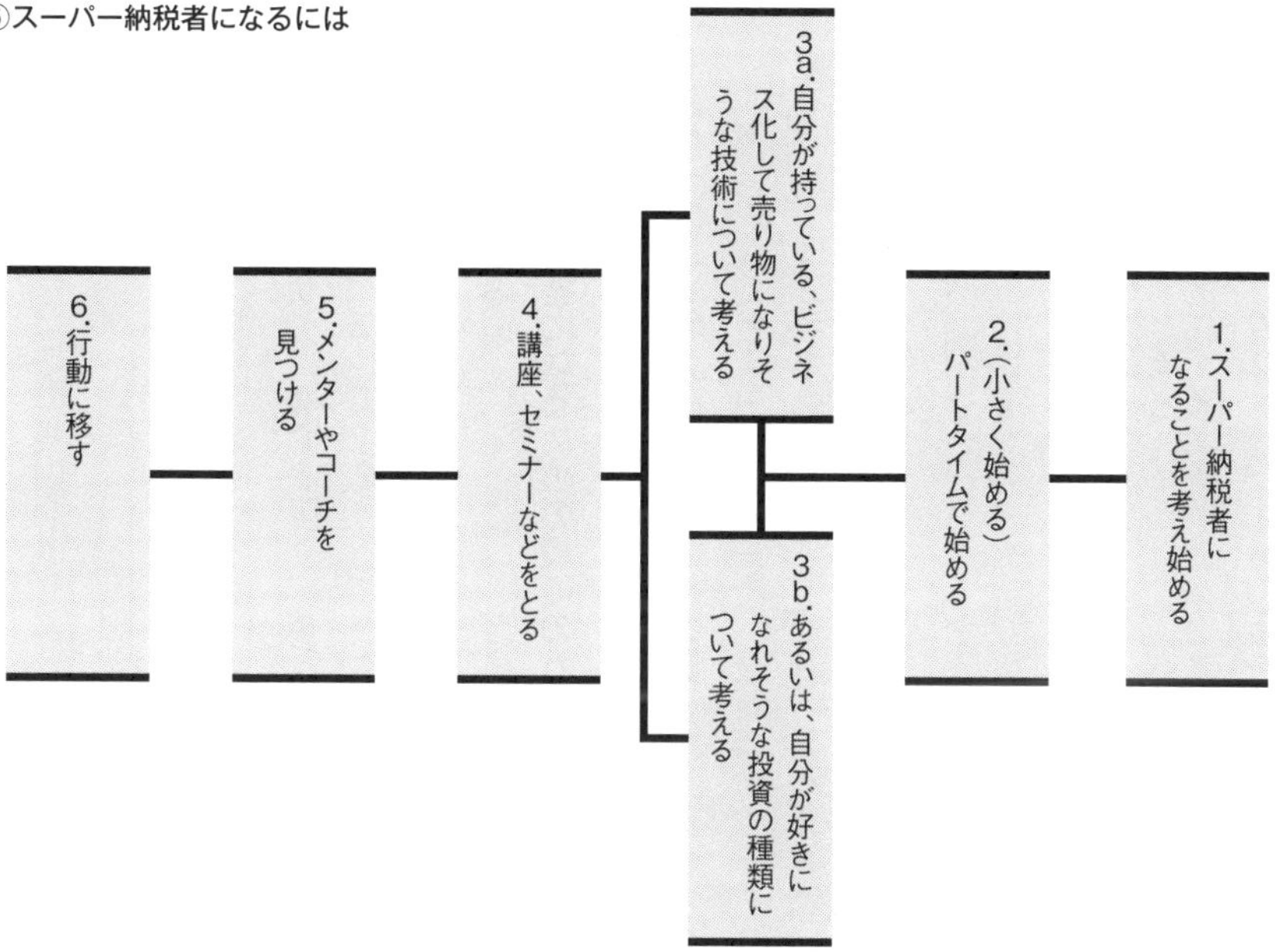
1.スーパー納税者になることを考え始める
2.(小さく始める)パートタイムで始める
3a.自分が持っている、ビジネス化して売り物になりそうな技術について考える
3b.あるいは、自分が好きになれそうな投資の種類について考える
4.講座、セミナーなどをとる
5.メンターやコーチを見つける
6.行動に移す

⑥優秀なチームが必要

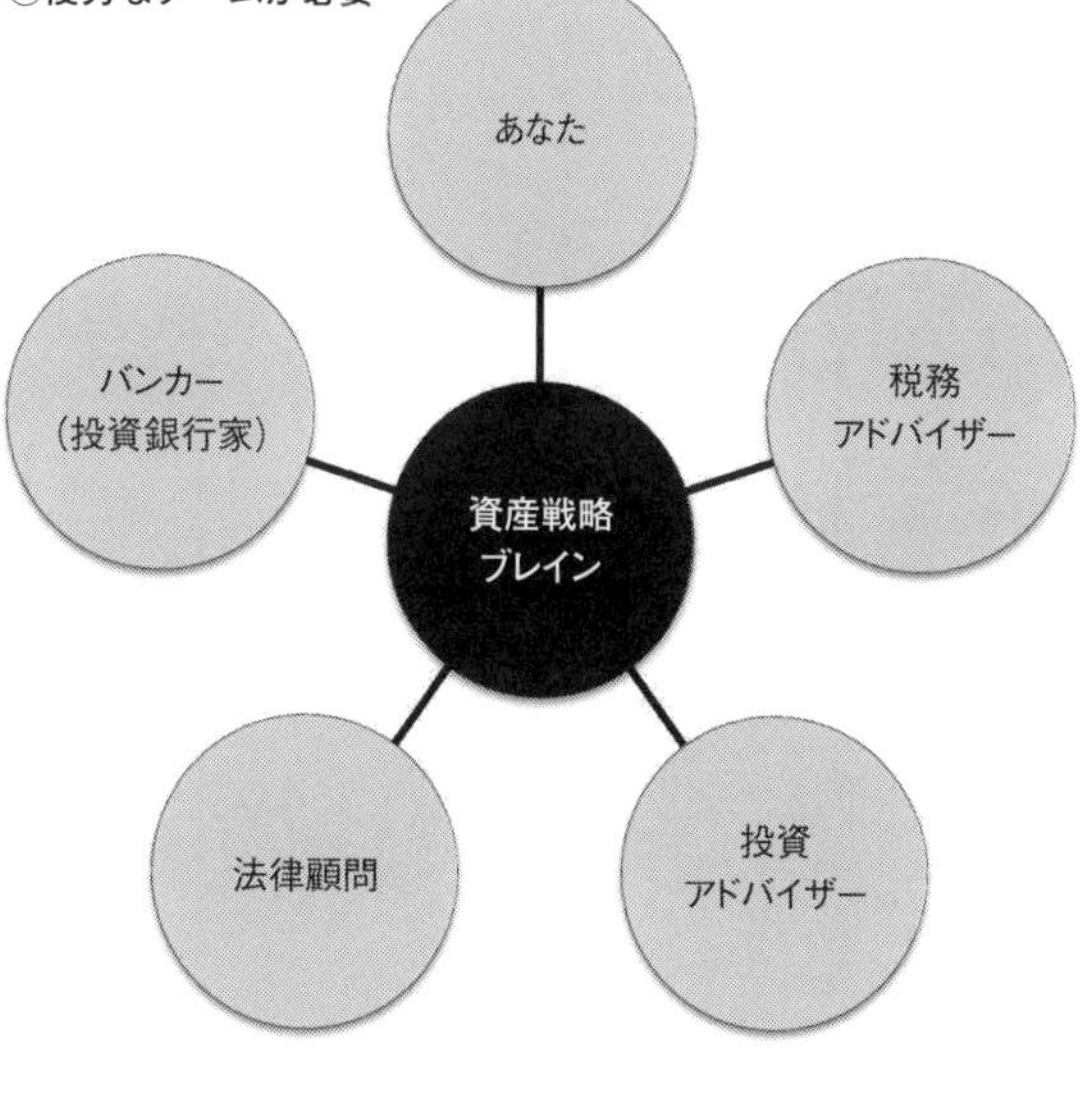
資産戦略ブレイン
あなた
税務アドバイザー
投資アドバイザー
法律顧問
バンカー(投資銀行家)

ている人は、必ず税務アドバイザーに相談して、自分がやろうとしていることを伝え、費用や損失の控除を受けられるように、その規則をきちんと説明してもらおう。

■ここに注意！　チームのメンバーに払うお金をケチらない

1. たいていの場合、支払った額に見合った見返りが戻ってくる。
2. アドバイザーに関する限り、値段が安ければ得をするというものではない。いいメンバーはお金には代えられない価値を持っている。

●すべてを記録する

スーパー納税者になるための最後のカギは、完璧な記録だ。効果のある税金対策はどれもまた、ビジネスや投資に関して健全な決定を下すことにつながる。ビジネスや投資の上で、あなたが下せる決定の中で最良のものの一つは、収入と支出の記録をしっかりとることだ。これは、正確な会計帳簿をつけることを意味する。帳簿は少なくとも一週間に一度、最新のものにするようにしよう。会計記録が綿密で正確なものであればあるほど、ビジネスや投資に関してよりよい決定ができ、税務監査で問題が起きる可能性が減る。

■税金対策のヒント

一にも記録、二にも記録。アメリカのＩＲＳ、カナダのＣＲＡ、英国のＨＭＲＣ、オーストラリアのＡＴＯ、そのほかどの国の税務署も記録が大好きだ。

ビジネスを始めると決めたら、たとえ（この章のはじめのほうでアドバイスしたように）小さく始めたとしても、自分のビジネスは、ＩＢＭやマイクロソフトのような大成功を収めた企業と同じだと考えるように

⑦平均的な納税者とスーパー納税者はここが違う

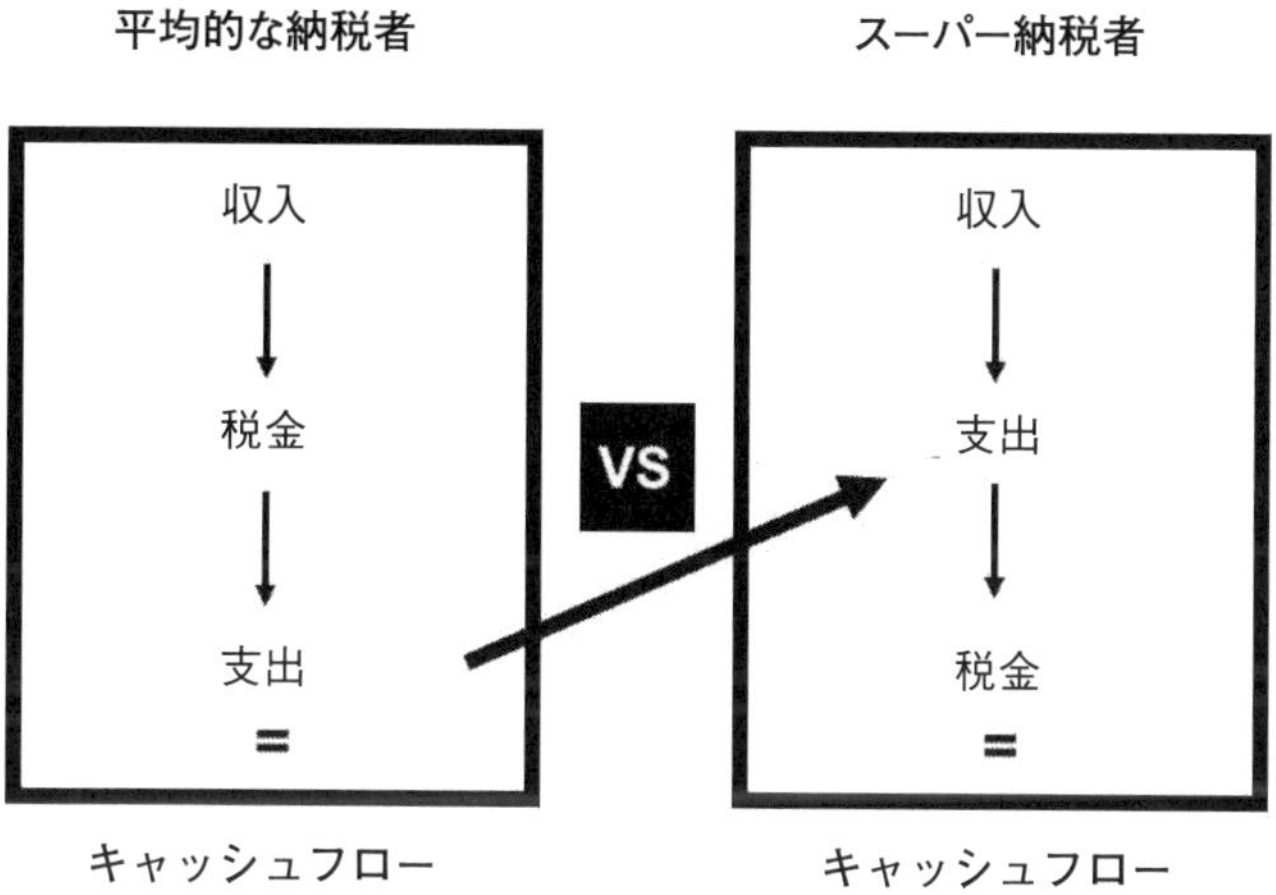

しよう。このような大企業が存続し、投資家や銀行、経営陣に対して常に最新の情報を与えるために、どんなにたくさんの報告をする必要があるか考えてみてほしい。あなたが自宅の一室で始めた新事業に関しても同じようにするのがいい。そうしていれば、ＩＲＳだろうがＣＲＡだろうが、あるいはほかのどんな国の税務署が相手であっても、たとえ監査を受けたとしてもさっさとクリアできる。正確な会計情報はまた、ビジネスや投資に関して、詳細を把握して賢明な意思決定をするのに役立つ。それに、何と言っても一番いいのは、経費を控除することができ、それを政府が認めてくれるかどうか心配する必要がなくなることだ。なぜそうなるのか？　それは、税法のそもそもの意図通りにそれを適用し、法律に従って来たことを明らかにできるからだ。

今言ったことを実践すれば、結果として税金とストレスを減らすことができる。もうあなたにも、「条件さえそろっていれば、ほとんど何でも控除できる」という私の言葉の意味がわかってもらえただろう。お金を使った時はいつでも、税金を減らすチャンスがある。車にガソリンを入れた時も、配偶者やビジネスパートナーと外で夕食を食べた時も、さらにはニューメキシコへ不動産を見に行った時でさえチャンスがある！

平均的な納税者とスーパー納税者との基本的な違いは、自分の財産を増やすことに関して、どれくらい真剣に取り組んでいるかだ。平均的な納税者は自分のお金を他人に渡して、投資対象の価値が上がるようにと期待し、祈る。スーパー納税者はビジネスや不動産、株式に「能動的」に投資したり、自分に代わってそれをしてくれる能動的投資家を自ら見つけ出すことによって、自分の財産を作ることに直接的に関わっている。図⑦は、平均的な納税者とスーパー納税者との基本的な違いを表している。その違いは驚くほどシンプルだ。

次の章では、すべての控除の「王《キング》」、減価償却についてお話しする。

■第6章のキーポイント

1. 大部分の人は、平均的な税の優遇しか受けたことのない平均的納税者だ。
2. より多く節税するためのカギは、スーパー納税者になって、経費を控除できるようになることにある。
3. 控除可能な経費を生み出す最善の方法は、ビジネスを始めるか、不労所得を得るための投資を始めることだ。今の仕事を辞める必要はない。小さく始めよう。
4. ビジネス、投資をする上で最良の方法の一つは、収入と支出をすべて、きちんと記録することだ。

●税金戦略6：一にも二にも、そして三にも記録

税務監査が入った時に、要請があったらすぐに提出できるように記録を準備しておくのは、実にすばらしい作戦だ。もしあなたのやっていることや支出が適切な形で記録に残されていれば、税務署がそれに何か変更を加えるよう要求するのはむずかしい。それに、記録をきちんとつけていれば、あなたのＣＰＡが監査に対処するために費やす時間を減らし、結果としてその人に払うお金も節約できる。記録をきちんととることは、常に税務監査への準備態勢を整え、それに関連したコストを抑えるための効果的な「防御作戦」だ。

近年、レシート、領収書の記録をとるのは、コンピューターのおかげでとても楽になった。スキャンしてコンピューターに取り込めばいい。こうすれば、レシートだけのために引き出しを一つ用意する必要も、印刷された文字が時間の経過とともに消えてしまうことを心配する必要もない。一年か二年前のクレジットカードのレシートを出してみたら、文字が消えて、全体が真っ黒になっていた……そんな経験をしたことがないだろうか？　これは実によくあることだが、監査が入って必要なレシートを引っ張り出してみたら全部真っ黒だったとしたら、どういうことになるだろう？　レシートはぜひスキャンして、コンピューターのファイルに保存しておこう。文字のかすれた紙切れを一枚ずつ調べるのでなく、スキャンされたレシートを見ることができるとなれば、ＩＲＳも大喜びだ。

本書では第22章でＩＲＳの監査について取り上げているので、記録についてはそこでさらに詳しく学んでほしい。ここでは、次のことだけしっかり頭に入れておいてほしい。それは、記録をとることが、あなたが毎日できる税金戦略の一つであり、そのためには大した時間も労力もかからないということだ。

第7章　減価償却は控除の王様

「節税は、見返りのある唯一の知的探求だ」　　――ジョン・メイナード・ケインズ

●減価償却の魔法

数年前、ロバート・キヨサキと会って間もない頃、私は彼から、アリゾナ・リパブリック紙のインタビューについてきてほしいと頼まれた。取材のテーマは投資だった。担当ジャーナリストは、だれでも投資によって三〇～四〇パーセントの利益を上げることができるというロバートの話に興味を持っていた。ロバートはバックアップ要員として私を連れて行ったのだ。「用心棒」として会計士が動員されたのは、これが史上初ではないかと思う。

インタビューのあと、ロバートと私はランチを食べにアリゾナセンターまで歩いた。その途中ロバートは私にこう聞いた。「減価償却についてどう思うかい?」

「減価償却は魔法みたいなものだよ」私はそう言った。「何もお金をかけていないものに対して控除を受けるわけだからね。何もないところからお金を取り出すのと一緒だ」

これは本当だ。これこそが減価償却の持つ魔法の力だ。収入をもたらす資産を何か買った場合、あなたはそれを所有している期間、毎年その一部を控除することができる。それが不動産や設備のような有形資産である場合には、このような控除は「減価償却」と呼ばれ、無形資産（顧客リストやコンピューターのソフトウェアといった、手で触れられないもの）である場合は「無形固定資産の償却」と呼ばれる。いずれにしても、同じ節税効果がある（表⑧）。

⑧減価償却という「魔法」

収入をもたらす資産に対する減価償却の種類

種類	例
減価償却	固定資産：不動産、設備など
無形固定資産の償却	無形資産：顧客リスト、コンピュータソフトウェアなど

●レストラン『シェ・ピエール』

もう少し説明しよう。たとえば、友人のピエールがレストラン『シェ・ピエール』をやるために商業ビルを一棟買ったとしよう。減価償却の魔法のおかげで、彼はある一定期間、毎年、そのビルの購入にかかったコストの一部を控除することができる。何年間それを続けられるかは、買った建物の種類や、住んでいる国によって違う。もしかしたらそのビルは何百年もの間びくともしないかもしれないし、価値が上がるかもしれない。それでも減価償却は続く。私が減価償却を「魔法」と呼ぶのはこのためだ。あなたは本当に一銭も払っていないのに控除が受けられる。

もちろん、ピエールは建物を買うのにお金を払っている。でも、その建物の価値は下がっていない。実際のところ、長い目で見ると、たいていの場合は価値が上がる。そして、もしピエールが賢い投資家だったら、建物のコストはその建物が生み出すキャッシュフローによってカバーされる。だから、ピエールは実際のところ、自分のポケットからは一銭も出していないことになる。それどころか、いくらか利益を上げているかもしれない。そして、たとえそうであっても、ピエールは減価償却の恩恵を受けられる。この控除はもともと、建物や設備を買ったり、建設したりすることを国民に奨励するために作られたものだ。

今、あなたはこう疑問に思ったかもしれない――なぜ政府はそのような投資を奨励したいのか？　答えは簡単だ。政府が仕事を創出する産業を求めていることを思い出してほしい。彼らはまた、企業に住宅と商業ビルを建てでもらいたいと思っている。減価償却はビジネスオーナーと投資家にそれらのことをやらせるために大きな効果を持った「触媒」の一つなのだ。友人のピエールと彼のレストランの例に話を戻して、もう少し説明しよう。

ピエールが商業ビルの土地と建物に払ったお金が一〇〇万ドルだったとしよう。土地だけの価値は二二万ドルだ。政府は土地は消耗しないとみなすから、土地に関する費用に関しては減価償却控除はない。でも、残りの七八万ドルは減価償却できる。つまり、ピエールは毎年、この七八万ドルのうち、決められた割合を控除できる。

ピエールがいくら控除できるかは、政府がどれぐらいの期間でその建物の償却を許しているかによって決まる。たとえば、アメリカでは現在、商業ビルの償却期間は三九年だ。つまり、ピエールは三九年間毎年、二万ドル（七八万ドル÷三九）の控除を受けられる。これは年率で約二・五パーセントだ。カナダの減価償却率ＣＣＡ（資本コスト引当金）はアメリカのほぼ二倍で五パーセントだ（場合によってはさらに高くなる）。自分のポケットから一銭も払うことなく、年に四万ドルもの控除が受けられることを想像してみてほしい！

もちろん、あなたは購入時の借入金に対する利子、建物の維持にかかわるコストも払わなければいけないかもしれない。でも、これらの費用もまた控除可能だ。実際にこのビルにかかる費用は、あなたに控除をもたらす「非現金費用（キャッシュフローを減らすことのない費用）」だ。さらにうれしいことに、あなたはこのビルに対して自分がつぎ込んだお金だけでなく、本当は銀行がつぎ込んでいるお金に対しても控除を受けられる。その通り！　たとえほかのだれかから全額を借りて支払ったとしても、このビルにかかった全費用に対する控除はあなたが受ける。これこそが私が言っている「魔法」だ。

信じられないかもしれないが、もっとすごいことがある。ピエールは土地と建物を買った時に、建物の中にあった備品も、建物の周りの造園部分・追加設備（たとえば柵とか駐車場）も一緒に買っている。床に敷かれたカーペットも、窓の覆いも、キャビネットも、みんなすべてだ。だから、建物の値段七八万ドルのうちの一部は、本当はそういったものの代金だ。これは重要な点だ。なぜなら、これらは建物より早く減価償却ができる可能性があるからだ。そうすれば、ピエールのポケットにはもっと早く、より多くのお金が入る。

減価償却のメリットを十分に活用するためのカギの一つは、短期間でできるだけ多くの控除を受けることにある。今日受けられる控除が多ければ多いほど、あなたが自分のポケットに入れられるお金も多くなる。そして、今日ポケットに入っているお金が多ければ多いほど、別のビジネスや投資対象に再投資できるお金も多くなる。

たとえば、この商業ビルの購入代金七八万ドルのうち一〇万ドルは、キャビネットやカーペット、窓の覆いなど、建物に付随してはいるが正確にはその一部ではない設備や備品の値段だったとしよう。この一〇万ドルは建物自体よりも早く減価償却される。毎年二・五パーセント、五パーセントといった割合で償却される建物と違い、購入代金のこの部分に関しては、毎年二〇パーセント以上の控除が受けられる。

合算すると、ピエールは毎年約三万七四〇〇ドル［(六八万ドル÷三九年)＋(一〇万ドル×二〇パーセント)］ほどの控除を受けることになる。これは、レストランの収入のうち三万七四〇〇ドルには税金がかからないことを意味する。これはなかなかの見返りだ。

■税金対策のヒント

税務署の罠に引っかからないようにしよう。そのためのカギは、償却できる動産をすべて適切に見分けて評価し（コストセグリゲーションと呼ばれる手法）、それを記録しておくことだ。税金の専門家に頼んでやってもらえれば、自分でやるよりさらにいい。記録がないと、税務署は控除によって節税できるはずだったものをないことにしてしまえる。適切な記録を残すことで、節税のチャンスを逃さないようにしよう。

●税率区分を選ぶ

ここで、所得額に基づいて決められた税率区分に従ってピエールが払う所得税率が四〇パーセントだったとしよう。減価償却による控除で一万五〇〇〇ドルを節約できるから、彼はそれを自分のビジネスに還元したり、別の投資に回すことができる――しかも毎年！　あるいはそのお金を使って、ゆっくり休暇を楽しんでもいい。レストランのためにこれまでずっと、せっせと働いてきたのだから、この辺で一休みするのもいい。それに、政府がその費用を出してくれるというのだからありがたい。

あなたもピエールのように休暇を過ごす費用を政府に払ってもらってはどうだろう？　あるいは、それよりもっといいことをしたいというなら、大幅な減価償却控除を受けて、政府にあなたのビジネスに対して「助成金」を出させるというのはどうだろう？

当然ながら、減価償却控除ができるのは建物だけに限らない。設備・備品に関してもできる。多くの国では、あなた自身の車（主な用途がビジネスである場合）もそれに含まれる。さらに、自宅の一部をオフィスとしている場合は、その分だけ償却ができる。ほかにも可能性は限りなくある。

減価償却は本当に、政府から「ただでもらえるお金」だ。なぜなら、もしあなたが頭のいい投資家、ビジネスパーソンだったら、購入した建物や設備・備品を活用して収益をあげるに違いないからだ。そして、たとえそのようにしてお金を儲けていたとしても、減価償却による控除ができることに変わりがないのだ。これはすごくありがたいことではないだろうか？　**私が減価償却を「控除の王様」と呼ぶのはこのためだ。実質的には、あなたがお金を儲け、生産的な活動をしていることに対して、政府がお金を支払ってくれるということになる。**

●不動産投資と減価償却

減価償却が適用されるのは一般のビジネスだけではない。不動産投資にも適用される。たとえば、あなたはビジネスオーナーにはなりたくないと思っているとしよう。その代わりに不動産に投資したいと思っている。言うまでもなく、不動産投資には経済的にとても有利な点がいくつかある。不動産投資の場合、普通は購入価格の大部分を銀行のお金でまかなう。そして、銀行への返却分だけでなく、自分のポケットが少し潤うだけのお金を、店子に家賃として払ってもらう。さらに、もし買った物件が優良な物件であれば、将来的に不動産自体の価格も上がっていくだろう。

長期的な不動産投資に対する税の優遇は、不動産からのキャッシュフローや価値（評価額）の上昇分と同じか、場合によってはそれ以上のお金を生む。たとえば、自分のレストランをやるために商業ビルを一棟買ったピエールが、そのほかの不動産に投資してみようと決めたとする。そして、今度は小さなアパートを一棟買いたいと考えた。いろいろ調べた結果、自分の投資戦略にあった物件を一つ見つけ、なかなか条件のいいアパートを一棟、土地代込みで八〇万ドルで買った。一年後、銀行へのローン返済、そのほかの経費を差し引いたあとのキャッシュフローは一万二〇〇〇ドルだった（表⑨）。

土地の価格は二〇万ドルだったから、建物とその中にある物の価値は六〇万ドルということになる。この六〇万ドルのうち一〇万ドルが建物の中にある設備・備品、五〇万ドルが建物自体の価値だったとする。アメリカで居住用不動産の減価償却率は年率約三・六パーセントだから、ピエールは毎年、建物に対して約一万八〇〇〇ドル、設備・備品に対してさらに二万ドル（覚えているだろうか？　設備・備品の減価償却率は二〇パーセントだ）の減価償却ができる。合計すると三万八〇〇〇ドルだ。

このアパートからのキャッシュフローは一万二〇〇〇ドルだけだから、減価償却費を差し引くと、税務上二万六〇〇〇ドルの損となる。つまり、一万二〇〇〇ドルのキャッシュフローは完全に非課税になる。さらにそれに加えて、ピエールは残りの二万六〇〇〇ドルの損金をそのほかの収入と相殺するのに使える。もしピエールが四〇パーセントの税率区分に属していたとすると、この二万六〇〇〇ドルの損は一万ドル以上の

⑨ピエールは次にアパートを１棟買った

例： ピエールの投資物件に関する減価償却	
アパート一棟の価値	800,000ドル
−土地の価値	200,000ドル
＝建物と設備・備品の価値	600,000ドル
建物の減価償却	
建物と設備・備品の価値	600,000ドル
−設備・備品の価値	100,000ドル
＝建物の価値	500,000ドル
× 居住用住宅の減価償却率 （アメリカ）	×3.6%
＝建物の減価償却控除	18,000ドル
設備・備品の減価償却	
設備・備品の価値	100,000ドル
×設備・備品の減価償却率	×20%
＝設備・備品の減価償却控除	20,000ドル
建物と設備・備品の減価償却の合計	
建物の減価償却控除	18,000ドル
＋設備・備品の減価償却控除	20,000ドル
＝減価償却控除の合計	38,000ドル

⑩減価償却による節税効果

税効果	
不動産からのキャッシュフロー	12,000ドル
－減価償却控除（費用）の合計	38,000ドル
＝損金	(26,000ドル)
12,000ドルのキャッシュフローは完全に非課税	
見込まれる税の還付	
ほかの収入と相殺できる損金の額	26,000ドル
×所得税率	×40%
＝見込まれる税の還付	10,400ドル

税金の還付を生み出す（表⑩）。前と同様、ピエールはそのお金を自分のビジネスや不動産に再投資するのに使える。あるいは、休暇をとったり自宅を改装したり、そのほか何でも、自分の好きなことに使える。何と言っても、自分のお金なのだから。

ピエールの場合、実質的には、不動産投資をするお金を政府が払ってくれることになったが、政府はあなたにも同じことをしてくれるはずだ。**減価償却の魔法を使うだけで、あなたも政府に自分のビジネスや不動産投資へお金を出してもらったり、休暇旅行や自宅の改造の支払いをしてもらうことができる。**

ここで一言付け加えると――国によっては減価償却が「資本コスト手当」などと呼ばれている。名前が違うだけで中身は同じだ。言葉の違いに惑わされないようにしよう。名前は違っても原則はほぼ同じだ。

●無形固定資産の償却の魔法

次に、物理的な実体を持たないものを買った場合はどうなるか見てみよう。つまり、手で触れることができないものだ。このようなものは「無形固定資産」と呼ばれる。たとえば、顧客リストやコンピューターソフトウェア、あるいは商標、特許といったものがこれにあたる。政府はあなたがそれを買うのを助けたいと思っている。だから、「無形固定資産償却」と呼ばれる、建物などの有形固定資産の減価償却にとても似た規則を使って助けてくれる。この償却も魔法の力を持っている。実際のところ、有形固定資産の減価償却と無形固定資産の償却との実務上の違いは名称の違いだけだと言っていい。原則は同じだ。その資産にかかった費用のうち一部に対して、一定期間、控除を受ける。

■ここに注意!　適切な納税申告方法を選ぶ

1. 無形固定資産の償却ができる方法を選ぶ。
2. 償却の中には、あなたがその無形資産を使い始めた最初の年の納税申告書にはっきりと、その旨記載されていなければならないものがある。

アメリカでは、この償却期間は五年から一五年だ。国によって、無形固定資産の償却期間は異なる。でも、その規則は、有形固定資産の減価償却の場合とまったく同じように機能する。たとえば、先ほどの例に登場したピエールが、別のシェフからいくつかの料理のレシピを購入したとしよう。このシェフはお客にとても喜ばれる、とっておきのレシピを考案していたので、ピエールはそれを使って自分の店をもっとはやらせたいと思ったのだ。レシピに払ったお金は全部で七万五〇〇〇ドルだった。

ピエールはレシピを手に入れるのにかかったコストに対して、一五年間控除を受けられる。毎年五〇〇〇ドルの控除だ（表⑪）。そして、その控除を受けている間も、ピエールはそのレシピを使って飛び切りおいしい料理を作り、自分のレストランで売ることによって、がっぽり稼ぐ。さらに、独自のいいレシピを思いついたら、その使用権をほかの人に売るという手もある。そうしたら、レストランよりもライセンス商売のほうで多く稼ぐことになるかもしれない。たとえそうなったとしても、政府は、最初のレシピを手に入れる

⑪無形固定資産の減価償却

例： ピエールが買ったレシピに対する償却	
レシピの値段	75,000ドル
÷15年（アメリカでの償却期間）	15
＝15年間の毎年の控除額	5,000ドル

のにかかったコストに対して毎年控除することを許してくれる。無形固定資産の償却はなかなかの「すぐれもの」ではないだろうか？

●自分をだましてはいけない

不動産オーナーの新しい顧客が来た時、減価償却をしていない納税申告書を見せられることがよくある。減価償却をしていないのは、その人が不動産を四〇年以上所有しているからではない。どういうわけか本人、あるいは雇っている会計士が減価償却をしていなかったからなのだ。減価償却をしないのは間違ったやり方だ。そればかりではない。バカなやり方だ。受けられる控除をなぜ受けないのか？　そうしないのは、自分をだましているのと同じだ。私には理解できない。でも、一か月に一回はそういう顧客と出会う。

さらに、新規の顧客が見せてくれる納税申告書で、「建物」の構成要素をきちんと分けているものもあまり見かけたことがない。「ビルを一棟買う」場合、実際には、土地、建物躯体、構築物（塀など）、そして建物の中に入っている物すべてに対してお金を払って購入する。ピエールが自分のレストランを開くためのビルを買った時、あるいは賃貸用アパートを買った時にやったように、投資家はみんな、土地・建物に関わる費用のうち、構築物と建物の中身の部分を分けるべきだ。建物の中にある物は、所得税申告の際には、建物躯体とは分けて考えなければいけないのだ。

たいていの場合、このような顧客の申告書に書かれているのは、土地、建物、そして、不動産購入後に買った設備などだけだ。これは、所得税申告書を用意した人が手を抜いたか、知識が足りなかったか、いずれかの理由で、建物の構成要素をきちんと分けなかったことを意味する（前にも言ったように、このように構成要素を分けることをコストセグリゲーション、動産評価などと呼ぶ）。なんとバカな話だろう。この顧客の申告書を作成した人は、怠惰か無知のせいで、償却費の控除を先延ばしし続け、顧客に不利益を与えている。本当なら今、政府から戻ってくるはずのお金を、この顧客は何年も待たなければならないのだから！　覚えておいてほしい。このお金はそもそもあなたのものだ。必要以上長く政府に持たせておくことはない。

もうあなたにも、私が減価償却という名の「魔法の控除」について、一章分をまるまる使って書いた理由がわかったと思う。**出費をせずにできる控除ほどいいものはない。**それなのに、これほど重要な控除に関して、納税申告書で最も間違いが多いというのも事実だ。政府があなたに提供しているものを大いに利用しよう。減価償却控除を正しく受けよう。きちんと仕事をする、評判のいい会計士を見つけて、所得税申告書を提出する前に必ずダブルチェックしてもらおう。最後に言っておくが、もしあなたが今、受けてしかるべき控除を受け損なっているとしたら、それはほかのだれのせいでもなくあなた自身のせいだ。ファイナンシャル・インテリジェンスを高め、力を貸してくれる優秀なアドバイザーを見つけよう。

次の章では、収入の中で「一番いい収入」とはどのような種類のものか、一番悪いのはどのような種類のものか、そして、ほかにどのような収入があるかなどについてお話しする。

■第7章のキーポイント

1. 減価償却は魔法のようにゼロからお金を生み出す。
2. 建物の軀体のような有形固定資産に関して一定期間行われる控除は「減価償却」と呼ばれる。レシピなどの無形固定資産に関して一定期間行われる控除は「無形固定資産償却」と呼ばれる。
3. 多くの人は自分自身、あるいは自分が雇っている会計士や税理士の無知や怠惰が原因で、減価償却や無形固定資産償却を十分に利用していない。

4．自分で自分をだまさないようにする責任は、究極的には自分にある。税務申告書は常にダブルチェックしよう。

●税金戦略7：ビジネスと賃貸不動産のコストセグリゲーション

数年前、私はＣＰＡのウェブサイトを見ていて、コストセグリゲーション（不動産として分類されているものの中から動産をふるい分け、より短期間で償却ができるようにすること）についてチャットしている人がいるのに気が付いた。私が一番驚いたのは、コストセグリゲーションが合法かどうかについての議論がとても多かったことだ。議論に参加しているＣＰＡの約半数が、それは非合法であると感じているか、あるいは合法かどうか知らないと認めていた。残りの三〇パーセントはそれがとても攻撃的《アグレッシブ》な税金対策であると思っていた。ここでコストセグリゲーションについての本当のところをお教えしよう。コストセグリゲーションは合法であるばかりでなく、ＩＲＳによって認められていて、厳密にいえば法律によって「義務付けられて」いる。確かにＩＲＳはそれを強制的にやらせようとはしていない。なぜなら、そうすることは彼らの収入が減ることを意味するからだ。ＩＲＳは納税者や会計士が怠け者であればあるほど財務省の歳入が増えることを知っている。

コストセグリゲーションの合法性は、次のようなことからもわかる。まず、ＩＲＳには、コストセグリゲーションの扱い方について、職員向けの「監査のための指針」というものがある。この指針は納税者にも役に立つ。ＩＲＳのウェブサイト（IRS.gov）に行けばだれでも見られる。二つ目はもっと大事だ。それは、コストセグリゲーションを法律がどう扱っているかだ。あなたが何年間か所有している建物についてコストセグリゲーションを行う時には、フォーム三一一五と呼ばれる「会計処理法変更届」を提出しなければいけない。このフォームで届ける変更には二種類ある。その一つは正しい会計処理方法から、別の正しい会計処理方法に変更する場合だ。現金主義から発生主義に変える時などがこれにあたる（この二つの会計方式については第18章を参照してほしい）。もう一つの変更は、間違った会計処理方法から正しいものに変える場合だ。コストセグリゲーションはどちらのカテゴリーに入るだろうか？ そうだ。間違った方法から正しい方法への変更だ。コストセグリゲーションをしていないあなたは、間違った方法で減価償却を行っている。

次に、コストセグリゲーションのためのヒントをいくつかお教えしよう。まず、ＩＲＳの監査指針によると、あなたは専門家を雇ってそのための調査をしてもらわなければいけない。専門家は資産分析エンジニアでもいいし、ＣＰＡでもいい。私が経営している公認会計事務所プロヴィジョンでは、コストセグリゲーションの調査にはエンジニアとＣＰＡ、一人ずつつけるようにしている。次に、覚えておいてほしいのは、コストセグリゲーションはいつでもできるということだ。不動産を買ったその時にやらなければいけないわけではない。これはとても有効な節税対策になり得る。なぜなら、あなたの属する税率区分が最高まで上がった年にコストセグリゲーションを行って、最大の節税効果を得ることが可能だからだ。忘れないようにしよう。減価償却は総所得から差し引く「所得控除」だ。税額から差し引く「税額控除」ではない。だから、その節税効果は税率区分によって異なる（税額控除については第10章でお話しする）。税率が高い区分で受ける控除は、税率が低い区分で受ける控除より得をする。ここで一つ、ごく少数の人しか知らない情報をお教えする――今、コストセグリゲーションをしたとすると、その不動産を購入してからどんなに年数が経っていようと、その年にコストセグリゲーションを行ったのと同じだけの減価償却を受けることができる。つまり、不動産をすでに何年間か所有している人は、コストセグリゲーションを行えば、その年にかなりの控除が受けられるということだ。ただし、これを実践する時には必ず税務アドバイザーに相談するようにしよう。そして、あなたのビジネス用、投資用不動産のすべてに関してコストセグリゲーションをするとどうなるのか、くわしく聞こう。もしかすると、節税できるチャンスをたくさん見逃しているかもしれない！

第8章　よりよい方法で稼ぐ

「死と税金の唯一の違いは、死は議会が招集されるたびに改悪されたりしないことだ」
――ウィル・ロジャース

少年時代、お金を稼ぐ方法を探し回っていた頃は、それをどこで、どのようにして稼ぐかということは、まったく気にしていなかった。両親から小遣いをもらえれば、冬に雪かきをしたり夏に芝刈りをしてお駄賃をもらうのとまったく変わりなくうれしかった（おそらく、何もしないでもらえる小遣いのほうがうれしかったに違いない）。つまり「所得の種類」のことなどまったく気にしていなかった。なぜなら、お金を稼ぐ方法は何であれ、自分にとっては最終的な結果は同じ――ポケットに現金が入る――だったからだ。

もちろん当時は、税金の心配をしなければならないほどたくさんのお金を稼いだことはなかった。お菓子や野球のグローブが買えたり、少し大きくなってからは、かわいい女の子とデートをする（ハイスクール時代、一番好きだったお金の使い道）のに十分なお金さえあれば、それをどうやって手に入れたかは、本当にどうでもよかった。

今は、自分のお金をどうやって稼ぐかについて大いに関心を持っている。そして、私の一番好きな所得は、当然ながら非課税の所得だ。一番嫌いなのは、所得税だけでなく、雇用税などのよけいな税金までもが課税される所得だ。

どの国にも、いくつか異なるタイプの所得がある。そして、それぞれに対して異なる税率、コスト計算方法、税の優遇がある。たとえば、だいたいの国では、長期のキャピタルゲイン（不動産などの資産の売却益）は、通常所得（年金、国債などからの収入も含む）よりも低い税率で課税される。たとえば、オーストラリアでは、長期のキャピタルゲインは通常所得のわずか半分の税率で課税され、中には非課税のもの――持ち家売却の際の利益――もある。

勤労所得は最も高い率で課税される。この所得の中には従業員、自営業者、あるいはパートナーシップの一員として得る所得が含まれる。そして、アメリカをはじめ、いくつかの国では、雇用税、あるいは自営業者税と呼ばれる税金の課税対象ともなる。**自分の所得にかかる税率が高いか低いかを知るための最も簡単な方法は、キャッシュフロー・クワドラントの図と照らし合わせることだ。**

クワドラントの左側で得られた所得は、一般的に、右側で得られた所得よりも高い税率で課税される（図⑫）。前に、政府がビジネスや投資家を支援しているという話をしたのを覚えているだろうか？　政府がどのようにしてそれを実行するか、その一つのやり方についてはすでにお話しした。支援したいと思っている人間や組織に対して、税控除を許すやり方だ。政府がビジネスや投資家を優遇するもう一つのやり方は、所得に対する税率を下げることだ。

「スーパー納税者」について考えてみよう。スーパー納税者はビジネスオーナーか投資家だ。彼らはどのようにして所得を得ているのだろう？　そういう人たちも、所得の一部は給料の形で得ているかもしれない。それは最も高い税率で課税される。でも、彼らの所得の大部分は、自分の所有するビジネス、あるいは投資から得られたものだ。そのような所得（クワドラントの右側から得られる所得）がどのように課税されるか、見てみよう。

まず、スーパー納税者が自分のビジネスで儲けた所得の中には、ビジネスを大きくするために「ビジネスに戻されたお金」がある。このような所得はまったく課税されない。なぜか？　なぜなら、ビジネスを大きくするために使ったお金に対しては、前の章で見たように、直接的に控除が受けられる、あるいは減価償却や無形資産の償却といった形で控除を受けることができるからだ。

ここでまた友人のピエールの例を取り上げよう。覚えているだろうか？　彼はレストラン、シェ・ピエールのオーナーだ。仮に今年、経常経費を差し引いたあとのレストランの利益が二〇万ドルあったとしよう。もしピエールがこのお金のすべてをビジネスから引き出して自分のものにしたら、通常の税率で課税される。もちろんピエールはそんなことはしたくない。だから、その代わりに、将来自分にさらに大きな利益をもたらしてくれるであろう設備や備品を追加購入することで、八万ドルをビジネスに還元した。そして、さらに二万ドルをマーケティングに費やした。

ピエールがビジネスに戻したお金はすべて、二〇万ドルの所得から控除することが可能だ。残りは一〇万ドルだ。ここで、ピエールは自宅にオフィスを構えていて、自分のライトバンは主に仕事のために使っているとしよう。そして、休暇旅行に出かける時は、ビジネスの共同オーナーでもある妻と子供を連れて行き、旅行中も週日は半日以上ビジネスに関係したことをみんなでやるようにしている。また、妻と外で夕食をする時も必ずビジネスの話をする（表⑬）。

以上のようなことをすべて考慮すると、さらに軽く三万ドルを超える経費が出てきて、所得と相殺できる。課税対象となる残額はわずか七万ドルだ。住宅ローン、各種税金、慈善寄付控除などを差し引いたあとの課

⑫クワドラントの左側は右側よりも税率が高い

E…従業員（employee）
S…スモールビジネス (small business)
自営業者 (self-employed)
B…従業員 500 人以上のビッグビジネス (big business)
I…投資家（investor）

⑬クワドラントの左側と右側ではこんなに差がある

控除できる可能性のあるもの	
キャッシュフロー・クワドラントの左側	キャッシュフロー・クワドラントの右側
1. 住宅ローンの金利	1. ビジネス用備品
2. 資産税	2. ビジネス用設備
3. 慈善寄付	3. マーケティング代
4. 人的控除	4. ホームオフィスにかかる費用
	5. ビジネス用車両
	6. 食費（ビジネスの話をした場合）
	7. 旅費・娯楽費
	8. 不動産ローンの金利
	9. 資産税
	10. 慈善寄付
	11. 個人所得税免除

税所得は四万ドルになる。さらにピエールの人的控除分を差し引くと、残りは二万ドル以下だ。彼がアメリカに住んでいるとすると、この二万ドルに対する税率は一〇パーセント。つまり、二〇万ドルの所得に対して、たった二〇〇〇ドルを払うだけでいいことになる。もし彼がクワドラントの左側の従業員で、二〇万ドルの給料を得ていたとしたら、住宅ローンの利子や各種税金、慈善寄付、人的控除などを差し引いたあとでも一五万ドルは残って、それに対して二〇パーセントの税率で所得税を払わなければいけない。つまり三万ドルの税金だ！

もちろん、ピエールは一〇万ドルを自分のビジネスに還元する代わりに、ほかの投資のために使うこともできる。きちんとした税金対策を立てておけば、その場合でも課税されないようにすることができる。たとえば、そのお金をエネルギー分野または不動産に投資したとすると、そうしなかった場合にビジネスからの所得に対して払わなければならない税金を埋め合わせるだけの税の優遇を受けられる可能性が高い。

こう仮定してみよう。たとえば、ピエールがその一〇万ドルを石油と天然ガスの掘削と開発に投資したとする。アメリカだと、全額一〇万ドルと等しい額を、投資開始後二年の間に控除することができる。だから、この場合もやはり、ピエールは二〇万ドルという所得に対して、二〇〇〇ドル以上の税金は払う必要はない。また、不動産に投資した場合でも、物件の種類に関する要件や、そのほかの要件をきちんと満たしていれば、ほぼ同じような結果を得ることができる。いずれにしても、ピエールはこれらの税の優遇を受けながら、一〇万ドルの投資からさらに多くのお金を稼ぎ続ける。

■税金対策のヒント

投資戦略を修正しよう。不動産投資の中には、損金をほかの所得と相殺するためにほかに何も特別なことをする必要がない節税策が「内蔵されている」ものがある。石油と天然ガスへの投資もこのような投資の例だ。石油と天然ガスへの投資の場合は、投資開始後二年以内に、投資額の全額を損金として処理できる。

●お金を入れる五つのバケツ

お金は次のような五つのバケツのうちの一つに入れなければならない——そんなふうに考えてみてほしい。

①勤労所得

最初のバケツは勤労所得だ。このバケツには大きな穴が開いている。高い所得税と高い雇用税という穴だ。あなたの所得はこの二つの穴から流れ出していく。たとえあなたが、雇用税は雇用主が払う仕組みになっている国に住んでいるとしても、雇用主がそれを払わなくてすんだら、自分の給料はどれくらい上がるか考えてみるといい。

②通常所得

二つ目のバケツは通常所得だ。これは個人年金や401(k)、RRSP(カナダの年金貯蓄)といった各種年金からの給付金や、ほかのバケツに入らない、いくつかの特別な収入を入れるバケツだ。「勤労所得バケツ」よりはましだが、税率はかなり高い。それでも、少なくとも雇用税をさらにとられることはない。

③投資所得

三つ目のバケツは投資所得だ。ここにはキャピタルゲイン、利息、配当などが入る。また、たいていの国では、ビジネスや不動産への投資から得られた不労所得もここに含まれる。一般に、この種の所得はほかの所得より低い税率で課税される。キャピタルゲインの例についてはすでに取り上げたが、配当に対する税率もほかの所得に比べて低い。たとえば、アメリカでは、配当に対する税率はキャピタルゲインに対する税率と同じだ。オーストラリアでは二重課税を防ぐ目的のフランキング・クレジットと呼ばれる調整法があるため、実質的には配当には税金がかからない。そのほかの投資所得も、比較的低い税率が設定されている。アメリカでは州や地方自治体の公債から得た利益は非課税だし、生命保険の保険金も非課税だ。

　このほかに「投資所得バケツ」に入る所得として、同種の不動産への（非課税の）買い換えから得た利益がある。これはアメリカではＩＲＣ（内国歳入法）セクション一〇三一で規定されていることから、一〇三一エクスチェンジと呼ばれている。また、オーストラリアやイギリスではロールオーバー（繰越）、カナダではリプレイスメント（置換）といった言葉で表される。その効果は、これらの国をはじめほかの多くの国々で共通している。この買い換え特例を使うと、ビジネス（賃貸業も含む）で使用している不動産を売り、同種の不動産に買い換えた場合、もとの不動産の売却で得た利益は、新しい不動産を売るまで課税されない。

⑭勤労所得・通常所得・投資所得

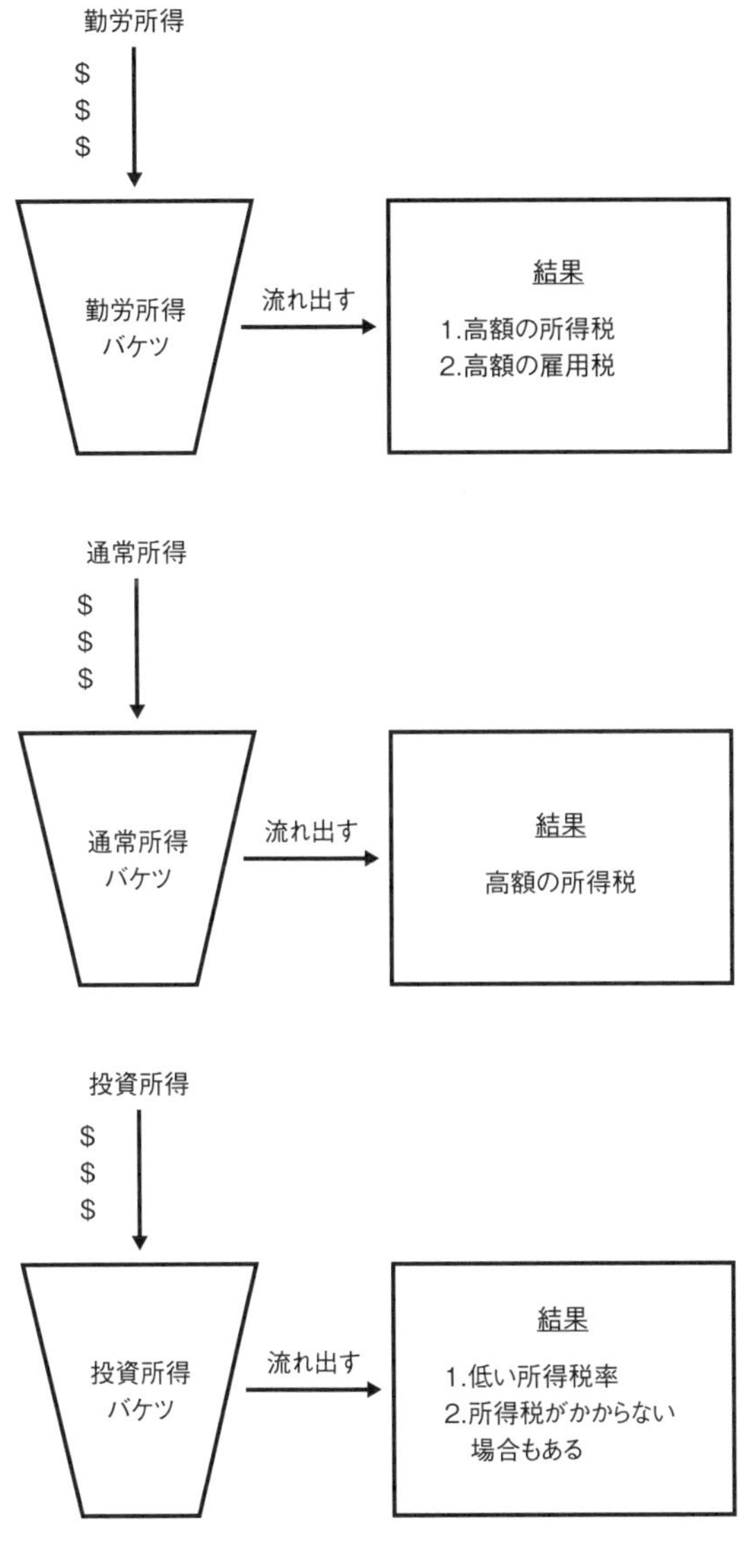

新しい不動産を売ったお金でまた同種の不動産を買えば、非課税のままだ。

つまり、「同種の不動産への買い換え特例」を使えば、新しく買い換えた不動産をさらに別の不動産に買い換えるということをずっと繰り返せば、永遠に税金を払わなくてすむ。そして、不動産を売った時に税金は払わなくていいが、法律で許されている限りの控除はすべて受けられるということだ。不動産の場合、新たに購入する不動産は以前のものと「まったく同じ」である必要はない。一戸建てをアパートに、さらにそれを商業用不動産へ、商業用土地へ、そしてまた一戸建てへと、非課税のまま買い換えをすることも可能だ。

このような買い換えでは、不動産売却から自分は何の利益も得られないではないかと、疑問に思った人もいるかもしれない。その考え方は間違っている。なぜなら、あなたはいつでも不動産のローンの借り換えをして、評価額が増えた分を非課税で引き出すことができるからだ。そして、たとえそうしたとしても、あとになって再び非課税の買い換えをすることができる。

このようにして、同種の不動産への買い換え特例と不動産の値上がりを利用することで、税金を払わずに、より価値のある不動産へ買い換えを続けることができる。これはかなりいい話ではないだろうか？　この種の所得は私の「お気に入り」の一つだ。なぜなら、税金を払うことなく継続的に再投資することを可能にしてくれるからだ。あなたもやってみようと思ったら、この種の買い換えに精通した税務アドバイザーを見つけよう。買い換えの規則はとても細かく決められていて、どんなタイプの資産にも適用できるわけではない。たとえば、アメリカでは一つの会社の株式をほとんど全部所有しているのでない限り、株式に買い換え特例を適用することはできない。

■ここに注意！　買い換え特例を使う時は細かいところに注意する

1. 非課税の買い換えをする場合は、とても細かい規則に従わなければいけない。
2. すべての規則にきちんと従わないと、買い換えは非課税にならず、税金を払わなければならない。

私の友人であり、顧客でもあるガイ・ザンティは、同種の不動産の買い換え特例の恩恵を身をもって体験していて、聞けば何でも説明できるほど精通している。ある日私がオフィスで机に向かっているとガイが電話をしてきた。所有している賃貸不動産のうちの一つを売ろうとしているが、かなり大きな利益が出るので、この売却にかかる税金を減らすために何かできることはないか知りたいと言うのだ。私は売却によって得られた現金をどうするつもりか聞いた。彼はもっと不動産を買うつもりだと言った。

私はすぐに非課税の買い換えのことを思い出した。そしてガイに、売買契約書にいくつか変更を加えれば、この売却に対してまったく税金がかからないようにできるだろうと伝えた。数時間後、ガイが電話をしてきて、変更を加えたと報告してきた。このわずかな変更のおかげで、二万ドルの節税ができるだろうと彼に伝えることができて、私もとてもうれしかった。あの日はガイと私の二人にとって、とてもいい日だった。課税対象になりそうだった顧客の収入を非課税にする手助けができると、私は本当にうれしい。

④贈与や相続による所得

次の所得のバケツは、贈与や相続によって受け取ったお金が入るバケツだ。多くの国では、受け取った側の人は税金を払わなくていい。課税される場合は、お金をあげた側が支払う、あるいは被相続人の財産から支払われる。遺産税と贈与税については、あとの章でくわしく取り上げるが、この特別な税金についてはたくさんの節税方法がある。それに、相続に際して税金がかからない国もある。

同種の資産の買い換え特例は、とくに相続対策に適している。相続対策をきちんと立てていれば、遺産税をまったく払わずにすむ。そして、少なくともアメリカでは相続人たちは、相続した不動産を売った時に得られる利益に対して所得税を払わなくてすむ。なぜなら、所有者の死亡に伴ってその利益は消失するからだ。

私の顧客の一人が亡くなったことがあった。この女性はいくつか賃貸用不動産を持っていた。その中の一つに関して、適切な相続対策がどのように残された家族の役に立ったか、例としてお話ししよう。女性がこの物件に対して当初支払ったのは二〇万ドルで、所有期間中に七万五〇〇〇ドルの減価償却をしていた。彼女が亡くなった時、この不動産の価値は三〇万ドルに上がっていた。

もし彼女が、亡くなる前にこの不動産を売っていたとしたら、一七万五〇〇〇ドルの利益（三〇万ドル－二〇万ドル＋減価償却分七万五〇〇〇ドル）に対して課税されていたはずだ。でも、実際は売却しなかった。そして、母親が亡くなってから三か月後にこの不動産を三〇万ドルで売った息子には、税金を払う必要はなかった。また、彼女はきちんと相続税対策をしていたので、彼女自身（彼女が残した遺産からという意味だ）も相続税を払う義務はまったくなかった。結果として彼女は、死ぬまで不動産を持ち続けるという、ただそれだけの方法で、生前に売っていたら払っていたはずの三万五〇〇〇ドルの税金を、自分と家族のために節約できた。私が好きなのはまさにこういう種類の所得——完全に非課税の所得——だ。

⑤不労所得（受動的所得《パッシブ》）

アメリカにはもう一つ所得のバケツがある。不労所得のバケツだ。あなたが直接的に管理していないビジネスあるいは不動産への投資からの所得がこの中に入る。この所得は通常の税率で課税されるが、課税対象となる所得の額を下げるための多くの方法が存在する。

ビジネスや不動産への「受動的投資《パッシブ》」による損失は、まったく同じか、同種の投資からの利益としか相殺できない。これは受動的投資活動には不利な要素に思えるかもしれないが、本当は大きな利点だ。カギは受動的所得と受動的損失の両方が出るように、投資をうまく管理することだ。減価償却という「魔法の控除」がここで大きな威力を発揮することを覚えておこう。たとえば、不動産投資における減価償却費は、ビジネスへの投資からの収入と相殺することができる。

所得のバケツの違いが大事なのは、税率が違うからだけでなく、特定のバケツに入った所得にだけ適用できる控除があるからだ。たとえば、キャピタルロス（資本損失）はキャピタルゲイン（資本利得）としか相殺できない。また、アメリカを含むいくつかの国では、投資ローンの支払利息は投資所得からしか控除することができない。

だから、それぞれのバケツの中で損失と収益のバランスをとることがとても大事だ。有能な会計士や税務アドバイザーの腕の見せどころだ。電話一本で助けが呼べる時に、自分ですべてのお金の流れをチェックする必要はない。専門家を雇ってこの作業をしてもらえば、あなたはビジネスや投資でさらにお金を儲けることに専念できる。

違う種類の所得がどのように課税されるかを理解することがなぜ大事か、もうあなたにもわかっていただ

⑮贈与・相続所得と不労所得

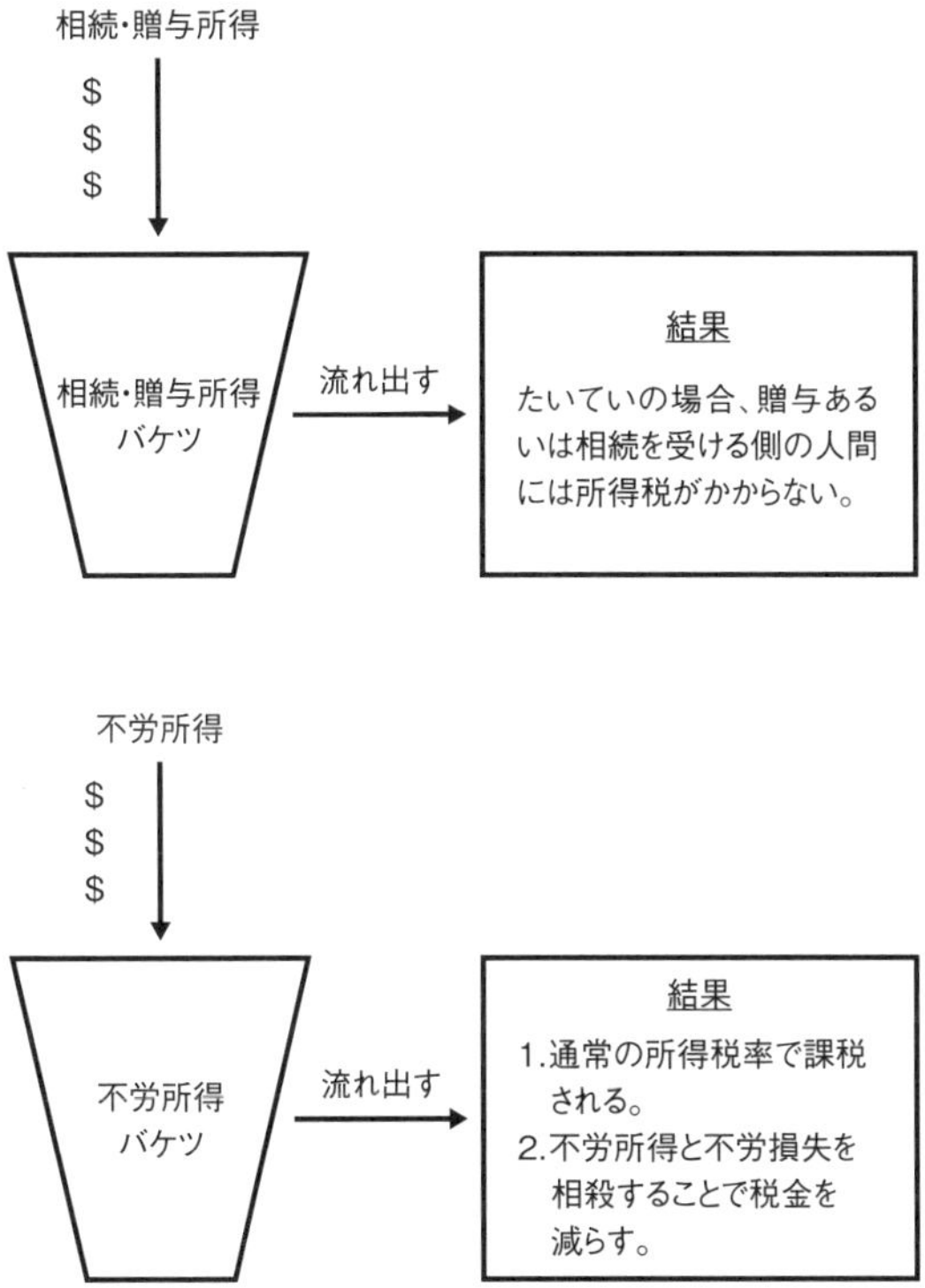
相続・贈与所得
$
$
$
相続・贈与所得
バケツ
流れ出す
結果
たいていの場合、贈与あるいは相続を受ける側の人間には所得税がかからない。
不労所得
$
$
$
不労所得
バケツ
流れ出す
結果
1.通常の所得税率で課税される。
2.不労所得と不労損失を相殺することで税金を減らす。

けたと思う。それは、あなたが会計士と本当に内容のある話ができるようにするため、いつもその違いを意識して、「いい」所得、さらにいい所得、そして最終的には一番いい所得（税額が一番低い所得）を得られるようにするためだ。たとえあなたが数学が得意でなくても、あるいはこういったことに常に注意を払っているのが苦手でも、自分のチームの中に適切な人をそろえ、有能な会計士に助けてもらえば、税率の低い所得からの恩恵を十分受けることができる。

次の章では税率区分についてお話しする。たいていの国は所得に対して累進課税制をとっている。所得が多ければ税率が高くなるしくみだ。だから私たちは、低い税率区分で得られる恩恵をできる限り利用したいと思う。それを実現するために使える戦術はいくつもある。

■第8章のキーポイント

1. 稼ぐお金が多くなればなるほど、それがどこから入ってきたかに注意を払わなければいけない。
2. ある種の所得（たとえば勤労所得）は、ほかの所得（たとえば不労所得）よりも高い税率で課税される。
3. 相続対策や節税対策でとくに有効な方法の一つに、買い換え特例がある。この特例を使うと非課税で同種の資産へ買い換えることができる。
4. 税金対策で使う「戦略」の多くには、細かい規則が定められていて、収入と支出のバランスを適切にとる作業はとても大変だ。優秀な会計士を雇うことは大きな助けとなり、そうすれば、あなたはその分ビジネスや投資に集中できる。

●税金戦略8：不労所得（受動的所得《パッシブ》）は心強い味方

たいていの会計士は「受動的活動による損失」を生む投資をとてもいやがる傾向があるようだ。でも、私はそういった投資が大好きだ。たいていの会計士は、受動的損失を出すと会計的にそれを利用する機会がなかなか出てこないのではと心配するが、私はそれを利用する方法を見つけるのが大好きだ。私のお気に入りの方法の一つは、投資戦略を修正して、受動的所得を生む元となるものを含めるようにすることだ。

受動的損失に関する規則がどのように利用できるのか見てみよう。たとえばビジネスに投資しているとしよう。あなたがそのビジネスのためにかなりの時間（一般に年間五百時間程度）を費やしている場合、あなたは「実質的に参加している」とみなされる。これによってあなたは「能動的」ビジネスオーナーとなり、ビジネスからの利益や損失は「通常の利益や損失」として扱われる。一方、それほど多くの時間をビジネスに費やしていなければ、「受動的」投資家とみなされ、あなたの所得税申告書に、パートナーシップやSコーポレーションといった法人形態を通して計上されたビジネスからの利益や損失は、受動的利益あるい損失として扱われる。

不動産の賃貸は本質的に言って受動的な活動だ。つまり、ほかにどんな実態があろうと、不動産からの収益と損失は受動的だ。第7章でお話ししたとおり、賃貸不動産から損失を出して節税をするのは比較的簡単だ。問題は、それらの損失が普通は受動的損失とみなされ、通常所得とは相殺できないことだ。でも、そういった損失も、ほかの受動的所得と相殺することはできる。大事なのは受動的損失を勘定に入れると同時に、受動的所得を生み出すような資産形成戦略を立てることだ。一つ例を見てみよう。

不動産からの受動的損失が一万ドルあったとしよう。友人のポールはビジネスをやっていて、資金を必要としている。あなたは彼のビジネスについてよく調べ、成長の可能性が大いにあると判断した。すでに利益を上げているし、かなりうまくやっている。そこで、あなたは五パーセントのオーナーシップ（所有権）と引き換えに、ポールのビジネスに一〇万ドルを投資した。

ポールの会社はSコーポレーションの形態をとっているので、あなたはポールのビジネスからの収入の五パーセントを、税金の申告の際に報告することになる。あなたが投資した最初の年、ポールの会社が一〇万ドルの収益を上げたとする。あなたは自分の所得税申告書にその五パーセントの五〇〇〇ドルを含める。あなたには不動産からの受動的損失が一万ドルあるから、ポールの会社からの収益はそれと相殺されて、結果としてあなたはこの五〇〇〇ドル分の所得に対して税金を払わなくてすむ。さらに、一万ドルの損失の全部を相殺に回すわけではないので、残りの損失五〇〇〇ドルは翌年に繰り越す。

翌年、あなたはまた不動産で一万ドルの損をした。今回はポールの会社の収益は三〇万ドルだった。あなたの取り分はその五パーセントの一万五〇〇〇ドルだが、この収入は不動産からの損失分で全部相殺できる。この年の一万ドルの損失と、前年から繰り越された五〇〇〇ドルの損失があるからだ。だから、ポールの会社への投資からの収入は、全部非課税になる。これは、ポールの会社に対するあなたの投資をとても価値のあるものにしてくれる。何しろ税金を払わずにお金が入ってくるのだから。受動的所得を受動的損失と組み合わせると、こんなことができるのだ！

第9章　税率区分を利用する

「人類は自分の子供が家に戻ってくるのを許す唯一の動物だ」　――ビル・コスビー

少し前に、下の息子が二〇歳になった。ああ、ホッとした！　もうティーンエイジャーとはおさらばだ！　とは言っても、息子は二〇歳になってもまだ実家に住んでいた。さらに悪いことに、上の息子もまだ一緒だった。こんなことを言うからといって、息子たちを愛していないわけではない。もちろん愛している。実のところ、人間としていいやつだとさえ思っている。ただ、私自身は一九歳で家を出ていて、自分の子供たちもそのくらいの年齢で家を出て、人生を経験する、仕事を見つける、あるいはビジネスを始める――要するに人間として独り立ちする――のがいいと常日頃思っていたのだ。

今のように不景気な時代に独り立ちするのはたやすいことではない。それはよくわかっている。少なくとも息子たちはもうティーンエイジャーではないのだから、そのことだけでもありがたいと思わなければいけないかもしれない。一三歳から一九歳頃の時期はとても大変だ。私も、息子が一四歳だった頃、この子は無事に一五歳の誕生日を迎えられないのではないかと思ったり、息子を殺してしまって自分は一生を刑務所で過ごすことになるに違いないと思った時がある。今のはもちろん冗談だが、ティーンエイジャーを持つ親御さんには、私の言いたいことがよくわかってもらえると思う。

こういった状況の中での「救い」は、二人の息子たちは私の税金対策に役に立ってくれたし、これからもずっと大いに役に立ってくれるだろうということだ。ここで私が言っているのは、子供に関する税額控除や扶養控除のことだけではない。私の投資やビジネスからの収入に対する税金を減らすために、彼らの税率区分を利用して得られる優遇に比べたら、今あげた二つの控除など取るに足らない。

信じられないかもしれないが、子供は身近にある節税の手段として最良のものになり得る。また、適切な方法で行えば、子供を含めた所得税対策をすることで、遺産税を少なくしたり、ゼロにしたりすることも可能だ。

●「子供だまし」どころではない

私の顧客で、とてもいい友人でもあるジョージには子供が六人いる（お察しの通り、彼も私と同様にモルモン教徒だ）。一〇年ほど前、ジョージが所得税を減らす助けをしてくれと頼んできた。彼は当時ビジネスを始めたばかりで、そこからまだ利益は出ていなかった。だから、税対策をするには絶好のタイミングだった。それはなぜか？　彼のビジネスはまだ何の価値も持っていなかったから、そのオーナーシップの大半を子供たちに与えても贈与税がかからないからだ。

ジョージの目標は自分の所得税率をできるだけ——できれば一五から二〇パーセント以下に——下げることだった。彼は税金対策にとても真剣に取り組もうとしていたので、私にとって理想的な顧客だった。ジョージは節税のために、オフショア（海外）のタックスヘイブン（租税回避地）の一つであるカリブ海の島を利用することまで検討していた。でも、そのオフショア税金対策の提案書を見せてもらうと、それを実践した場合、銀行と税金の専門家たちに年に一五から二〇パーセントの管理手数料を支払うようになっていることがわかった。言うまでもないが、オフショア税金対策にはリスクが伴う。なぜなら、資産を自分でコントロールする力を失うことになりかねないし、ＩＲＳがその対策に異議を申し立てて、追徴課税や罰金を科してくる可能性もあるからだ。私はジョージに、そんなリスクの高い戦略を使わずに、自分のお金はオンショア（アメリカ国内）のままにしておいて、リスクはより少なく、支払う管理手数料はオフショアの場合と同じにとどめるというのはどうだろうかと聞いた。もちろん、彼の返事はイエスだった。

私たちは独身者と既婚者、両方に対する税率区分を調べてみた（表⑯）。税率区分とは、同じ税率で課税

⑯所得税の税率区分を調べてみた

2012年　アメリカ合衆国 連邦所得税率区分（推定）		
税率	独身者が個人で申告	夫婦が合算して申告
10%	0ドル–8,700ドル	0ドル–17,400ドル
15%	8,700ドル–35,350ドル	17,400ドル–70,700ドル
25%	35,350ドル–85,650ドル	70,700ドル–142,700ドル
28%	85,650ドル– 178,650ドル	142,700ドル–217,450ドル
33%	178,650ドル–388,350ドル	217,450ドル–388,350ドル
35%	388,350ドル以上	388,350ドル以上

される所得の範囲を示す言葉だ。たとえば二〇一二年、アメリカでは、課税対象となる所得のうち最初の八七〇〇ドルは一〇パーセントの税率で課税される。そして、次の三万五三五〇ドルまでは一五パーセント、といった感じで税率はだんだんに高くなり、三八万八三五〇ドル以上の所得には最高の三五パーセントの税率が適用される。この二〇一二年の税率を使って計算してみると、ジョージの目標を達成するためには、ビジネスのオーナーのうち既婚者は毎年七万七〇〇ドル未満、未婚者は三万五三五〇ドル未満の所得におさえておけばいいことがわかる。

ジョージの子供は二人が結婚していて、四人は独身だった。それから、もちろんジョージ本人と妻マーサも計算に入れなければいけない。その家族全員でビジネスのオーナーシップを分け合えば、ジョージは多くのお金を節約できる。子供たちはみんなまだ学生で、自分では課税対象になるような所得はほとんど得ていなかったので、ビジネスからの儲けが三五万三五〇〇ドルあっても、一五パーセントの税率で課税されるだけですむ（ビジネスが適切な割合で分配されていることを前提とする）。これを、税金対策をしなかった場合と比べてみよう。

もしジョージとマーサだけがビジネスのオーナーで、三五

⑰税金対策をシミュレーションしてみる

ジョージとマーサの税金対策例		
事業収益	税金対策をしなかった場合の連邦所得税	税金対策をした場合の連邦所得税
353,500ドル	> 93,000ドル	< 49,000ドル
毎年44,000ドル以上の節税		

万三五〇〇ドル全額に対して税金を払わなければならなかったとしたら、雇用税以外に、事業所得に対する連邦所得税として九万三〇〇〇ドル以上を払うことになっていただろう。でも実際に払った税金は四万九〇〇〇ドル以下だった――四万四〇〇〇ドル以上の節税だ！（表⑰）おまけに、毎年ビジネスが成長し収入が増えていくにつれて、この節税分はどんどん増えていく。また、たとえ子供たちが自分でお金を稼ぐようになったとしても、ジョージとマーサに比べれば低い税率区分内でのことだから、彼らの低い税率を使うことで二人は引き続き何千ドルもの税金を節約できる。

この税金対策にはほかにも利点がある。それは、信託やそのほかの法人組織を使うことで、自分のビジネスからのキャッシュフローをコントロールする力をジョージ自身が維持できることだ。彼のビジネスはLLC（有限責任会社）の形態をとり、そのメンバーによって所有されていた。このLLCのマネジャー（経営責任者）はジョージで、彼は会社のお金の使われ方、分配の仕方をコントロールしていた。子供たちは、ジョージとマーサを被信託人とする信託を通して会社の所有権を共有していた。だからジョージは二つのレベルでコントロールの力を持っていたと言える。一つは会社の経営者として、もう一つは子供の信託の被信託人としてだ（もちろん彼は親としてのコントロールの力も持っていた）。これは多くの場合、最も効果的な力だ）。こういったことから出てくるのが、次のルール7だ。

ルール7：大事なのはどれだけ所有しているかではなく、どれだけコントロールできるかだ。

子供の税率区分を利用する際の状況は、国によって多少異なる。成人した子供に親とは独立した税率区分が割り当てられるのはどの国も同じだが、未成年の子供に関しては、特定の不労所得には一律課税をしている国もある。それ以外の国、たとえばアメリカでは、今は未成年の子供は親と同じ税率で課税されるようになっている。でも、たとえそうであっても、未成年の子供に親の収入を分配する方法には、それ以外にも多くの利点がある。なぜなら、そうすることであなた自身の所得税申告額を下げることができるからだ。

■税金対策のヒント

両親の税引後所得があなたよりも低くなる場合は、親と力を合わせよう。ＬＬＣを設立して、年取った両親にメンバーとして参加してもらおう。ＬＬＣの一部を親に分ければ、その分の所得は親の低い税率で課税される。

●大きな会社は税率も高い

もちろん、税率区分の違いを利用する手段として使えるのは、子供や親だけではない。法人組織も使える。法人とはビジネスを所有する合法的組織を意味する。法人に関する税金には、個人の場合とは異なる独自の規則と利点があり、税率区分の設定も個人とは異なる。あなたが法人を通してビジネスを所有している場合、法人の所得に関しては法人が税金を払う。あなたが個人として払うのは、法人からあなたが得た収入の分に対する税金だけだ。法人の税率区分も、その仕組みは個人の場合とほぼ同じだ。低い税率から始まり収入が増えるにつれて段階的に上がっていく（図⑱）。それならば、たくさん法人を作って収入をいくつにも分けぎる話だ。確かにうますて税率を低くすればいい。今あなたはそう思ったかもしれない。話がうますぎる？　そうだ。確かにうますぎる話だ。

あなたは複数の法人を持つことができる。ところが、あなたがすべての法人を所有している場合、それらの法人はどれも「より税率の高い税率区分」を共有しなければならない。でも、たとえこのような規則があっても、法人の税率区分を利用した税金対策はまだいくつかある。その一つがフランチャイズだ。

何年か前の話だが、法人の税率区分の違いを利用したすばらしい税金対策をしているファストフードのフランチャイズのオーナーに会った。レストランはそれぞれ別の法人組織になっていて、フランチャイズの本来のオーナーがそれぞれの法人の四九パーセントを所有し、残りはそれぞれの店の店長や従業員が分けて所有していた。法人の所有者たちの間にはきちんとした契約が交わされていて、どの店に関しても本来のオーナーがコントロールする力を持てるようになっていた。ルール7を覚えているだろうか？——大事なのはどれだけ所有しているかではなく、どれだけコントロールできるかだ。この人の場合、このような税金対策をした結果、それぞれの法人はそれぞれの法人税率で所得税を払っていた。アメリカでは最初の五万ドルに対する税率はわずか一五パーセントだ！　このフランチャイズのオーナーは何百もの店を持っていたから、何百もの一五パーセントの税率区分を利用できることになり、節税額は何百万ドルにもなった。

あなたもこの人と同じことができる。それどころか、五一パーセントの所有権を他人に引き渡す必要もない。あなたと配偶者が一人ずつ、一〇〇パーセント所有すればいい。それで一五パーセントの税率区分が二つ手に入る。もしあなたにビジネスパートナーがいたならば、彼らもそれぞれに法人を持てばいい。

では、フランチャイズではない場合、一つのビジネスを複数の法人に分けるにはどうしたらいいのだろう？　専門化とアウトソーシング（外部委託）が進んだ今の時代、それはとても簡単にできる。ルール8は法人の税金対策をする時にとても大事なルールだ。

⑱法人税率も調べてみる

アメリカ合衆国法人税率		
税率	課税所得最低額	課税所得最高額
15%	0	$50,000
25%	50,000	75,000
34%	75,000	100,000
39%	100,000	335,000
34%	335,000	10,000,000
35%	10,000,000	15,000,000
38%	15,000,000	18,333,333
35%	18,333,333	……………

ルール8：自分のビジネスも、公開されている大企業と同じように扱う。

このルールは、あなたが自分のビジネスを見る時に、大企業のオーナーが自分のビジネスを見るのと同じようにしようという意味だ。おそらくあなたもすでにご存知と思うが、大企業の多くは業務の大半をほかの会社に外部委託している。マーケティングはマーケティングの会社に、会計は会計の会社にといった具合だ。実際のところ、大企業は何百もの異なる会社を使って、専門的な仕事をやってもらっているのが普通だ。

あなたも自分の小さな会社に関して、これと同じことができる。法人をいくつか作って、その一つにマーケティングを、別の一つに帳簿付けと管理業務を任せる……といった具合にすればいい。ヘルスケアの業界でビジネスをやっているとしたら、請求書の作成・送付業務のためにだけ別の法人を利用するというのもいいだろう。別に作った会社に委託するサービスとして、私の一番のお勧めは人材管理だ。ビジネスをやるなら、給料や従業員の福利厚生は別会社にやらせるようにするのが一番いいと私は思う。

異なる業務に関して異なる会社を使う利点は、節税以外にもたくさんある。次のルール9を見てほしい。

ルール9：税金対策はすべて、節税だけでなくビジネス上の目的を持っていなければならない。

この「ビジネス上の目的」の一例が人事の外部委託だ。たとえばあなたが複数の会社を持っているとしよう。普通ならあなたはそれぞれの会社に関して、給与や給与税の計算をやらなければいけない。でも、そうする代わりに、これらの会社のために給与・人事関連の仕事をすることだけを目的とした会社を一つ持つという方法がある。この会社はほかの会社のすべての従業員への給料の支払いに関する業務を行い、すべての人事関連の仕事をする。そして、そのようなサービスに対する報酬、人件費、それに利益をプラスした額をほかの会社に請求する。このような会社は正式にはＰＥＯ（雇用専門組織）と呼ばれる。アメリカとカナダには大手のＰＥＯがたくさんある。ＰＥＯを一つ設立することで、あなたは節税以外の目的を持った会社を持つことになる。この場合、節税以外の目的とは、給料と人事業務関連の報告を一つの会社でやればよくなることだ。そうすればあなたの生活は単純化されるに違いない。ＰＥＯがどのようにしてあなたの役に立つか、わかってもらえただろうか？

ここで、これまでの話をまとめてみよう。まず、あなたの本業たるビジネス（今説明した節税対策を活用するには何かビジネスをやってなければいけない）についてだ。もしあなたがＥクワドラントでのみ仕事をしていたとしたら、この節税対策も、また本書の中のほかの対策も、その多くが効果を持たない。また、この対策はＩクワドラントでもあまり意味がない。でも、Ｓクワドラントの人は少し喜んでいい。この対策はあなたにも役に立つ。でも、一番役に立つのはＢクワドラントの人の場合だ。もうあなたにもパターンが見えてきただろう。税金対策は常に、Ｂクワドラントで行うのが一番楽だ。なぜなら、政府がビジネスオーナーを「えこひいき」しているからだ。

友達のサンジェイの例をお話ししよう。サンジェイはアメリカで歯科医をやっている。彼は完全にSクワドラントの人間だ。なぜなら、自分がやっている歯科医院は一つだけで、そこで中心となって働く歯科医は彼だけだからだ。この歯科医院からの毎年の収入はおよそ四〇万ドルだ。つまり彼は三五パーセントの税率区分に属している。もし個人事業主としてこの所得に対して税金を払うとしたら、所得税はおよそ一〇万九〇〇〇ドル（二〇一二年の既婚者に対する税率を使用）になる。しかもこれとは別に自営業者税を支払わなければいけない。

サンジェイは、個人事業主として個人的に税金を払う代わりに、会社組織を使って自分のビジネスを所有することもできる。でも、アメリカでは一般的な法人組織、つまりCコーポレーションという形で歯科医院を所有するのはいい考えとは言えない。なぜなら、歯科医を含む医師全般、弁護士、会計士といった専門的サービスを提供する会社は、一律三五パーセントで課税されるからだ。もしサンジェイが自分の歯科医院をCコーポレーションにしたら、実際のところ税金は一〇万九〇〇〇ドルから一四万ドルに上がってしまう。これはいい考えではない。

ほかの方法として、サンジェイはLLCやSコーポレーションといった形で歯科医院を所有することもできる。この方法を使うと、会社に残った収益はすべて、唯一の株主であるサンジェイに直接課税される。でも、もう一度よく考えてみよう。ここで、先ほど言ったような普通の法人組織に適用される税率区分を使って、サンジェイの所得税を下げたいと思ったら、さらにあと二つ会社を作る必要がある。そして、彼自身が一つ、そして妻が一つ会社を所有すればいい。

次に考えなければいけないのは、この二つの会社がどんなサービスを提供できるかだ。それらは「専門的なサービス」を提供することはできない。それでは一律三五パーセントという高率で課税されてしまうからだ。でも、ほかの種類のサービスなら大丈夫だ。たとえば、二つの会社のうち一つはマーケティング、もう一つは人事と管理業務を請け負うようにする。ただし、どんなサービスを提供するにせよ、それは十分な報酬を受けるに足るだけのサービスでなければいけない（図⑲）。

■ここに注意！　すべての取引は「経済的実質」を持つものでなければいけない

1．あなたが別会社を作る時には、ビジネス上の目的がなければいけない。

2．あなたが作った会社には、節税以外の目的がなければいけない。それらの会社には節税以外に、あなたのビジネスがより多くの利益を上げるのを助ける目的を持っていなければいけない。

理想を言うなら、この二つの「普通の会社」は最終的に約五万ドルほどの純利益を出すようにしたい。そうすれば、三五パーセントと三三パーセントの税率区分に入っているサンジェイの個人的な所得を、法人に適応される一五パーセントの税率に引き下げることができる。これを実現するためには、歯科医院からそれぞれの会社へ五万ドルを支払い、二つの会社はたがいに一万ドルを払い合うようにすればいい（ＰＥＯは二つ以上の会社にサービスを提供するようにすることが重要だ。このことについては税務アドバイザーから詳しい説明を受けるようにしてほしい。）このような支払いをすると、サンジェイの個人的所得はわずか三〇万ドルになる。この所得に対して彼はおよそ七万六〇〇〇ドルの税金を支払う（二〇一二年の税率を使用）。それから二つの会社の所得税として一万五〇〇〇ドル払う。税金の合計は九万一〇〇〇ドルだ。これは毎年一万八〇〇〇ドルの節税にあたる。それぞれの会社のための帳簿付けや、余分な税の申告作業にかかるコストを考えても、かなりの節約になる。

この余分な一万八〇〇〇ドルを使ってサンジェイに何ができるか、ちょっと考えてみよう。快適な休暇旅行に行ってもいいし、妻の念願の自宅の改築をしてもいい。また、さらにいいアイディアとして、この一万八〇〇〇ドルを自分のビジネスに還元する（これに対してはまた別の税金控除が受けられる）、あるいは不

⑲サービス提供会社を利用したスキーム

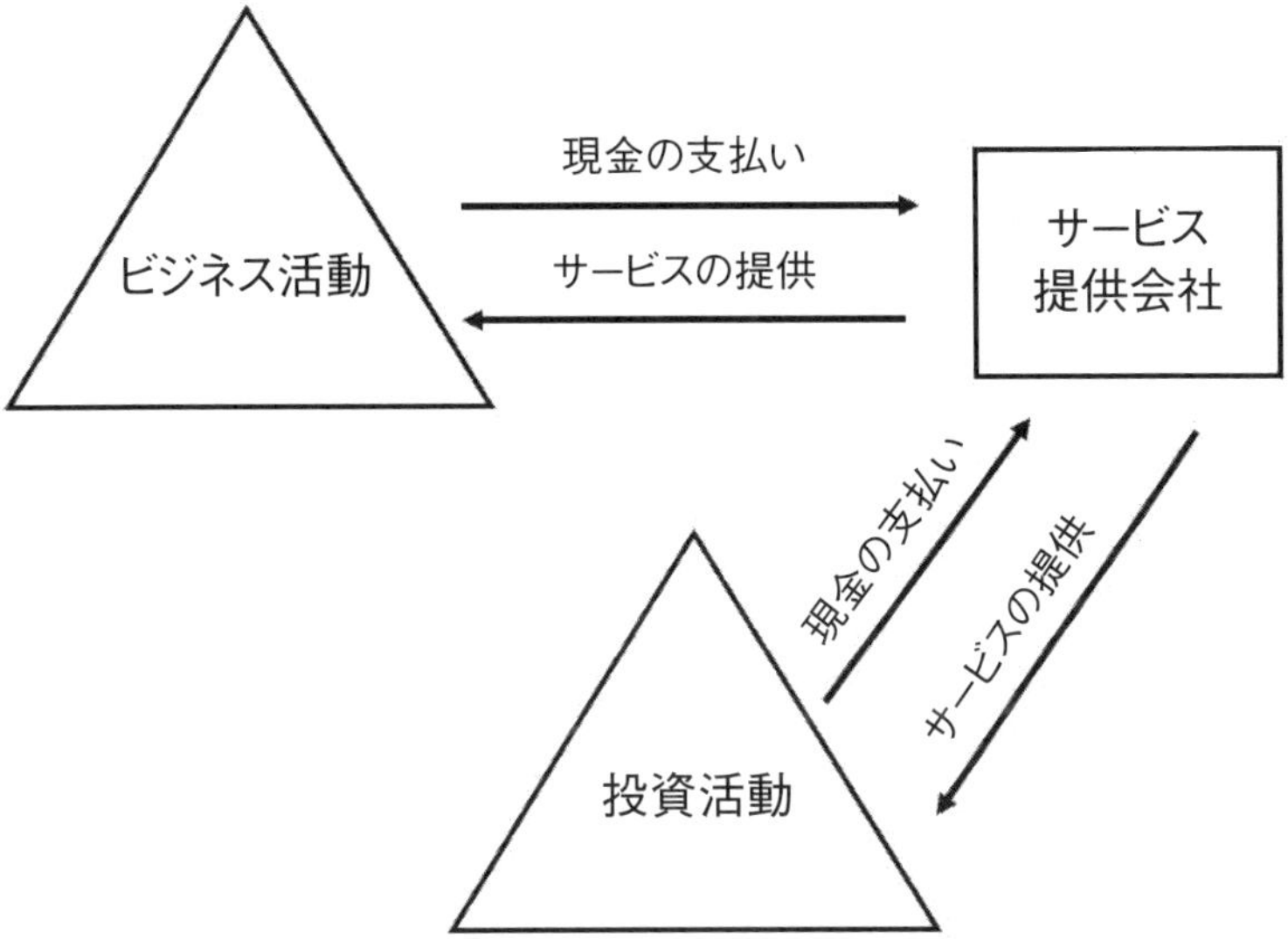

動産に投資する、そのほかのＩクワドラントの投資をやってみるというのもある。

■ここに注意！　あなたが作った会社同士の取引もきちんと記録する

1．あなたが作った会社の間の支払いは、きちんと記録しなければいけない。

2．借り入れに関する覚書や、管理料についての取り決めなどの書類、あるいはそういったことに関する詳細の記録が適切に管理・保管されていなかったために、せっかくいい税金対策を立てたのに、それが使えないことがよくある。

いま挙げた例ではアメリカの所得税率を使っている。ほかの多くの国々では、個人所得税率はアメリカよりさらに高く、法人所得税率は低い。だから、この戦略はアメリカ以外の国において、さらに効果が高い。たとえばカナダでは、小規模ビジネスの法人税は個人所得税と比べた場合、とくに低い。オーストラリアでは、個人所得税は累進課税で最高四五パーセントであるのに対し、法人税は一律三〇パーセントだ。つまり、オーストラリアで自分のビジネスから八万ドル以上の収入を得ている人はだれでも、法人組織を利用すれば所得税率を低くできる。

●きちんと計画を立てる

もちろん私たちはいつも、自分の個人所得税の税率区分を十分に活用したいと思っている。きちんと計画を立てなかったために、本来適用されるべき一〇パーセント、一五パーセントといった税率を利用できなかったとしたら、それはとても残念なことではないだろうか？　そんなことは起こるはずがないとあなたは思っているかもしれない。でも、実際にはよくある話なのだ。とくに景気が悪い時期によく起こる。

たとえば、ビジネスや投資がうまくいかず損をした年があったとしよう。あなた、あるいはあなたの配偶者はほかに給料をもらっているかもしれないが、全体として例年より収入が大幅に減ったとしよう。そんな時には、低い税率区分から本来得られるはずの恩恵を失ったり、先に持ち越すことができない各種控除の権利をも失う可能性がある。なぜそうなるかというと、その年に項目別控除や人的控除を利用するのに十分な額の収入がないと、そういった税の優遇を受ける権利の大部分を失うからだ。ビジネスからの損金の場合のように、後年に繰り越すことはできない。

たとえば、友人のジョーは二年ほど前、収入が落ち込んだ年があった。各種控除を差し引くと、その年は損が出た。その結果、ジョーは自分が属する税率区分における税の優遇や多くの控除を受けられない可能性が出てきた。そこで、私たちは、普段あなたがあまり考えないようなことをやった。収入を作り出すようにしたのだ。実際にやったのは、ただ、先送りできる控除をいくつか先送りし、普通なら次の年に含める収入をその年の分にできるようにすることだった。

私たちがどのようにしてこれを行ったかは少し複雑で、本書でカバーすべき内容からははずれるのでこれ以上はふれないが、もしあなたが同じような事態になっていたら、税務アドバイザーとよく話し合い、あとになって税率が高くなった年に払うのではなく、収入が低い年に所得に課税されるようにするにはどうしたらいいか、その方法を見つけよう。そして、貴重な控除の権利を失わないように気を付けよう。それはむずかしいことではない。ちょっと注意を払って、その年に自分が金銭的にどのような状況にあるかを把握するようにすればいい。

この章で紹介したすばらしい税の優遇は気に入ってもらえただろうか？　節税のための効果的な方法はほかにもたくさんある！

■第9章のキーポイント

1．課税所得を減らすための効果的な方法の一つは、税率区分の違いを利用することだ。
2．自分のビジネスの一部を子供やそのほかの家族に分けることで、あなた個人の全体としての税金の負担を減らし、低い税率区分の恩恵を受けることができる。
3．明確な取り決めをし、信託などの法的手段を利用することで、コントロールの力を手放すことなく、自分のビジネスを家族やビジネスパートナーと分け合うことができる。大事なのはどれだけ所有しているかではなく、どれだけコントロールできるかだ。
4．各種業務を請け負うサービス会社（ＰＥＯ）を作って、人事やマーケティングといった業務を担当させることで、税金を大幅に下げることができる。

●税金戦略９：親をビジネスパートナーにして税の優遇を利用する

これまでに、子供を対象とした税金対策をいくつか取り上げてきたが、子供がいない場合、あるいは子供が成人していて、収入が多く、高い税率区分に属している場合はどうしたらいいだろう？　この章でお話ししたようにＣコーポレーションを利用することもできるが、税率区分の違いを最大限に利用するためのもう一つの方法は、親をビジネスに参加させることだ。低い税率区分に属する老いた両親のいる人はたくさんいると思うが、自分のビジネスや不動産の一部を親に分けることで、所得税を大幅に節税できることをあなたは知っているだろうか？　このやりかたは次のような仕組みになっている。あなたが持っているリミテッドパートナーシップ、Sコーポレーション、LLCといった法人組織の一部を親に分ける。するとビジネスからの収入のうち、親の持ち分にあたる収入は、親自身の所得税申告分となり、彼らが属する税率区分の税率に従って課税される。あなたがLLCの経営者であること、あるいはSコーポレーションの最大の株主であることには変わりないので、コントロールの力はあなたが持っている。親に分ける額に注意をすれば、贈与税もかからない。それに、現行の相続税、贈与税の免除基準を考えると、親が亡くなった時に、このビジネスの持ち分に関して税がかかる可能性もまずない。このほかにもいくつかの有利な点があるが、このやり方を実施する場合には、かならず税務アドバイザーと一緒に検討するようにしてほしい。アドバイザーに会ったら、親が亡くなった時にそのビジネスに対して「自動的増額取得価格」（増価分が非課税となる）が適用となるかどうか聞こう。これは付加的なメリットだが、アドバイザーと綿密な相談が必要だ。そのほかに、「株式ディスカウント（割引）」（これについては第13章でくわしく取り上げる）を使ってもっと多くを親に分けることはできないか、その可能性についても聞いてみよう。

第10章　税額控除は最高の節税法

「自由と正義はすべての人に与えられているかもしれないが、節税策は一部の人間にしか与えられていない」
――マーティン・A・サリヴァン

数年前、私は鏡に映った自分の姿が嫌いだった。洗面所の体重計に乗った時に現れる数字は、もっと嫌いだった。四〇ポンド（約一八キロ）ほど太りすぎで、そのことは一目でわかった。サイズ四〇のズボンをはき、筋肉にはしまりがなく、どこもぶよぶよしていた。その時、私は決心した――体重を減らして、まともな体型になるぞ！

当時、息子のマックスも減量を試みていた。彼は食事についてのコーチング付のダイエット・プログラムを試していて、毎週体重を測っていた。彼はまた、フランチャイズ・レストランの料理のほぼ全部を含む、各種食品のカロリーや脂肪含有率をリストアップした本を何冊か与えられていた。私は彼と一緒にやってみることにした。このプログラムで私が一番気に入ったのは、決められた「ポイント」内であれば、何でも好きな食べ物が選べるという点だった。

このプログラムはとても大変だった。はじめの頃はいつもおなかがすいていて、かなりがまんしなければならなかった。これまで私がやったことの中で、一番むずかしかったことの一つだと言っても言い過ぎではない。三か月の間に私は二〇ポンドやせた。さらに次の一二か月で残りの余分な体重を全部落とした。やっとやり終えた時、私はもう二度と太ったりしないと自分に誓った。なぜなら、あんなに大変なプロセスをもう一度経験するのは、絶対いやだったからだ。

プログラムを実行している間、私はこんなに苦労せずに四〇ポンド落とせる「やせ薬」があればいいのにと何度も思った。健康的にやせられる魔法の薬。これこそだれもがほしがっているものではないだろうか？でも、そんなにうまい話はない。私たちはみんな、エクササイズとダイエットが大変なことも、強い自制心を必要とすることも知っている。

この世には魔法のやせ薬はないが、「税金体重」の余分なぜい肉（ポンド、ドル、ユーロと単位はいろいろだ）を落とす方法を探している人には、朗報がある。大した努力をせずに大幅な節税ができる魔法の薬があるのだ。それが「税額控除」だ。

●最高の節税法

税額控除はこんな仕組みになっている。つまり、政府が国民にやってほしいと思っていることをあなたがやれば、税金がすぐに減る。これほど簡単なことはほかにはそうそうない。あなたがやらなければいけないのは、政府があなたにやってもらいたいと思っているのは何かを知ること、そして、それをやれば税額控除が受けられるかどうかを知ることだけだ。もしかしたらあなたはすでに、控除があることさえ知らずに、それをやっているかもしれない！

税額控除は節税方法の精鋭中の精鋭だ。なぜなら、税金を直接下げてくれるからだ。課税所得額を下げるだけの控除とは違う。税額に直接働きかける（図⑳）。だから、もし一〇〇〇ドルの税額控除を利用できるとしたら、どんな税率区分に属していたとしても税金を一〇〇〇ドル減らせる。

税額控除は実質的には直接与えられる補助金だ。政府がさっさと小切手を送ってくれればいいのにと思うかもしれないが、それをしない理由は、政府としてはあなたが所得税申告の際に、この控除を申請してくれたほうがずっと楽だからだ。それにもちろん、直接的に補助金を出すのと、税額控除という形をとるのとでは、後者のほうがより「公平に」見える。さらに、だれもがみんな税額控除を受けるために必要な知識を持っているわけではない。だから、申請を待っていれば、政府の側から直接小切手を送る場合に必要な額より

⑳税額控除は税額を直接的に下げてくれる

税額控除	-VS-	課税控除
税額を直接的に引き下げる		課税所得を引き下げる

も少ない額の出費ですむ。もちろん政府が自発的に「小切手」を送ってくることもあるが、それは投票数が必要な場合だけだ。

税額控除には大きく分けて二つの種類がある。一つは「払戻可能な税額控除」だ。これは、たとえ支払うべき税金がなくても受け取れる。だから、本書で取り上げたテクニックを使って、課税対象となる所得をゼロにできた場合でも、この税額控除分を政府から受け取ることができる。

もう一つは「払戻不能な税額控除」だ。これは実際に支払うべき税金がある時にだけ使うことができる。だいたいの税額控除はこのタイプだ。中には、その年に使わなかったら、別の年に繰り越せるものもあるが、それ以外は、使わなければ権利を失う。だから、その年の税金がどうなるかきちんと把握して、税額控除を使い切れるだけの十分な所得が出るようにすることが大事だ。十分な所得がないと、課税所得控除の場合と同じように、使えなくなってしまう税額控除があることを覚えておこう。使えるはずの税の優遇を無駄にするのはバカらしい。そうではないだろうか？

●税額控除の種類

では、政府は税額控除によってどのような活動に「褒美」を与えているのだろう？　それはいくつかのカテゴリーに分けられる（図㉑）。

①家族税額控除

まず最初は家族税額控除だ。オーストラリア、アメリカをはじめ多くの国には、子供のための税額控除がある。控除額は子供の年齢、数などによって異なる。ちょっと考えてみるとわかるが、この控除は子供を育てることに対する褒美であり、励ましだ。子供のための税額控除を設けている国は、人口を増やすことを奨励していると言っていい。

②教育税額控除

教育税額控除がある国もたくさんある。典型的な例は、大学の授業料およびそれに関連した費用を軽減するための控除だ。学費や書籍代の一部が控除の対象になったり、学生一人につき一律いくら、というように定められていたりする。また、学生がどれくらい長い間学校にとどまっているかによって額が変わることも多い。

■税金対策のヒント

罠に気を付けよう。多くの「教育資金貯蓄プラン」は、利益を非課税で増やせるとか、配当金を非課税で受け取れるといった仕組みになっている。これはすごくいい話に聞こえるが、細かいところまで注意する必要がある。こういった教育資金貯蓄プランは投資対象の選択肢を著しく制限し、資金の使い道の柔軟性を奪う。そして、そのことはかえって、全体としての資金運用能力を低下させ、子供の教育の負担を軽減するという当初の目的に反してしまうことにもなりかねない。教育資金貯蓄プランがどのような仕組みになっているか、きちんと理解することは、あなたの全体的な資金運用能力を向上させるのに役立つ。

③ワーキングプア税額控除

次はワーキングプア(働く貧困層)税額控除だ。これには、アメリカの勤労所得税額控除と、働く貧困層を支援する控除が含まれる。貧困層とみなされるレベルの所得に対する税額控除は、普通は払戻可能だ。このような税額控除は主に、貧困層かそれよりわずか上の層に属する人たちに援助を与えることを目的として

㉑さまざまな税額控除がある

税額控除の例		
1.	家族税額控除	子供のある世帯に対する税額控除。 金額は子供の年齢、数によって違う。
2.	教育税額控除	大学の授業料と関連費用を援助する税額控除。
3.	ワーキングプア 税額控除	貧困状態か、それよりわずか上の生活をしている人たちを助けることを主な目的とした税額控除。
4.	慈善税額控除	学校や貧困層の援助など、慈善目的のために寄付することを奨励する税額控除
5.	投資税額控除	ビジネスオーナーと投資家のために用意された税額控除。低所得者層のための住宅の建設、生産設備の購入に対するものから、新製品、新技術の研究・開発に対するものまでいろいろある。

いる。

ここでも、落ち込みやすい落とし穴に気を付けよう。自分はかなりの所得を得ているから、ワーキングプアのための税額控除は使えないと早とちりしてはいけない。次のことを忘れないようにしよう。もしあなたがビジネスオーナーや投資家だったら、課税所得控除がたくさんできて、課税対象となる所得がとても低くなる可能性がある。私の事務所の顧客の中にも、そのやり方で、キャッシュフローは年間二〇万ドルか、それ以上になるのにもかかわらず、勤労所得税額控除と子供税額控除が受けられるようになった人が何人かいる。

今、本書を読みながら、これは公平ではないと思った人がいるかもしれない。所得が多い人は、基本的な生活必需品を十分に買うことができない人たちのために作られた優遇措置を受けるべきではない——そう思ったのではないだろうか？　**税法が公平ではないと思っている人たちは、ある意味正しい。そもそも、税法は公平性を目的とはしていない。特定の活動を奨励するために作られている。**そして、税法が奨励している主な活動がビジネスと投資なのだ。だから、ビジネスオーナーと投資家はある種の優遇を受けられる。その優遇措置の一環として、納税者が税額控除を受けるための条件に合うように「自分の経済活動の実態」を調整することができれば、ワーキングプアを援助するための税額控除も受けられるようになっている。

だから、税金はある一部の人々を優遇すべきだとか、すべきではないといったことで、私のところに文句を言ってこないでほしい。そんなことをするよりも、優遇を受けられる人間の一人になってほしい。あなたが本書を読んでいる理由は、税金を減らしてキャッシュフローを増やし、そのキャッシュフローによって自分と家族、そして周りにいる人たちによりよい生活をもたらしたいから——そうではないだろうか？　それならば、そのことに集中しよう。もしあなたがそのようにして増えたお金の一部を社会に還元したいと思うなら、そうすればいい。それに対しても控除が受けられる。あなたに社会還元を促すための控除、それこそが次の慈善税額控除だ。

④慈善税額控除

社会への還元を奨励するための控除、それがここでお話しする慈善税額控除だ。多くの国、州、地域では、学校や貧困家庭への寄付をはじめ、さまざまな慈善目的を持った寄付を奨励するために、税の優遇を与えている。多くの場合、これらの税額控除は、慈善的寄付に対する「課税所得控除」と合わせて使うことができる。だから、寄付をして、税額控除や課税所得控除を利用したら、寄付をしなかった場合よりも多くのお金が自分のポケットに残ったなどということもあり得る。これが他人に与えることに対する「ご褒美」だ。

⑤投資税額控除

おそらくもうあなたにも予想がつくと思うが、最大の税額控除はビジネスオーナーと投資家のためにとってある。これは投資税額控除と呼ばれる。低所得者層のための住宅の建設や生産設備の購入に対するものから、新製品や新技術の研究・開発に対するものまで内容はさまざまだ。文字通り何百種類もの控除がある。

もしあなたが、政府が本当に一番大事だと思っているものが何か知りたかったら、ビジネスオーナーと投資家に対して政府がどんな税額控除を与えているか見てみればいい。税額控除は「スーパー」控除だと考えてもらっていい。なぜなら、それは税額から直接差し引かれるからだ！

私の顧客の例を一つ取り上げて、その女性が税金を減らすために税額控除をどのように利用したか見てみよう。デビーは建築関係のビジネスに携わっている。彼女は自分のほとんどの時間を、不動産開発業者のためにアパートを建設することに使っている。これは間違いなく専門的技能を必要とする仕事だ。今では彼女はアパート建設ビジネスに完全に精通している。腕は一流で、収入も相当ある。業績がいい年は、収入が一千万ドル以上になることもある。

あなたにも想像がつくと思うが、税金はデビーにとって大きな問題だった。正確に言えば四百万ドルの税金をどうするかという問題だ。彼女は税金をもっと妥当な額まで下げるにはどうしたらいいか、私に聞いてきた。私たちは彼女の状況についていろいろ話し合った。私は、余分な現金の一部を、低所得者層のための住宅プロジェクトに投資することを勧め、さらに、彼女の会社が手掛けているプロジェクトに投資することもできるとアドバイスした。アメリカでは、このようなタイプの投資に対する税額控除額がとても大きい。

このやり方には、デビーにとっては、自分がよく知っている分野に投資するという利点がある。それに彼女は、どの低所得者用住宅プロジェクトが利益を生み出しそうかということも見抜ける。だから、税額控除を通して大きな税の優遇を受けるだけでなく、この「受動的投資」からかなりの量のキャッシュフローを受け取ることもできるはずだ。

ここで別のタイプの投資税額控除の例を見てみよう。友人で昔からの顧客でもあるメリッサは、古い住宅をリノベーションする方法を学ぼうと考えた。彼女にはデザインの才能があって、古い家をもとの状態に戻すのが大好きだった。メリッサと私は彼女の状況をじっくり検討した。私は彼女に、歴史的建造物に対する税額控除を受けられる住宅を選ぶようにアドバイスした。その控除額は二五パーセントだ。当然ながら、満たさなければならない条件はいくつかあったが、彼女はだからといってあきらめなかった。そして、調べてみると実際のところ、彼女のプランはそれらの条件にぴったりと合っていることがわかった。

結果として、リノベーションの費用の二五パーセントは税額控除の形で政府が出してくれることになった。そしてそのおかげで、それぞれのプロジェクトからの利益が倍以上になった。

デビーとメリッサの話は、税額控除を利用して税金を減らすだけでなく、利益をも増やしたという典型的な例だ。彼女たちは政府が設けたルールに従うことで、今だけでなく今後長い間、キャッシュフローを増やし続けてくれるようなプロジェクトに焦点を合わせる結果となった。

■ここに注意！　税額控除を受けるには経済的「実体」がなければいけない

1．税額控除を「売り物」にして売り込んでくる人間には注意しよう。

2．節税以外に、利益を増やすという経済的な動機を持たない投資では、おそらく税額控除は受けられない。

気を付けてほしいのは、今、例として挙げた二人の顧客はどちらも、節税効果が高いばかりでなく、利益とキャッシュフローの面から見ても十分納得のいく投資を選んでいる点だ。このことはとても重要だ。税の優遇だけを狙って、プロジェクトに投資するのは絶対にだめだ。常に、収益を出すチャンスを探すようにしなければいけない。そしてまた、デビーやメリッサがそうしたように、自分がよく知っている分野で投資を選ぶのがいい。投資対象となる業界やプロジェクトについてよく知っていれば、たくさんのお金を儲けられる（そして、たくさんの損を避けられる）。

税額控除と呼ばれる、税制上のスーパー優遇措置についての話は以上だ。あなたも今すぐ、これらの「個人向け景気刺激策」を探し始めよう。すでに利用できる税額控除があるのに、それに気付いていないだけ、ということもあるかもしれない。

次の章では、給与税、つまり社会保障税やメディケア税についてお話しする。

■第10章のキーポイント

1．課税所得だけを引き下げる課税所得控除と比べ、税金から直接差し引くことのできる税額控除は最強の節税方法だ。

2．税額控除には、払戻可能なものと払戻不能のものがある。払戻可能な税額控除は、たとえ所得がなくても受け取れる。払戻不能な税額控除は所得がないと受けられない。大部分の税額控除は払戻不能だ。

3．低所得世帯のための税額控除の多くは、適切なプランを立てれば、投資家やビジネスオーナーでも使える。これは確かに公平ではない。だが、税金はもともと公平にはできていない。そもそも税の優遇はある特定の活動を後押しするためのものなのだ。

4．税金面で有利だからだという理由で投資をしてはいけない。まず、自分が精通している分野で、確実なプロジェクトを見つけること。次に税の優遇を利用することを考える。

●税金戦略10：税の優遇を最大限に受けて、子供の教育費を貯める

政府が主導する教育資金貯蓄プランで私が問題だと思うのは、自分のお金をコントロールする力も、いつどのように使うか、あるいはどのように課税されるかなどを決める力もすべて政府が持つことになる点だ。例えば「529プラン」（カバーデルIRAとも呼ばれる）では、あなたがIRAに拠出した金額を控除することができ、子供の教育資金として使う時には非課税で使えることになっている。ほとんど「信じられないほどうまい話」だ。では、あなたのお金をコントロールするために政府はどのような制限を加えてくるのだろうか？　政府はまず、拠出できる金額をコントロールする。それから、このプランの中でお金をどのように使うかをコントロールする。投資のやり方までもコントロールする。次は、その資金を使って、あなたが何の支払いができるかをコントロールする。認められているのは、一部の教育関連費用のみだ。最後に、もしあなたがこの資金を教育のために使わなかったとしたら、選択肢は二つしかない。一つ目は、そのお金を教育の目的に使える親戚に譲渡する。もう一つの選択肢は、自分がもらって税金と罰金を払うというものだ。つまり、このプランでは、投資がうまくいってお金を儲けすぎた場合、それを全部教育に使わなかったら罰金を払うということだ。

もし、この529プランのような税の優遇をすべて受けることができて、しかも自分のお金をコントロールする力を政府に与えないでいられる方法があるとしたらどうだろう？　そのほうがずっといいに決まっている！　税金戦略5で、あなたのビジネスで子供を働かせ、給料を払う方法についてお話しした。私が「リ

ッチダッド・エデュケーション」の税金に関するクラスでこのことを教えると、いつも、「子供に支払ったお金はどうしたらいいのか？」という質問が出るが、その答えがここにある。これは、529プランをはじめとする、課税が繰り延べされるタイプの政府主導の教育資金貯蓄プランに頼ることなく、子供自身に自分の教育費を払わせる絶好のチャンスだ。あなたの子供は自分のお金を、ビジネスや投資を所有しているSコーポレーション、LLC、リミテッドパートナーシップなどに、資金として提供できる。こうすれば、「非課税」の529プランと同じように、子供に給料を払った時、あなたは控除が受けられ、子供には課税されない。またこれも529プランと同様に、しっかりした計画を立てれば、特に不動産投資においては、投資からのキャッシュフローを非課税にすることもできる。一方、529プランと違って、投資をコントロールする力はあなたがすべて持っていて、好きな時にそこからお金を引き出して、子供のためにかかる出費（食料や衣料といった養育費以外の出費）をそれでまかなうことができる。また、これも529プランと違って、そのお金を分配したり、一生のうちに蓄積されたお金がかなりの額になったとしても罰金がかかることはない。これは政府がコントロールする貯蓄プランよりずっといいのではないだろうか？　政府主導のプランを使うのはやめて、自分自身のプランを持とう。政府のプランよりコントロールの力をずっと多く持てるし、よりよい税の優遇が受けられる。

第11章　怪物「雇用税」をやっつけろ

「その人のためになると自分が思っているというそれだけの理由で、人が支払いたくないものを強制的に支払わせることほどひどい暴虐はない」

――ロバート・A・ハインライン

私は末っ子で姉が一人、兄が四人いる。だから、大人になるまでずっと、五人プラス二人（両親）の人間から、ああしろこうしろと言われてきた。もちろんそのほかに学校の先生や、教会の大人たちもいた。小さい頃はそれも大した問題ではなかった。人生の道案内をしてくれる人がいるというのは悪くない。

でも、八歳、九歳頃になると、いつもああしろこうしろと言われるのに飽き飽きしてきた。年上の兄弟がいる人には、彼らが「あまり親切ではない言い方で」何かするように指示してくるやり方がどんなものか、わかってもらえると思う。兄の一人は、夕食の時に私に何かやらせたいと思った時、テーブルの下で私の脚を蹴るのが常だった。だから、私がテーブルに肘をついたり、口を開けたままクチャクチャと噛んだり、兄の気に入らないことを言ったりすると向うずねを思いっきり蹴られた。これはかなり気に障る。

姉や兄たちはまた、私をからかうのが大好きだった。今でも覚えているが、いつだったか、私をだましてカブを食べさせたことがあった。子供の頃、私は野菜が大きらいだった（今も野菜はだいたいきらいだ）。カブが野菜の一種だとわかっていたら、絶対食べなかった。でも、兄たちは私にそれが新種のポテトだと信じ込ませ、みんなで試食をしているのだと言った。母はいつも新しい製品のモニターのようなことをやっていたから、兄たちの話を疑う理由はなかった。私はポテトだけは好きだった。実際のところ、当時の私の「主食」は四種類だけで、そのうち二つが肉とポテトだった（残りの二つはピーナツバターとミルクだ）。ところが、オエーッ！　この新種のポテトはひどい味だった。姉と兄はゲラゲラ笑い出した。彼らが私に、私が本当にやりたくないことをやらせる方法はほかにもたくさんあった。これはそのほんの一例だ。

いたずら好きで横暴なこのような家族に囲まれて育つうち、私は人から何かやれと言われると、ことごとく反抗するようになっていった。のちに私が勤めるようになった時どんな従業員になったか、みなさんにも想像がつくだろう。大学を出てから最初に就職したのはソルトレイクシティのアーンスト&ヤング（当時はアーンスト&ウィニー）会計事務所だった。この事務所の共同経営者として税務会計を担当していた上司に向かって、私がはじめて「とっとと失せろ」と言ったのは、そこで働き始めてからまだ一年くらいしかたっていない頃だった。この時も私はあまり冷静には対処できなかった。この上司は自分で間違えておきながら、それを私のせいにして、オフィスの廊下で大声で私を叱責したのだ。私は彼を正面から見据え、全所員に聞こえるような大声で「地獄に落ちろ」と言ってやった。ラッキーなことに私はクビにはならず、それどころか、この上司はあとで私の部屋に謝罪に来た。

私が覚えている限りで、アーンスト&ヤングで働いていた間に、これと同じようなことがさらに二回あった。ワシントンDCのオフィスで国税部門で働いていた時、直接の上司と「かなり率直な話し合い」をしたのが一回。そのあとシニアタックスマネジャーとしてフェニックスに移ってから、税務担当の上司と同じようなことがあった。

同じパターンが繰り返されているのがおわかりだろうか？　当時の私にはわからなかった。ああしろこうしろと他人から指示されるのを自分がどれほど嫌っているか、私にはわかっていなかった。だから長い間、人に雇われて働く従業員のままでいた――実に一三年もの間！　私がとうとう大企業での従業員生活に見切りをつけ、自分で事務所を始めた時、友人が私にかけた最初の言葉は「とうとうやったな」だった。

自分が何をすべきか、政府からとやかく言われたくないと、私がこれほど強く思う理由は、おそらくこんなところにあるのだろう。私はビジネスをしたり、不動産や石油、天然ガスに投資したりすることに対して、政府がインセンティブを与えてくれることに文句はない。大歓迎だ。でも、社会保障やメディケアに拠出金を「出さなければいけない」と言われるのはいやだ。とくに、おそらく自分はそれを決して使うことはないだろうに、そう言われるのは気にくわない。

雇用する側の人たちもみんな同じように感じているのではないだろうか。私は世界各国の社会保障や国民保険、そのほかの政府主導の「貯蓄プラン」について調査をしたことがあるが、政府のプログラムはどれも似たり寄ったりでびっくりする。唯一の救いは、アメリカの雇用税はほかの多くの国に比べていくらか低いことだ。たとえばドイツ、イギリスなどはアメリカよりも高い。

それでも、もし払わなくてもすむとしたら、あなたは雇用税を払うだろうか？　あるいは従業員の立場で、ほかに選択肢が与えられていたとしたら、社会保障に拠出するだろうか？　フランスで働いている人たちは、雇用主が政府主導のCSG（フランスの社会保険）へ払っているお金を、むしろ自分たちに払ってもらいたいと思ってはいないだろうか？　おそらく、多くの人は自分のお金をコントロールする力を政府に預けてしまうよりも、自分で維持したいと思っているのではないだろうか。そして、もしあなたが六人兄弟の末っ子だったら、なおさらそう思うに違いない！

もしあなたがそう感じないのだったら、それはそれでオーケーだ。この章は飛ばして、国民保険、社会保障、あるいはCSGの保険料を目いっぱい払い続ければいい。でも、もし政府に払う雇用関連の税金を減らしたいと思っているならば、ぜひこの先を読んでほしい。

あなたが雇用主で、住んでいるのが雇用主の拠出負担率が少ない国だったとしたら、次のようなことを考えてみてほしい――**もし従業員が政府の年金プランに拠出しなければならない金額がこんなに多くなかったら、彼らに払う給料を減らせるかもしれない。**

認めるべき現実はこうだ――自分で投資をしたほうが、国の年金プランを通して政府があなたに与えるリターンよりも大きなリターンを得ることができる。実際のところ、アメリカでは今五〇歳以下の人（もっと年齢が高い人たちの多くも同様だ）の大部分は、自分たちは社会保障からの支払いを決して受けられないだろうと考えている。彼らが引退の時期を迎えた頃には、社会保障は破産している。それどころか、アメリカの人口の大部分が引退する時期になったら、政府自体が破産しているかもしれない。でも、この点に関する話は、友人のロバート・キヨサキと彼の著書『金持ち父さんの「大金持ちの陰謀」――お金についての8つの新ルールを学ぼう』（筑摩書房）に譲ることにしよう。

話を戻して、あなたが国の医療保険や年金プランに支払う額を減らしたいと考えていると仮定した話を進めよう。支払う額を減らしたいと思うのには、なるほどと思える理由がたくさんある。たとえば、そうすれば自分のために投資できるお金がずっと増え、適切な教育を受けていれば、それらの投資から得られるリターンもずっと多くなり、投資からの利益を受け取る時期や課税のされ方も自分でコントロールできる。

覚えておいてほしい――年金は政府からもらうものだが、それでも普通は課税される。それに、たいていの政府主導の年金プランでは、そのお金はもとはあなたが拠出したものなのに、拠出する際には控除ができない。これはズルくないだろうか？　払い込む時には控除が受けられず、それを払い戻す時には課税される……これがアメリカの社会保障の仕組みだ。すべての国でこうなっているわけではないが、こういう国は多い。

雇用税を少なくするために従業員にできることは、たとえあったとしてもごく限られている。ここで言う雇用税とは、社会保障、メディケアそのほかの国民保険への拠出金を含む税金だ。でも、もしあなたが自営業を営んでいたりビジネスをしている場合は、きちんとしたプランを立てれば多くの場合、その支払い額を減らすことができる。それに、多くの国では、投資から得た所得にはこういった税金はまったくかからない。

次のことをよく考えてほしい。あなたがもし雇用主だったら――自営業者でも同じだ――自分の収入の大部分あるいは全部に対して、国の保険（たとえばメディケア）や社会保障のための税金を払わなければならない。でも、もしあなたが、株式の配当やキャピタルゲイン（売却益）、不動産賃貸や石油・天然ガスへの投資、ビジネスの配当といった形ですべての収入を得ているとしたら、今挙げたような「付加的」な税金は、全部あるいはその大部分を払わないですむ（表㉒）。そうだ、これは「付加的」な税金だ。なぜなら、所得税に「加えて」支払わなければならない税金だからだ！

●課税基準を理解する

自分でビジネスをやっている場合、従業員に支払う給料に関連した各種の税金を減らす方法を見つけたかったら、まずそれらの税金の「課税基準」に注目するといい。その税金はどのようにして計算されるのか？従業員一人につき一律に額が決められているのか？　賃金総額にパーセンテージをかけたものを基準としているのか？　ビジネスからの純利益にパーセンテージをかけたものなのか？　限度額はあるのか？　カナダとアメリカでは少なくとも今のところ、給与に関連した税金の一部は、一定額の給料に対してのみ課される仕組みになっている。給料がそれ以上の場合は課されない。

たとえばアメリカでは、賃金や給料が約十万ドルを超える場合は、社会保障税がかからない。所得税とメディケア税だけがかかる。カナダでは雇用保険税がかかる給与の額はもっと低い。

課税の基準がわかったら、税金を減らすためにその基準となる額を減らす方法を見つければいい。アメリカでの簡単な例を見てみよう。

私の顧客のマイケルはカイロプラクターだ。多くのカイロプラクターがそうであるように、彼も自営業の形で仕事をして、自分以外に二人のカイロプラクターと契約して働いてもらっている。マイケルは以前は収入のすべてを個人事業主として申告していた。つまり、ビジネスのために独立した法人を利用していなかった。法的な責任という観点から見てもこれはよいやり方とは言えない（彼は、自分が引き起こしたものであれ、ほかのだれかが引き起こしたものであれ、仕事場で何か不都合が起きた場合、それに対して個人的な責任を負っていた）。そればかりではない。社会保障税やメディケア税も最高限度額を払わなければならない

㉒キャッシュフロー・クワドラントの左側と右側はここが違う

EとS キャッシュフロー・クワドラントの左側		BとI キャッシュフロー・クワドラントの右側
・政府が用意した保険のために高い税金を払う	VS	・左側の人たちが払う税金のうち、かなりの部分を払わないですませることができる
・高い社会保障税を払う		

状態になっていた。ほかの多くの国と同様に、アメリカでは自営業者の所得は給料や賃金と同じに扱われる。だから、マイケルの雇用税を減らすカギは、彼の「自営業所得」の額を減らすことにあった。これがルール10だ。

ルール10：税金を減らしたかったら、課税の基準となる所得を下げる

アメリカでは、会社からの配当は雇用税の対象にならない。これはほかの多くの国でも同じだ。理由は配当が「勤労所得」ではないからだ。私たちはマイケルの所得の一部を配当の分配金に変えて、自営業所得を減らした。どのようにしてそれをやったかというと、マイケルのカイロプラクティック業を所有する会社を作ったのだ。

会社設立後はマイケルは自営業者ではなく、自分の会社の従業員であると同時にオーナーであるという立場になった（表㉓）。オーナーとしての彼の収入は、会社の収入の分配金として支払われる。このお金は雇用税の対象にはならない。そして、従業員としての彼の収入は、顧客にサービスを提供したことに対して給料として支払われる。

当然ながら私たちは、支払う雇用税をできるだけ少なくするために、マイケルが会社からもらう給料をできるだけ少なくし、配当金あるいは分配金をできるだけ多くしたいと思う。税務署側もそのことをよく知っ

ている。だから、彼らはその給料の額が、マイケルが会社のために提供しているサービスに見合う、妥当なレベルのものであることを要求する。

■ここに注意！　法外に低い給料は税務監査を受けた時に高くつく

1．税務署は常に、その業界の相場よりも異常に高い給料、あるいは異常に低い給料が支払われていないか目を光らせている。
2．給料が低すぎると、政府はあなたの会社からの収入の「すべて」を自営業者所得として扱い、雇用税をかけてくることがある。

「妥当な額」というのはどれくらいなのだろう？　この場合は、マイケルが会社のために行っている仕事をだれかほかの人にやってもらった時、その人に支払う額がそれにあたる。マイケルはすでにほかのカイロプラクターと契約して雇っていたから、そういう人にいくら払うか知っている。だから、自分自身にも同じだけの額を支払えばいい。

もしあなたが、自分の会社で果たしている役目に対する妥当な給料の額がわからなかったら、それを調べる方法はたくさんある。たとえばwww.salary.comというウェブサイトは妥当な見積額を出してくれる。それでも知りたい情報が見つからなかったら、自分で見積もりをすればいい。自分自身に対して正当な給料を払うために適切な努力を払っている限りは、問題はまず起こらない。それから、忘れないでほしい――このことに関しては税務アドバイザーが助けになる。彼らはほかにもたくさん顧客を抱えているから、あなたと同業の人も中にはいるかもしれない。そうすればきっと参考になる話が聞ける。

㉓法人を作ってＳからＢへ移る

SからBに移ったマイケルの例（キャッシュフロー・クワドラントの左側から右側へ移る）	
移動前 キャッシュフロー・クワドラントの左側	移動後 キャッシュフロー・クワドラントの右側
・マイケルは自営業者だ。	・マイケルのカイロプラクティック業を所有する新しい法人を作る。
・マイケルはすべての収入を個人事業主として申告している。	・マイケルは会社用に、別の所得税申告書を提出する。
・マイケルはすべてのリスクに関して個人的責任を負っている。	・マイケルが責任を負っているのは自分自身が犯したミスに関してだけで、従業員や共同経営者などが犯したミスには責任がない。
・マイケルは社会保障税の最高額を払っている。	・会社のオーナーであるマイケルの収入の一部は、会社の分配金として支払われる。これには雇用税はかからない。
・マイケルはメディケア税の最高額を払っている。	・マイケルが給料として受け取る分にだけ雇用税がかかる。

■税金対策のヒント

自分に支払う給料は多すぎても少なすぎてもいけない。多すぎる場合は、給与税を払いすぎている可能性がある。反対に少なすぎる場合は、会社が税務監査の対象となる可能性がある。妥当な給料を払い、監査が入る可能性を減らそう。そうすれば各種雇用税として払う額を、年間四五〇〇ドル以上減らせるかもしれないし、監査が入る可能性も減る。

●法人形態を賢く選ぶ

現在、とくにアメリカでは、所得税対策として会社を作る場合、適切な形態を選ぶことがとても大事だ。中心となるビジネスに関しては、おそらくSコーポレーションを使って税金を払う方法がいいだろう。Sコーポレーションは運営が簡単だし、Cコーポレーションとして中心となるビジネスを営んだ場合のように二重課税を受ける可能性を避けられる。

アメリカ以外の国では、小規模会社やパートナーシップのリミテッドパートナーとなるのがいいかもしれない。ここでもこれまでと同様に、税務アドバイザーによく相談して、自分のビジネスに最も適した法人形態を決めよう。よく覚えておいてほしいのは、法人を作る目的の一つが、ビジネスからの収入に対してあなたが支払う雇用関連の税金を減らすことだという点だ。

課税基準、つまり国の保険や年金、その他の制度に対する「拠出金」(これはおもしろい表現だ。「拠出」というとまるで自主的に出しているようだ!)の額を決める基準に焦点を合わせていれば、雇用関連の税金を減らすことは比較的簡単だ。節税によって、自分でコントロールして自由に投資ができるお金を手に入れたほうが、政府に勝手にコントロールさせ、投資をさせて、遠い将来に自分に戻ってくる「かもしれない」お金を期待するよりもずっとよくはないだろうか? 私のように六人兄弟の末っ子でなくても、自分のお金と将来の経済状態をコントロールする力は自分で持ちたいと思うのが普通ではないだろうか? 雇用税をコントロールするのは、それを実現する最良の方法の一つだ。

本書に書かれているのは、所得税を減らす方法だけだろうと思って読み始めた人がいるかもしれないが、それは間違いだ。実際のところ、私たちが自分でコントロールし、減らすことができる税金、またそうすべきである税金は、この章で取り上げた雇用税だけではない。資産税も付加価値税も、あるいはその他の売上税や物品税といった税金もすべて同じだ。次の章ではこのような税金について話そうと思う。

■第11章のキーポイント

1. 税金の中で最も大きな負担が、社会保障やメディケアといった国の制度に支払う各種雇用税だということがよくある。
2. 雇用税を減らすには、課税基準がどうなっているかを理解し、その基準に基づく税金の負担を減らす必要がある。
3. 配当、分配といった投資からの利益は「勤労所得」としては課税されず、雇用税の負担を減らすのに役立つ。
4. 課税基準に基づく負担を減らすためにはどのような種類の法人が最も有効か、税務アドバイザーに相談することが大事だ。

●税金戦略11：自分のビジネスからもらう給与を低く抑える

自分の会社を持っていたら、あなたは自分自身に対して適正な給料を支払わなければいけない。会社という形態をとっているからには、あなたはその従業員だ。でも、あなたは自分に払う給料をできるだけ低くしたい。なぜなら、雇用税を低く押さえたいからだ。自分に支払うべき給料の額はどのようにして決めたらいいか？　この問いに対する基本的な答えは実にシンプルだ——だれか別の人を雇って、あなたがしている仕事をさせた場合、その人に支払うであろう額を自分に支払えばいい。だから、もしあなたが、自分の医療クリニックのために、請求書の作成・発送の事務を行うCコーポレーションを所有していて、あなた自身がその事務をやっているとしたら、その仕事をだれかほかの人にやってもらった場合にその人に払うのと同じ額の給料を自分に払わなければならない。あなたと同じ仕事をした人がどれくらいの給料をもらうべきか、その目安を知るには、前にも書いたようにウェブサイトを利用することもできる。Sコーポレーションを所有している場合も同じだ。あなたは自分自身に「適正な」給料を払わなければいけない。そうでないと、IRSが給料の額に関して説明を求めてくる可能性があり（たいていはそうしてくる）、その結果、あなたが受け取った分配金の一部あるいは全部（たいていは全部）を給料として分類し直すことになるかもしれない。そうなると、最初から適切な給料を払っていれば支払わなくて済んだような、高い給料を払うことになりかねない。でも、次のことは忘れないようにしておいてほしい。それは、自分へ支払うそのお金にはあらゆる種類の「手当」が含まれているということだ。

だから、もしあなたのCコーポレーションで医療手当制度を採用していたとすると、もらった医療給付金に関してあなたは課税されないけれども、あなたへの支払いの中にはその医療給付金も含まれることになる。医療給付金だけでなく、あなたが自分の会社の従業員のために用意しているほかの給付金、どれに関しても同様だ。だから、自分に払う給料は、最終的には、インターネット上で見つけた額よりも少なくなるかもしれない。自分に払う給料に関して注意しなければならないのは額だけではない。給料は少なくとも月一回払う必要がある。なぜなら、もしだれかを雇ったとしたらそうするはずだからだ。給料の支払いを年末まで遅らせてはいけない。そんなことをすると、IRSにあなたの給料は適正ではないと文句をつけさせるよけいな理由を与えることになる。

第12章　資産税、売上税、付加価値税を減らす

「税金徴収の技術は、最小限の努力で最大限の量の羽根をガチョウから抜くことにある」
——ジャン・バプティスト・コルベール

税金を扱う専門家のほとんどは、自分の国の所得税だけを視野に入れていれば仕事が務まると思っている。顧客が払わなければならないそのほかの税金についてなど、まったく考えもしない。私も会計のプロになってから最初の七年間はそうだった。でも、ピナクル・ウェストで働き始めてその考えは変わった。

ピナクル・ウェストはアリゾナで最大級の会社だった、州内で最大の公益事業会社を所有していて、一時期は最大の不動産開発会社も所有していた。ピナクル・ウェストで働き始めるまで、私は公益事業を扱った経験はなかった。でも、不動産の経験は豊富だったので、この不動産開発会社の所得税の仕事をすると同時に、公益会社をはじめとするピナクル・ウェスト傘下のほかの会社の所得税関連の仕事の手伝いをするために雇われたのだ。

新しい仕事に就いてまもなく、ボスが「一緒にワシントンに行くぞ」と言った。当時、会社はＩＲＳからの回答を待っていて、その内容について何人かの税務弁護士と相談しに行くという話だった。その数年前、ピナクル・ウェストは貯蓄貸付組合を一つ購入していた。アメリカ全土の貯蓄貸付組合が崩壊する直前だ。一九九〇年に私が働き始めた時、この貯蓄貸付組合は価値を失っていた。

当時私たちはＩＲＳに、この組合の購入と、その後の崩壊によって生じた損失を、ピナクル・ウェスト傘下のほかの会社の所得から全額控除できないかどうか問い合わせをしていた。二か月ほど経った頃、回答が送られてきた。それはイエスだった。ピナクル・ウェストとその株主たちにとって、これはすばらしい朗報

だった。

　もちろん、このことはまた、ピナクル・ウェストがこの先何年もの間、所得税を払わなくていいことを意味していた。だから、税務アドバイザーとしての私の仕事は激減した。そこで、私は何かほかのことで会社の助けになれないか探し始めた。そして、この貯蓄貸付組合からの損失では相殺できず、会社が支払わなければならない税金がほかにたくさんあることを発見した。その大半を占めていたのが売上税と資産税だった。当時、アリゾナ州の公益企業はほかの納税者と比べてはるかに多い、巨額の資産税を払っていた。ピナクル・ウェストは複数の石炭火力発電所と世界で最大級の原子力発電所を一つ操業していたので、購入するものも多く、売上税をたくさん払っていた。

　この時の経験から、私は資産税と売上税も、所得税とほとんど同じくらい簡単に下げられることを学んだ。所得税の場合と同様に、節税に必要なのはルールを学び、それを適用することだけだった。これは私にとってすばらしい経験だった。「ただで」学べたのだから。私は、ピナクル・ウェストに入る前はほとんど何も知らなかった二つの新しい税金を発見し、会社はそれについて学び、節税するために必要なリソースをすべて与えてくれた。

　売上税と資産税に関する法律の中には、所得税の場合と同じくらい多くの控除や税の優遇がある。ところが、ビジネスオーナーや税務アドバイザーはこれらの税金を見過ごしてしまうことが多い。それらは「あるのが普通」だと受け入れてしまっている。所得税について文句を言うのに比べて、売上税にことさら文句を言う人は少ない。でも、実際のところ、そこに関わっているお金は巨額だ。これらの税金がどんなに重要な意味を持ち得るか、例を挙げてお話ししよう。

●売上税

　あなたのビジネスが一〇〇ドル稼いだとしよう。たいていのビジネスは、最低でも収入の八〇パーセントほどの支出がある。だから、この場合は一〇〇ドルの収入から八〇ドルの支出を差し引いて残った二〇ドルが純益だ。この純益に対して三〇パーセントの割合で税金がかかるとしよう。つまり、一〇〇ドルの総収入に対して六ドルの所得税を払うことになる。

これを売上税や物品税、サービス税、付加価値税などと比べてみよう。アメリカでは国が徴収する売上税はないが、州の売上税があるので、一〇〇ドルの収入に対する売上税はおよそ八ドル（州によって異なる）くらいになる。所得税よりも二ドル高い。売上税がある国の多くでは、その税率は一五パーセントから二〇パーセントだが、中にはそれ以上の場所もある。つまり、総収入は同じでも、所得税の三倍も売上税を払わなければならないことがある。

今言ったように、同じ額の収入に対して、売上税は所得税よりもずっと高くなる可能性がある。もちろん、この問題に対するごく普通の答えはこうなる——売り手ならば、売上税は買い手に転嫁すればいい。だから、あなたは実際には、この税金は払わなくていい。確かにあなたが「売ったもの」に対してかかる税金にはこの理屈が成り立つ。でも、あなたが「買ったもの」に対してかかる売上税はどうだろう？　あなたがビジネスに必要な備品や設備を買った時に必ず支払う売上税は一体いくらぐらいなのだろう？

ピナクル・ウェストで働いている間に、私は売上税に関して多くの控除や税の優遇があることに気が付いた。ほかの多くの州と同じように、アリゾナでは製造機器の購入には売上税は適用されない。研究開発のために使われる機器、あるいは最終的には顧客に売る在庫品や原料の購入に関しても同様だ。実際のところ、非課税の項目は何百種類もある（表㉔）。

あなたは、「うちの会計士はそんなこと全部知っている」と思っているかもしれない。私は会計士だがあの時まで知らなかったし、あなたの会計士もおそらく知らないに違いない。私は世界で最大級の会計事務所の国税部門で働いていたが、このことに関してはまったく知らなかった。だから、あなたの会計士が、売上税に関する税の優遇について知っていると断定するのは、ちょっと待ったほうがいいかもしれない。

㉔売上税のかからないものもある

売上税のかからない買い物 （アメリカの多くの州の場合）
・製造機器の購入
・在庫品の購入
・研究開発に使う機器の購入
・そのほかの必需品・在庫
利用可能な売上税に関する優遇措置をすべて受けているかどうか、会計士に聞いて確かめよう。

アメリカ以外の国では、状況はもっとひどい。カナダ、オーストラリア、ヨーロッパの多くの国の売上税率はアメリカより高く、たとえばフランスの付加価値税（ＶＡＴ）は一九・六パーセントだ。何か買い物をするたびに二〇パーセント近くの税金を払っている計算だ。もしそれを、買うものすべてではなく、その中の八〇パーセント――あるいはもっと少なく――に対してだけ払えばいいとしたら、どうだろう？　そのようにして節約できたお金はそのまま決算書の純利益欄に反映される。要するに、あなたのポケットに直接入るということだ。つまり、すべて二〇パーセント引きで買い物をするようなものだ！

次に取り上げるのは、あなたから製品やサービスを買った客から集める税金の問題だ。だれからもらうか？　客全員から？　ほかの地域、たとえば、アメリカ国内でほかの州に住んでいる人たちはどうなるのか？　州外どころか、国外に住んでいる人もいるかもしれない。インターネット上の売買が盛んな今の時代、いったいどの客が税金を払う義務を負っているのだろう？

ビジネスをやっている人の中には、会社の本社がある地域（州など）以外に住む人からは売上税をとらないでいいと思っている人が多いが、これは必ずしも正しくない。インターネットやカタログ販売で、異なる地域の住人に物やサービスを売った場合も、売上税や付加価値税を徴収しなければいけない場合がある。それをしないとどうなるか？　それが結構めんどうなことになるのだ。

■税金対策のヒント

どちらかわからない場合は、徴収する。自分のビジネスが売上税を徴収する必要のあるビジネスかどうかよくわからない時は、徴収して、それを納め、税務申告をしよう。そうするための費用はごくわずかだが、その結果は大きな意味を持つ。なぜなら、そうしておけば税務監査を受けたとしても、問題が起こる可能性が大幅に減るからだ。

少し前に、セミナーの開催を仕事としている友人のティムと話す機会があった。彼は自分のセミナーにいろいろな分野の講演者を招く。そういう人たちは、講演のあと、書籍やオーディオテープといった教材をセミナーの出席者に向けて売ることがよくある。講演者は全国各地からティムのセミナーのためにやって来た人たちだし、出席者もさまざまな州からやって来る。だから、セミナー会場で売上税を徴収する必要はない……あなたもそう思うかもしれないが、実はそうではない。

ほんの数か月前、州の税務調査官がティムのところにやってきて、セミナー会場での物品販売に関して、売上税を徴収しているかどうかたずねた。彼は徴収していなかった。調査官は過去四年間に開催したすべてのセミナーでの物品販売に関して、売上税を払わなければならないと告げた。その費用は……一〇〇万ドルを超える額だった。これはかなり痛い！

自分に聞いてみてほしい。今日、州の税務調査官がやってきたとしたら、「徴収すべき売上税はすべてきちんと徴収している」と、自信を持って言えるだろうか？

ティムは過去のセミナーの出席者、さらには講演者全員にまで連絡をとって、売上税を徴収することができるだろうか？　そんなことは無理だ。そんなことをしたら、みんな彼に対してどんなにいやな印象を抱くだろうか？　幸いなことにティムはその税金を払うことができ、同じ仕事を続けられたが、いつもそううまく行くとは限らない。売上税のことで失敗して仕事ができなくなったビジネスはたくさんある。このような例でとくに残念なのは、会社のオーナーが、だれから売上税を徴収すべきかきちんと理解していてそれを実行してさえいれば、客たちは文句を言わずに喜んで払っていたはずだということだ。よくわかっていないと、最終的にはビジネスが続けられなくなるような問題にまで発展する。

友人のティムが最終的に州に払うことになった一〇〇万ドルを使って、ほかに何ができたか考えてみてほしい。考えられることはたくさんあると思うが、それがどんなことであれ、政府に支払うよりはずっと楽しいことだろうと思う。だから、あなたも会計士や税務アドバイザーのところへ行って、あなたから物やサービスを買う客のうち、だれから売上税を徴収すべきなのか、きちんと把握しておくようにしよう。ほかの州や国に住む客からも税金をとらなければいけない場合もあるかもしれない。昔から言われるように、「備えあれば憂いなし」だ。

■ここに注意！　売上税を報告しないと仕事が続けられなくなることもある

1. 「売上税は徴収する必要がない」というはっきりした根拠がない限り、常に徴収したほうがいい。
2. 売上税を納めないままでいると、長年のうちにいつの間にか増えていることがある。どの会社も、数年に一回は、会計の専門家に依頼して、売上税を徴収すべき条件を見直してもらうべきだ。

●資産税

アメリカの州税で面倒を起こす可能性があるのは、売上税だけではない。資産税もやっかいだ。私が知っている国はどの国も、個人や会社が所有する資産に対して何らかの税金を課している。これは、ビジネスにたずさわっている人だけでなく、ビジネスとは関係のない個人に関しても同じだ。

資産税は、とくに景気が悪い時に払うのが大変だ。なぜなら、これは利益があった時にだけ課税される税金ではないからだ。それに、資産の価値が下がったとしても、必ずしも税金が下がるわけではない。というのも、その評価額の減少を補うために税率を上げるということもあるからだ。

でも、**ありがたいことに、所得税や売上税の場合と同じように、資産税を減らす方法もたくさんある。**まず二つの種類の資産税について少しお話ししよう。固定資産税と動産税だ。

●固定資産税

二つのタイプの資産税のうちの一つは、固定資産の価値に応じてかかる税金だ。資産税と言うと、たいていの人が頭に浮かべるのがこの税金だ。なぜなら、持ち家に対して固定資産税を支払わなければならない国がたくさんあるからだ。大部分の国では、賃貸用の不動産、営業用資産などにもこの税金が課せられる。

固定資産税は普通、その固定資産の価値の何パーセントという形で計算される。だから、一番わかりやすい節税方法は、不動産の評価額に異議を申し立てることだ。これはとくに不動産の価値が下落しつつある時に効果的だ。査定人（税務署で固定資産税評価額を決める人）は必ずしも常に不動産市場の最新動向を把握しているわけではない。だから、前の年の評価に基づいて税金を払わされるということもあり得る。現在のアメリカのように、住宅市場が低迷している時には、これは大きな打撃となりかねない。

固定資産税の支払通知書が来たら、たとえその税金の支払いをするのが住宅ローン会社や銀行であったとしても、きちんとチェックしよう。税務署による評価に意義を申し立てることができるのは、所有者であるあなただけだ。また、評価額に意義を申し立てることができる期間は限られていることもよく覚えておこう（表㉕）。

税務署の査定人が決定した額よりも低く評価されるべきだと意義を申し立てるには、二つの方法がある。一つは、あなたの所有する不動産が、税務署が言うよりずっと価値が低いことを示す方法だ。不動産鑑定士に頼んで査定をしてもらってもいいし、もしそれが賃貸用の不動産だったり、あなたの営業用の不動産である場合は、実際の家賃収入の減少や、似たような不動産の家賃が下がっていることを証拠として、自分の所有する不動産は、税務署によって下された評価額よりも低く評価されるべきだと主張してもいい。

固定資産税を減らすためのもう一つの方法は、あなたの不動産が、同等の不動産よりも高く評価されていることを示すやり方だ。多くの場合、利用目的、大きさ、立地などが同等な不動産は、評価額が同じでなければならない。

数年前、自宅を建てた時、私は興味深い経験をした。その家は、当時としては珍しい地下室付きの家だった。地下室の床面積は一階の半分より少し小さいくらいだった。私はこの地下室がとても気に入っていた。冬は暖かいし、夏は涼しい。おかげで地下室の電気代は、ほかの居住部分と比べてずっと少なかった。

家を建ててからはじめて固定資産税評価の通知を受け取った時、私はびっくりした。思っていたよりもずっと高い評価になっていたのだ。私は郡の役所に行って隣の家の評価額を調べてみた。その家は二階建てで地下室はなかった。総床面積はうちよりも少し大きいくらいだった。でも、評価額を調べてみると、役所の記録では私の家よりもずっと低く評価されていた。

私は自分の家の評価額に異議を唱えることに決めた。友人の中に固定資産税の専門家がいたので相談すると、異議申し立てのサポートをするために査定人のところに一緒に行くと言ってくれた。私が査定人の前に座り、友人が、私の家は平屋で、隣家よりも小さいにも関わらず高く評価されていることを指摘した。

査定人の説明は、アリゾナ州では平屋のほうが二階建ての家より一平方フィートあたりの評価が高く、そのため、二階建ての家より税金も高くなっているというようなことだった。それはそれでいい。問題は、私の家は「平屋」ではなかったことだ。地下と合わせて二つの階がある。その日、不動産の評価に関する規則について私が学んだことは、かなりびっくりさせられる内容だった。

つまり、郡の役所は、家が二層構造になっている場合、面積の小さいほうの階が大きいほうの階の半分以

㉕固定資産税に異議を申し立てる

固定資産税を下げる	
1.	固定資産税を下げるには、固定資産税評価額に異議を申し立てる。
2.	固定資産税の請求書には、評価額に異議の申し立てができる期間が示されているので、それによく注意する。
固定資産税に異議を申し立てる方法	
a. 示された評価額よりも低いことを証拠づけるための、独立した査定を受ける。	b. 同等の不動産よりも高い評価額がつけられていることを明らかにする。

上の大きさがある場合にのみ、「二階家」と認めるということだったのだ。隣の家は一階も二階もほぼ同じ大きさだった。一方、私の家は地下室が一階の半分以下の大きさだったから、「平屋」ということになる。だから私は、地下室の大きさが足りないという、ただそれだけの理由で、一五年間、余分な税金を払い続けている。税理士にとっては最大の悪夢だ！

家を設計する段階でこの規則を知っていたら、おそらく地下室をもっと大きくしただろう。そうしたら建築費は少し上がっただろうが、スペースにゆとりが出て、税金も確実に下がっていただろう。

●動産税

あなたが知っておくべきもう一つの資産税は、不動産に課されるものではない。それは動産税と呼ばれ、普通はビジネス資産に対してのみ適用される。そして、この税金はかなり高額になることもある。

でも、ありがたいことにビジネスをやっている場合は、ビジネス用の動産に課される税金を大幅に減らすことができる、たくさんの特別な優遇措置が用意されているからだ。所得税の場合とまったく同様に、これらの優遇措

㉖ビジネス用の動産には税の優遇がある

税金面で優遇されている動産の二つのタイプ	
1.	研究開発に使われている動産。
2.	ハイテク製造に使われている動産。
必ず会計士と話をして、受けられる税の優遇を全部受けているかどうか確かめよう。	

置は政府が応援したいと思っている特定のビジネスに与えられる。あなたのビジネスもその中に入っているかもしれない！

研究開発やハイテク製造のために使われる動産には、たくさんの種類の税控除がある。これらの優遇措置は、機器その他の動産の価値を決めるのに使われる方法を通じて利用できるようになっている。つまり、ほかの同種の機器と比較して価値を決めるのではなく、この種の動産は普通、購入時の費用から減価償却分を差し引いた額に基づいて課税される。

動産税のための減価償却控除が所得税のための控除と同じだと思い違いをしないようにしよう。この二つはまったく違う。多くの場合、動産税のための減価償却控除は、所得税のための控除よりもずっと多い。また、それは機器の種類だけでなく、その機器がどんな業種において使われているかで決まることが多い（表㉖）。

あなたのビジネスの資産税——土地や建物などの不動産、機械や設備などの動産、その両方に関する資産税——をしっかり見直そう。そして、個人の住宅に税金が課される国に住んでいる人は、その不動産税を減らす方法がないか探してみよう。

とくに覚えておいてほしいのは、所得税のほかにも減らすことのできる税金はたくさんあるということだ。ここで私が取り上げたのはそのほんの一部だ。売上税や資産税のほかに、タイヤから石油や天然ガスにいたるまで、ありとあらゆるものに物品税がかけられている。これらを全部合わせたら、所得税よりずっと多くなるかもしれない。でも、それらに関しても、所得税に関してと同じくらいたくさんの控除や優遇措置が存在する。だから、まず、あなたが雇っている税務アドバイザーが、この種の税金についてくわしいかどうか確かめよう。そして、これらの税金を減らすために何をする必要があるか、あなた自身がしっかり把握するようにしよう。

次の章では、もう一つ別の税金についてお話ししようと思う。遺産税だ。これはあなたが生きている間に、所得税では取り切れなかった分を、あなたが死んだ時に取ろうとする税金だ。

■第12章のキーポイント

1. 税金の専門家も含めて、たいていの人は所得税を下げることばかり考えていて、売上税や資産税、物品税といった、総額にしたらもっと高くなるかもしれない税金のことを無視している。
2. 売上税や資産税についても、所得税に対するのと同じくらい多くの節税方法がある。
3. 売上税をいつとるべきか、また、どのようにしたら減らせるかを知らないでいると、最終的にあなた自身やあなたのビジネスに大きな損失を与えるかもしれない。
4. 資産税には固定資産税と動産税の二種類がある。それぞれに控除や減額方法があり、うまく利用すれば大きな節税となる。

●税金戦略12：払う売上税を少なくする

ビジネスオーナーとしてあなたは、基本的に言って二つのタイプの取引に際して売上税を払う。自分のビジネスのために買うものに対してと、自分の会社が売っている製品に対するものだ。この二つの取引のうち、最終的な収益に大きな影響を与えるのはどちらか、あなたにはわかるだろうか？　たいていの人は、自分が買うものに対する売上税は顧客からとるわけにはいかないので、こちらのほうが影響が大きいと思っているのではないだろうか？　ところが実際は、ほとんどの会社の場合、売っている製品に対する売上税のほうが重要な意味を持っている。

その理由は、もし売っている製品に対する税金を徴収せず、あとで税務署の監査が入った場合、その納税義務は客からあなた自身へと移るからだ。だから、売上税が不要だと確信がない限りは、いつも客から徴収しておいたほうがいい。一つ例を挙げよう。

しばらく前のことだが、ある大手銀行がアリゾナ州に移ってきて、別の銀行の資産を購入した。その資産の中に自動車のリース会社があった。外から来たばかりのその銀行は、アリゾナでは自動車のリース料に対して売上税を課さなければいけないことに気が付かなかった。州の税務署が監査に入った時、銀行は巨額の――そして予想もしていなかった――税金の請求書を受け取ることとなった。銀行は客を探し出して、売上税を払ってくれるように頼んだ。そして、ほとんどの客が追徴課税として一〇〇〇ドル以上を請求されることになったのだ。反発した客たちが新聞社に電話をしたため、この銀行は新聞の一面を飾ることになった――不名誉な飾り方だったわけだが。銀行は要求を引っ込めて税金を払うしかなかった。この話は不運な話ではあるが、よくありがちだ。私も、税金の問題でビジネスを続けられなくなった会社をいくつか知っているが、一番多い理由は売上税をとらなかったことだ。国税を管理するＩＲＳがビジネスを休業に追い込むことはまれだ。でも、州の売上税の監査が入ったために会社がつぶれるということは、それほどまれではない。

買い手は売上税を払うことに慣れている。だから、請求書の下のほうにそれを見つけても気にしない。あなたの客が、それを払う必要はないことを自ら証明できた場合は別として、売上税は必ずとるようにしよう。州の税法に従って正しく税金をとっているかどうか確信がなかったら、公認会計士を雇って、あなたのビジネスに関わる税金のくわしい調査をしてもらおう。売上税をとらなければいけない州は、あなたが思っているより多いかもしれない。あとになって、「この州では税金をとっていなければいけなかったのだ」と気付いて後悔するよりも、常に税金を徴収して納税申告をしておくほうが結局安くつく。

第13章　相続対策はいい税金対策

「減税の目的は、本来あるべきところにより多くのお金を残すことだ。本来あるべきところとは、そもそものお金を稼ぎ出した労働者本人の手の中だ」

——ロバート・ドール上院議員

私の母はとても優秀な人だった。四歳になった時にはすでにかなりの読書家だった。一二歳の時にはもうハイスクールに入学していて、一五歳で卒業した。母は自分の生き方に関してとてもはっきりした考え方を持っていて、自分が決めた原則から横道にそれることは決してなかった。

母の哲学の一つは、自分の子供たちは幼い時から働かなくてはいけないということだった。私たち六人の子供はみんな、一二歳になった時にはすでに働いていたように思う。私たちはみんな「工場」で何らかの仕事をしていた。工場というのは父がやっていた印刷会社のことだ。結構大きな会社で、当時四〇人の社員がいた。私たちはみんなこの会社のさまざまな部門で働いた。たとえば、姉はアート部門で、兄の一人は写真と印刷の部門でといった具合だ。私はといえば、もちろん会計部門で働いた。

母は仕事をするのはいいことだ、できるだけ早く始めて、一生続けるべきことだと感じていた。自分の子供たちは、大人になってから自分自身の家庭を養うだけの、健全な職業意識を持てるようでなければいけないと信じていたのだ。だから、父と一緒に引退の準備を始めた時も、自分の哲学に合った決定を下した。自分たちがこの世を去る時、金銭的にプラスマイナスゼロの状態にしようと決めたのだ。母は子供たちが返さなければいけない大きな借金は残したくないと思っていた——そして、資産も残したくないと思っていた。

実際のところ、だいたい母の希望通りになった。母は八〇歳で亡くなり、その数年後に父も亡くなった。

母が亡くなった時、両親は少しばかりの株式と家を二軒所有していた。家族が主に住んでいた自宅と、アイダホ州のベア・レイクにある夏の家だ。株式は父が余生を送るために使われ、夏の家は、父の死後、姉のペギーが受け継いだ。ペギーは夫と共に両親の老後の生活の面倒を見てくれていた。ほかの子供たちに遺されたのは、実家の家だけだった。

私はこのような結果になってよかったといつも思っている。両親は私たち子供が幼い時、十分な世話をしてくれた。食卓には常に十分な食べ物があったし、雨露をしのぐ家もあり、毎年休暇旅行にも連れて行ってくれた。なにより二人は、自分の価値観と知恵を私たち子供に伝えてくれた。これはお金よりずっと大事な遺産だ。

でも、今、私自身が家族のために立てている計画は、これとは少し違う。なぜなら状況が違うからだ。私の妻はすでに引退しているが、息子たちはまだ一人立ちしていない。私に万が一のことがあっても、家族が安心して暮らせるようにしたい。息子たちが仕事を始めたら、おそらく私も母と同じように感じるだろうと思う――子供は自分で働き、自分の力で新しい家族の面倒を見るべきだ。

そういった考えとは別に、子供や孫に遺せる資産をいくらか作っておくというのも私はいいと思う。生きている間に自分たちのお金をほぼ使い切るという両親の決定には満足しているが、私個人としては、子供や孫のために用意しておきたいものがいくつかある。たとえば、孫がずっといい学校へ通えるように、そして、時には私と旅行ができるように、十分なお金を持っていたい。また、もちろん、自分の理想のマイホームもほしい。そして、ローンを完済した状態で、私が死んだあとも家族がそこでゆっくり暮らせるようにしたい。

そのほかに、慈善活動にもお金を遺したい。お金が正しく使われたら、きっと実現するだろうと思われるすばらしいことが、この世界にはたくさんある。おそらく読者のみなさんの中にもそう思っている人たちがたくさんいるに違いない。私の顧客たちはみんなそう思っている。私が見る限り、たいていの人は、自分が死んだ時、家族と慈善的な目的のためになにか遺したいと思っている。

㉗だれに遺産を渡したいか

相続プラン			
1. 自分が死んだあと、遺産を受け継ぐ人や団体について考える。			
配偶者	子供	孫	ひ孫
義理の子供	兄弟姉妹	そのほかの親戚	慈善団体
介護してくれた人	友人	学校	各種基金
2. 相続計画でできること。			
a. 遺された家族が金銭的なことでもめたりしないようにする。		b. 政府ではなく、あなたの愛する家族に資産を遺す。	

そのためには、遺産をだれに遺すか自分で選べるように、相続プランをしっかり立てる必要がある（表㉗）。そこには、あなたが遺す財産のうち、政府の取り分をどれくらいにするかということも含まれる。私の母のように、私も自分の借金をだれかに押し付けたくないし、政府に財産を取られるのもいやだ。ここまで読んで来た人は、払うべき以上のものを政府が持っていくことに関して、私がどんなふうに感じているかもうわかっていると思う。死に際しても、その気持ちは変わらない。

私の一番の望みは、死んだ時、家族に面倒をかけないことだ。家族の手をわずらわすことなく、すべてがスムーズにいくようにしたい。家族は私の死を受け入れなければいけない。苦労はそれだけで十分だ。財産がどう分配されるのか心配したり、遺書をめぐって裁判沙汰になったり、そのほかどんなことに関しても苦労をさせたくない。

いい相続プランが必要だと私が強く思うのは、以上のような理由からだ。**相続計画には基本的に二つの目的がある。一つは、あなたの死によって引き起こされる金銭的な問題を、家族ができるだけ容易に処理できるようにすること。そして、もう一つは、遺産のすべて、あるい**

は少なくともその大部分が、家族、あなたの望む慈善活動、そのほか、あなたが選んだ人や団体に——政府にではなく！——渡るようにすることだ。

●効果的な相続プランを立てるための三つのステップ

この章ではこれから、あなたが取るべき三つのステップを見ていく。これらのステップを踏めば、残された家族があなたの死後、通過しなければならないプロセスを簡略化し、それと同時に彼らが手にする財産の量を増やすことができる。

■効果的な相続プランの三つのステップ

1. 資産を信託財産にする
2. 遺言書を書く
3. 遺産税を減らす

●資産を信託財産にする

お金に関することをできるだけシンプルにすることから始めよう。すべての国に、相続に関してかかる税金があるわけではない（オーストラリアとカナダはかなり以前に廃止している）が、死に際して片付けなければならない金銭的問題はほかにもある。単に自分の棺桶と葬儀の代金を払えるように生命保険に入っておけばいいという話ではない。家族が、プロベート手続き（裁判所が関与する相続手続き）をしなくてもいいように、死ぬ前に、財産の所有権をしっかり決めておくことも大事だ。

プロベート手続きというのは、資産の名義を故人から相続人へと移すプロセスだ。相続人とはあなたが死んだ時、遺産をもらう人あるいは団体を意味する。たとえば家族、あるいはあなたが支援する慈善団体などだ。正式なプロベート手続きをすることになるとちょっと厄介だ。それは裁判所や裁判官、弁護士などを巻き込んだ、とても面倒なプロセスになるからだ。それに、ひどく高くつく場合もある。また、その内容は公開される。だから、他人のお金を狙うコソ泥たちが、あなたの配偶者や子供のところに大挙してきて、怪しげな投資を勧めたり、あの手この手でだまし取りにかかる可能性もある。

■プロベート手続きを避けるべき理由

1. 裁判所や裁判官、弁護士などが関わってくる
2. 高くつく
3. 公けになる（みんなの知るところとなる）

だいたいどの国でも同じだが、プロベート手続き、あるいはそれに類似した手続きを避けるには簡単な方法がある。それは財産のすべてを信託財産にすることだ。あなた自身は信託の委託者（所有者）になり、それと同時に、生きている間は信託財産の受益者（受領者）になることもできる。信託書類にはあなたが死んだ時、財産がどうなるかが書かれている。簡単に言うとこれは、死んだあともあなたが財産をコントロールする力を維持するためのチケットだ。だれがどれだけもらうかを巡って、あなたの愛する家族がけんかをしたり、プロベート手続きによって家庭の事情が公けになることが避けられるとしたら、それに越したことはないのではないだろうか？　それら――そして、それ以上のことも――は、信託を設定して、あなたの主な資産のすべてをその信託に所有させることで、簡単に実現できる。

■税金対策のヒント

慈善的寄付とあなたの関係は、ギブ・アンド・テイク、「持ちつ持たれつ」の関係だ。遺産を慈善事

業に寄付したいと思っていたら、慈善信託にすることを検討してみよう。慈善信託を使うと、あなたは自分の資産を今、慈善事業に寄付することができるが、あなたが生きている限りは、その資産からの収入を受け取れる。つまり、あなたは収入を受け取り続けるが、信託財産となった資産には遺産税がかからない。

●遺言書があればなんとかなる

遺族に楽をさせるためにあなたが準備すべきもう一つの書類は遺言書だ。信託証書があるからといって、きちんとした遺言書を書く手間をはぶいていいというわけではない。子供が幼い場合には、とくに必要だ。あなたは遺言書の中で、子供たちの後見人を定めることができる。また、どの遺産をだれが相続するかを特定することもできるし、葬儀のやり方など、特別な要望があれば、それも伝えることができる。遺言書と信託があれば、基本的なところはほとんどカバーできるはずだ（図㉘）。

●遺産税を避ける

あなたの遺産の行く先を決めることは、相続に関して考えるべき問題の一つに過ぎない。ほかに考えなければならない大事なことがある。それはあなたの死後、政府に口を出させない、あなたのポケットに手を突っ込ませない方法を見つけることだ。このことは、遺産税がかかる国に住んでいる場合はとくに大事だ。

フランス、イギリス、アメリカをはじめ多くの国では、死亡時の故人の資産の価値に基づいて相続税（あるいは遺産税）が決まる。この税金はかなり高くなる場合がある。フランスでは最高税率は六〇パーセントにもなる。カナダなど、資産価値に基づいた税金がない国もある。とは言っても、カナダであなたが死んだら、税金を取られる。そうだ。カナダに遺産税がないからといって、だれかが死んだ時に何も税金がかからないわけではない。ただ税金の名前が違っているだけだ。カナダの場合は、基本的には故人の資産に対して

㉘信託と遺言書で何ができるか

資産を信託財産とし、遺言書を用意する	
1.	信託でできること
a.	あなたが死んだあと、あなたの資産を管理する
b.	プロベート手続きを避けることができる
c.	プライバシーが守れる
2.	遺言書でできること
a.	子供の後見人を指名できる
b.	遺産の分配方法を指示できる
c.	そのほかの要望も伝えられる

かかる「所得税」で、死亡した日に適切な市場価格で売られたと仮定して、課税基準となる価値が決められる。多くの資産に関しては、キャピタルゲインにかかる税率が比較的低いので、それを適用できるという有利な点はあるにしても、実質的には遺産税と同じだ。だから、カナダに住んでいる人も相続対策はとても大事だ。

●低ければ低いほどいい

遺産税を減らすためのカギは、そのルールを学ぶことにある。一つ目のルールはこうだ――資産の価値が低ければ低いほど遺産税額も低くなる。つまり、あなたが死んだ時に、持っている資産が少なければ税金も少なくてすむということだ。ここで大事なのは、あなたがまだ自分の資産をコントロールする力を持っているうちに、遺産となる資産（あなたが所有権を持っている資産）からできるだけ多くの資産をほかに移しておくことだ。

遺産税ルール1：資産の価値が低ければ低いほど遺産税額も低くなる。

そのためには、自分の資産をだれかにあげればいい。

あたりまえの話だ。確かにその通り。だが、ここに二つ問題がある。一つは、生きている限りは、自分が必要とする場合に備えて、資産をコントロールする力は自分で持っていたいということ。二つ目は、遺産税のある国はだいたいどこでも、贈与税というのがあって、その税率は少なくとも遺産税と同等かそれ以上だ。贈与税はとくに、遺産税対策としてそれを利用しようとする人たちに歯止めをかけるために設けられた税だと言っていい。

遺産総額を下げるには、遺産税に関するルールをもう少し学ぶ必要がある。二つ目のルールは、どんな国でも資産の一部は非課税となっていることだ。これは遺産税の非課税枠と呼ばれる。アメリカなどの一部の国ではかなり高額の非課税枠がある。イギリスなどのその他の国ではもっと低くなっている。また、フランスなどの国では、だれが資産を相続するかによって、非課税枠が異なる。だから、あなたも自分の国の非課税枠がどれくらいであるか、まずそれをきちんと調べておこう。たいていの国では相続時だけでなく、生前の贈与の場合も同じような非課税枠が定められているので、それも役に立つ。

遺産税ルール2：遺産には非課税枠がある。

遺産の総額を下げたいわけだから、相続時の節税対策の一つは、不動産やビジネスなど、将来価値が上がると思われる資産をあらかじめ譲渡してしまうことだ。生前に譲渡するのにこの二つの資産が適しているのには二つ理由がある。一つ目は、リミテッドパートナーシップのような法人形態を利用することによって、コントロールする力は譲渡することなく、資産の価値だけを譲渡することができる点だ。二つ目はこのあとで説明する「ディスカウント」を利用することができる点だ。

■相続対策で資産を譲渡するメリット

㉙リミテッドパートナーシップのしくみ

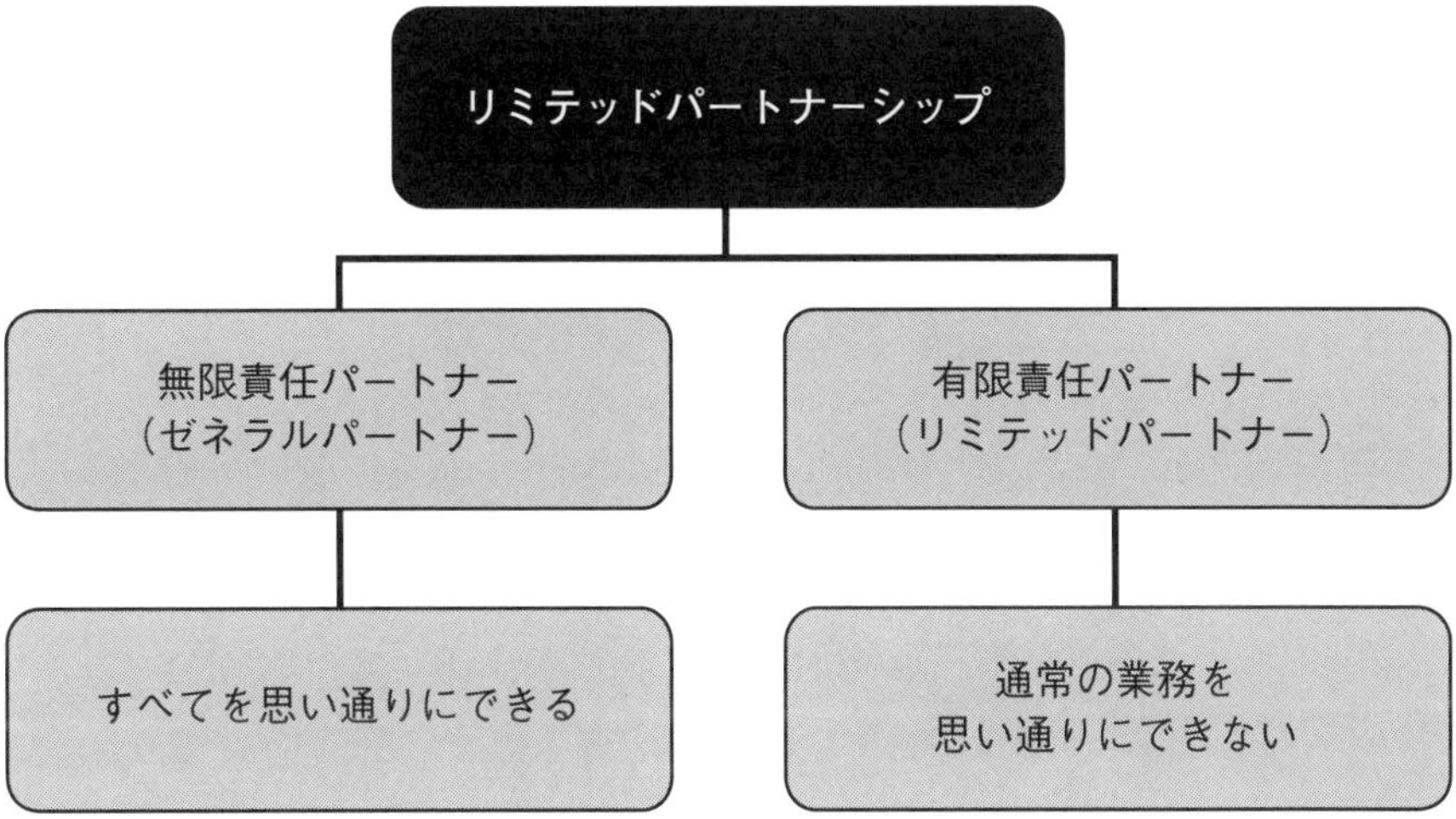

1. コントロールの力は譲渡せずに価値だけを譲渡できる
2. それぞれの資産の一部を譲渡することによって、贈与税を減らすことができる

●コントロールの力は渡さず、価値だけを譲渡する——リミテッドパートナーシップを利用

リミテッドパートナーシップには二種類のオーナーがいる（図㉙）。一つは無限責任（ゼネラル）パートナー、もう一つは有限責任（リミテッド）パートナーだ。ゼネラルパートナーは、たとえ出資の割合は少なくても、会社の運営権を持っている。一方、リミテッドパートナーは会社の日々の業務に関して口出しはできない。つまり、あなたは自分が維持する会社の所有権は一パーセントでもいいから、ゼネラルパートナーになって、コントロールの力を持ち続けるようにすればいい。

だから、あなたが有限責任の株式を分け与えても、それを受け取った人はパートナーシップ内でどんなことが起こっても口は出せない。私はこのやり方がとても気に入っている。何しろ、所有さえしていない（持っているのは会社のほんの一部だ）ものをコントロールできるのだから！

そして、**生きている間、私にとって大事なのは会社や不動産をコントロールすることであって、法律的に「所有」していることではない。**それに、ゼネラルパートナーとして、この会社からサラリーをもらうこともできるのだ！

■リミテッドパートナーシップを作るメリット

1．リミテッドパートナーに資産（有限責任の株式）を与える一方で、自分はゼネラルパートナーとしてコントロールの力を維持できる。
2．リミテッドパートナーシップから自分自身に給料を払える。
3．遺産相続に際して大きな節税ができる。

●それぞれの資産の一部を与えることで遺産税が減らせる

私がビジネスや不動産の一部を譲渡する方法が好きなもう一つの理由は、そのほかの資産と比べてこの二つの資産が、贈与税の非課税枠の中でより多くを譲渡できるからだ。そのためには、「ディスカウント」と呼ばれるツールを利用して、資産の一部を少しずつ分けて譲渡していけばいい。贈与税は贈るものの価値に基づいて課税される。その価値がはっきりしている場合もある。たとえば、現金を与える場合は、その価値はあなたが与える現金の額面通りだ。金や銀、あるいはＩＢＭやマイクロソフトなど株式が公開されている会社の株も同様だ。なぜかというと、金や銀、公開株などをもらった人は、公の市場でそれを売るだけで現金に替えることができるからだ。

でも、非公開の会社の株をほんの一部分けた場合はどうだろう？　あなたから株をもらった人は、会社での決定権や経営権をもたない可能性が大きい。そうなると、株式の価値はより低くなる。会社のほんの一部を所有しているだけで、決定権も経営権も持たない場合、その持ち分は少数株主持ち分と呼ばれる。経営に参加できない会社の株に対して、経営に参加する権利を与えてくれる会社の株に対して払うのと同じだけの金額を払おうという人はいない。だから、少数株主持ち分は、それを持っていれば会社の経営や売却にかかわる決定に参加できる普通の株式よりも価値が低くなる。

それでも、非公開会社の一部の株式をだれかに分け与えてしまったら、その人は勝手にそれを売って現金にすることができるのではないかという疑問が残る。でも、実際にそうするのはとてもむずかしい。なぜなら、このような株を買える人には制限が加えられているからだ。また、単純に言って、そのような株を売る市場がない。だから、売ろうとしたら、割引して売る、つまり、それが公開会社の株式で、株式市場で売れるとしたらいくらになるかという仮定上の価格よりも低く設定した価格で売るしかない。

このような二つの理由で株式の価値が下がることを、株式割引（あるいは額面割れ）と呼ぶ。

もう一度見てみよう。一つ目の割引は「少数株主持ち分割引《マイノリティ・ディスカウント》」と呼ばれるもので、次のような仕組みになっている。たとえば、あなたのビジネスが全部で五〇万ドルの価値があったとしよう。これは、その値段であなたのビジネスを買おうという人がどこかにいることを意味する。今、あなたはビジネスのうちの二〇パーセントを子供たちに分けようと決めたとする。五〇万ドルの価値があるビジネスの二〇パーセントは一〇万ドルだ――そうあなたは考えるのではないだろうか？　ところが価値的に言うとそうならない。二〇パーセントではビジネスに関する決定に口をはさむことはできないから、実際には一〇万ドルよりずっと少ない価値しかない。六万ドルの価値しかないということもあり得る。これが少数株主持ち分割引と呼ばれるものだ。言ってみれば四万ドル余分の非課税枠を与えられるようなものだ。

■マイノリティ・ディスカウントの利点

1．資産（少数株主持ち分）を人に与えながらも、自分でコントロールする力を維持できる。

2．あなたがだれかに資産のうちの一部をあげる場合、その価値は実際の金額よりも低いかもしれない。

つまり、非課税枠の一部を使うだけですむかもしれない。

3. 遺産税が大幅に節税できる。

利用できるもう一つの割引は、本来売ることがむずかしい、部分的な所有権にかかわるものだ。これは「市場価値割引《マーケタビリティー・ディスカウント》」と呼ばれる。ここでもビジネスの一部を譲る話を例にして説明しよう。株式市場に上場されている株式の場合は、いつでもあなたの好きな時に市場価格で売ることができる。上場されていない非公開会社の株は、そういうわけにはいかない。家族の一員でない限り、家族経営の会社の株を買いたいと思う人はいない。外部の人間にはわからない危険要素がたくさんあるからだ。あるいは、買える人間や値段に制限があったりする。だから、法律で株式の価値を割り引くことが許されている。

つまり、「非公開の会社の株は、その一部を市場に出して売るのはむずかしいから、割引をしていいですよ」というのが市場価値割引だ。このような割引がある理由は簡単だ。ビジネスをコントロールする力が伴わないからだ（まったく口を出せないこともある）。コントロールする力は持たずに、過半数以上の株を所有するということだって可能だ。

■マーケタビリティー・ディスカウントの利点

1. 資産（少数株主持ち分）を人に与えながらも、コントロールする力を自分で維持できる。
2. あなたが人に分け与える部分的な所有権は割引される。
3. 遺産税が大幅に節税できる。

■ここに注意！　資産を贈与する時は必ず、資格をもった人に査定してもらう

1. 資産の価値と、それに対して認められるディスカウントの額を決めるには、査定の専門家の力を借りる必要がある。

2. その際には必ず、遺産税や相続税、資産評価やディスカウントについて経験豊富な専門家に頼む。

結局のところ、本当に大事なのは、あなたがだれかに分け与える資産が、非公開の会社のごく一部（経営権を得るには及ばない量）である場合は、贈与に際してその価値は割引されるという点だ。価値という観点から見ると、不動産もビジネスと同じような扱いができる。つまり、不動産の一部の所有権をだれかに与えることによっても割引を受けられる。そのようにして資産の一部を生前に分けておけば、遺産税は減る。それに、不動産などの資産は値上がりすることが多いから、早めに分け与えるのはとても「お得な方法」と言える。

いい相続対策がどんなに大切かを示す例として、第9章で取り上げた、友人のジョージの話を振り返ってみよう。ジョージは税率の低い子供たちの所得税率区分を利用するために、自分のビジネスの大部分を子供たちに分け与えた。相続対策の点から見ると、彼は所得税に対する優遇を受けているばかりでなく、相続税の上でも優遇を受けていることになる。なぜなら、彼の子供たちは今すでに、彼のビジネスの八五パーセントを所有しているから、彼が死んだ時に遺産税がかかるのは、残りの一五パーセントに対してだけだからだ。これは大きな節税となり、愛する家族へ遺すものがその分多くなる。

遺産税を減らすにはほかにももっとたくさんの、もっと複雑な方法がある。それらは相続対策を専門にしている弁護士や会計士に相談すれば、教えてもらえる。**遺産税をまったく払わなくてすむという場合も多い。大事なのは資産を所有することではなく、コントロールすることだ。**相続対策を上手に立てれば、あなたは死んだあともコントロールする力を維持できる。とくに、世間によくいる「仕切りたがり屋」タイプの人にとってはいい話だ。

でも、たとえ仕切りたがり屋でなくても、自分がこの世を去った時、汗水たらして築いた財産を政府にとられないようにしたいと思うのは当然ではないだろうか？　そうするために必要なのは、この章でお話ししたような適切な贈与プランと、そのプランを立てるための十分な知識だけだ。あなたが多くを知れば知るほど、あなたが死んだ時、あなたと家族が払わなければならない税金が減る。

次の章では、複数の場所で税金を払うことについてお話しする。外国で払うべき税金や、同じ国の中でも違う州や県で払うべき税金などを取り上げる。支払う場所の違いを利用して、どんなに簡単に節税できるか、また、場所の違いに注意を払わないでいると、どんなに必要以上の税金を払うことになるか、それを知ったらあなたもきっとびっくりするに違いない。

■第13章のキーポイント

1. 相続対策はとても大事だ。あなたに関するさまざまなことを処理しなければいけない家族のストレスを減らせるし、あなたは自分の資産をコントロールする力を維持できる。
2. 相続対策で一番大切なのは、信託と遺書。この二つだけで、基本的なところはカバーできる。
3. たいていの国では、遺産税の基準として資産の評価額を使っている。うまく相続対策を立てれば、ゼロにすることはできないまでも、大幅な節税ができる。
4. 遺産税を下げる二つの方法は、リミテッドパートナーシップと、資産の「ディスカウント」だ。

●税金戦略13：慈善信託を使って遺産税を減らす

今の時代は多くの人が慈善活動に興味を持っていて、自分が支援する活動に、できる限り協力したいと思っている。慈善信託はこれを実現するためのすばらしい道具だ。とくにいいのは、あなたの資産はあなたが生きている限り慈善団体のものにはならないが、所得税や遺産税は減らすことができるという点だ。あなたが利用できる慈善信託には、大きく分けて二つのタイプがある。次にそれらについて簡単に説明しておく。

まずあなたが自分自身に問いかけてほしいのは、生きている間、その資産をどうしたいか、そして、死んだあとどこに遺したいかということだ。生きている間は資産からの収入を自分が受け取りたいが、死んだら、資産は慈善事業のものになるようにしたいという場合には、「残余公益信託（CRT）」を利用するといい。CRTの場合、あなたが生きている限り収入はすべてあなたに入り、死んだあとは資産は直接慈善事業に与えられる。資産はあなたではなく信託が所有しているので、遺言書には左右されない。

一方、あなたが生きている間は、資産からの収入を慈善団体がもらえるようにして、死んだあと、資産を家族に遺したいという場合は「公益先行信託（CLT）」を利用する。CLTではあなたが生きている間、あるいは決められた年数だけ、慈善団体がその資産からの収入をもらい、あなたが死んだあとは、家族など、あなたが決めた人が相続する。

この二つの信託システムのいいところは、信託を設定した年に、寄付に対する税控除を受けることができる点だ。さらにそれに加えて、CRTの場合は、あなたが死んだ時、資産全額に対して遺産税控除が受けられる。また、CLTの場合でもある程度の遺産税控除がある。

これらの効果的な道具を使うには、事前の細かな準備と税務アドバイザーの助けが必要だ。自分の判断だけで信託を設定してはいけない。それから、あとで家族が、資産の一部が慈善信託に入っていたことを知ってびっくりすることのないように、自分が何をしようとしているか、家族と必ず話をするようにしよう。

第14章　別の場所で税金を減らす

「私は合衆国で税金を払っていることを誇りに思う。唯一の不満は、それが半額であっても同じように誇りに思えるだろうということだ」　――アーサー・ゴッドフリー

私は旅行が大好きだ。小さい時から、新しい場所に行ったり、新しい人に出会ったり、さまざまな文化を経験したりするのが大好きだった。子供の頃、よく車で家族旅行をした。祖母のマルコに会いにカリフォルニアに行き、ディズニーランドに行くこともあったし、メサ・ヴェルデのアメリカ先住民の遺跡を見にフォー・コーナーズ地域に行ったこともある。また、グランド・キャニオンやブライス・キャニオン、イエローストーンなどにも行った。

少し大きくなると、一人旅を始めた。ティーンエイジャーの頃、ワシントンDCに二回行った。一度目はボーイスカウトのみんなと、二度目はハイスクールの合唱団と一緒だった。いろいろな人間や有名な場所を目にするのは本当にすばらしい経験だった。

本書のはじめの方で言ったように、私は一九歳の時モルモン教会の布教活動のためにフランスへ行った。外に出かけて、人々と教会について話すのは大好きだった。私は毎日違う、おもしろい人たちに出会った。今も覚えているが、あの頃はよく、街角やバスの停留所で長いあいだ話し込んだものだった。フランス人は議論をするのが大好きだ。私もそのフランス式の議論の仕方――決して感情的にならず、常に真剣で、互いに教え合うところの多いやり方――を楽しむようになった。すぐにフランス人のことが大好きになって、それ以来ずっとその気持ちは変わらない。

最近は、旅行をするのはたいていビジネスのためだ。セミナーで講演をしたり、顧客に会いに行ったりす

る。これまでにオーストラリア、カナダ、そしてアメリカ各地を仕事で回った。一つの場所に一日か二日しかいないこともあれば、丸々一週間滞在することもある。

いくつも異なる場所でビジネスをしているのは、私一人ではない。今日ではたいていのビジネスは国中、あるいは世界中に客を持っている。インターネットは地球の裏側からも客を運んでくれる。

こんな話が税金といったいどんな関係があるのか？——そんなふうに思った人もいるかもしれない。実は大いに関係がある！　あなたはこんな疑問を持ったことはないだろうか？　会社は客がいるすべての場所で税金を払わなくてはいけないのか？　もしそうだとしたら、会社にとっては悪夢のような話だ。でも、それらすべての場所で本当は税金を払わなくてはいけないのに払っていなくて、いつか税務署がやってきて、滞納していた税金、罰金、利子などを払えと言ってきたら、悪夢どころの騒ぎではなくなる。何もせずに、税務署がやってくるまで待っていたら、早めにきちんとした計画を立てておいた場合と比べて、会社にとっての出費はずっと多くなるに違いない。

複数の場所でビジネスや投資をするのには、ちょっと注意が必要だが、基本的な原則を理解していれば、そうむずかしいことではない。きちんとしたやり方でやれば、未払いの税金を徴収するために、ほかの州や地域、国から税務署が追いかけてくるのではないかと心配することもなく、夜ぐっすり眠れる。それだけではない。そのシンプルな計画一つで、税金を減らすことができるのだ。

●自分の「地理的条件」を知ろう

まず、複数の場所でビジネスをする際の最も基本的な原則をいくつか見ていこう。あなたが最初に知らなければいけないのは、どこで課税されるかだ。もちろん、不動産やオフィスを持っているところでは必ず税金を取られる。おそらく、従業員がいるところでも課税される。さらに、ただ下請け業者がいるだけという場所においても課税されることがある。

■複数の場所でビジネスをした時の基本的原則

1. 不動産を持っている場所で課税される。
2. オフィスを構えている場所で課税される。
3. 従業員を使っている場所で課税される。
4. 下請け業者のいる場所で課税される。

私の会計事務所プロヴィジョンを例にとろう。私たちは世界中の顧客にサービスを提供しているから、すべてを電話やファックス、Eメールを使って行う。顧客がどこにいようと、私たちは彼らのために必要な税金・資産対策をしっかり立て、サポートをしてあげられる。事務所の従業員についても同じことが言える。彼らは必ずしも、事務所のあるアリゾナ州内に住んでいる必要はない。業務はすべて電子的に行われる。たいていの場合は、普通の郵便を使う必要すらなくなっている。常時、アリゾナ、ユタ、ネバダといったようにいくつもの州に従業員が散らばっている。外国に従業員がいるという場合もある。そして、彼らがいる州（あるいは国）がどこであれ、その場所で私たちは所得税申告をしなければならない。

そのほかに、客のいる場所で課税されることもある。たとえその場所にオフィスがなくても、従業員がいなくてもだ。アメリカの州の多くは、たくさん客を抱えている場所があったら、それがどこであれ、何としても会社に税金を払わせようとする。そして、裁判沙汰になった場合はたいてい州が勝つ。アメリカでの規則では、もしあなたがある州で、金銭的・法的利益、あるいはそのほかの利益――たとえば賃貸不動産に対する防火対策援助や州裁判所の法的保護――を受けた場合、その州はあなたから税金を取ることができる。実際のところ、州内で売り上げがあったら、課税に値する金銭的な利益を州から受けたとみなされるという判決例がどんどん増えてきている。近い将来いつか、客のいる州や国、すべての場所で会社が所得税を払わなくてはならないという時代が来るかもしれない。

アメリカの州の一般的ルール：あなたがある州から利益を得たら、その州はあなたから税金を取れる。

これは一概に悪いこととは言えないかもしれない。複数の場所で課税された場合、最終的に払う税金が大幅に減ることもあるからだ。それは、州によって課税される所得の額に関する規則が違うからだ。

ルール11：税金に関する規則は場所によって違う。複数の場所で税金を払うことで、一つの場所でだけビジネスをしている場合に払う額よりも、税金の総額を減らせることがある。

●規則を活用する

多くの場合、税金を払う場所を複数にして、それぞれの場所の規則をうまく組み合わせると、課税対象の所得を半分にまで下げることができる。あなたは所得税が半分になったらどんなにいいだろう……と思ったことはないだろうか？　そういう人に朗報だ。「うますぎる話」に聞こえるかもしれないが、うますぎる話のすべてがあてにならないわけではない。中には本当の話もある。地方税（州、市町村税など）の話はそういう話の一つだ。適切な計画を立てれば、地方所得税を半分にまでカットすることができる。

地方所得税を大幅に下げるためにあなたが使える基本的な原則をいくつか紹介しよう。覚えておくべき原則の中で一番大事な原則は、一つの州で課税されるより二つの州で課税されたほうがいいということだ。あなたが一つの州でだけ課税されている場合は、すべての収入に対してその州によって課税される。もし二つ以上の州で税金を払っている場合は、あなたとまったく関係のない州（不動産を持っていたり、従業員・下請け業者などがいたりしない州）での売り上げは、課税されない可能性がある。これは、それぞれの州にどれだけの所得を配分するかを決めるために使われる方式——「法人税所得按分《あんぶん》方式」と呼ばれる——があるからだ。複数の国で課税される場合も、これと同じことが起こり得る。あなたとまったく関係のない国での売り上げは、課税されない可能性がある。あるいは、少なくとも、地方所得税はかからないことが多い。

■税金対策のヒント

複数の州でビジネス活動をすることは、あなたに有利に働く場合がある。所得税がないか、あるいはあっても税率が低い州でビジネスをすると、全体としてあなたの会社が払う州税を引き下げる助けになる。適切な体制作りをすれば、あなたの会社の所得の一部が「所属する場所のない」所得となり、州税をまったく課税されないということもあり得る。

これはバカにならない。地方税対策をうまく立てると、大幅な節税ができる可能性がある。地方税の税率が一〇パーセントを超える場所はたくさんある。アメリカでは一一パーセントにもなる州がいくつかあるし、カナダには一七パーセントを超える州もある。

あなたが規則をよく知っていれば、最終的な課税所得を下げることができる。反対に規則を知らなければ、実際の所得以上に課税されることもあり得る。実際のところ、売り上げが、本拠地のある州と販売をしている州の両方で課税されるということもある。これは複数の国でビジネスをしている場合も同じだ。気を付けていないと、一つの所得に対して、本拠地とそのほかの国、あるいは州（オフィスがあったり、従業員や客のいる場所）で二重に税金を払うはめになりかねない。だから、最低限の税金ですむように、税務アドバイザーとよく相談して、複数の州や国にまたがる、しっかりした税金対策を立てよう。

■ここに注意！　複数の場所でのルールを知らないでいると……

1. 複数の場所で税金を払うことになりかねない。
2. 一つの所得に対し、二度税金を払うことになりかねない。

●外国税額免除

外国で税金を払う場合はどうなるのだろう？　たいていの国の場合、その国に「オフィス」を持っていると、そこで税金を払う必要が出てくる。もちろん、その国であなたが雇った人が、自分の家をオフィスとして使っているといった、ちょっとしたことがその要件を満たすこともある。国によってルールが異なるので、税務アドバイザーに相談して、所得税の申告が必要な国がどこかをきちんと把握しておいたほうがいい。

自分の国以外に、別の国で税金を払わなければならない場合、**どのようにしたら二度税金を払わないようにできるのだろう？　そのカギは「外国税額控除」というシステムにある。**たいていの国は、外国で稼いだ所得に関して、その国で払った税金を控除することを認めている。この控除は普通、外国で実際に払った税金と、その所得に対して自国で払った税金のうち、いずれか少ないほうの額となる。例を見てみよう。

テッドはニューヨークとフランクフルトにオフィスを構えてビジネスをしている。本社はニューヨークにあるので、どこで稼いだものであれ会社の所得全部に対して、ニューヨークで税金を払わなければならない。もちろん、ドイツの税務署もフランクフルトで彼の会社が稼いだ所得に対して税金をかけたいと思っている。だから、ドイツでの所得に対して二重課税されるおそれがある。つまり、アメリカで税金を払い、さらにドイツでも払うということだ。この二重課税を避ける方法が外国税額控除だ。

テッドの会社が一年に総額百万ドルの純利益を出しているとする。アメリカで、彼はこの純利益に対して三五万ドルの税金を支払う。もし、そのうち一〇万ドルがフランクフルトで稼いだもので、その一〇万ドルに対するドイツの所得税が四万五〇〇〇ドルだったとする。この場合テッドは、アメリカの三五万ドルの所得税から三万五〇〇〇ドルの外国税額控除を受ける。これは、ドイツでの収入に対してドイツで支払った税額（四万五〇〇〇ドル）か、ドイツで稼いだ収入にアメリカの税率をかけたもの（一〇万ドル×三五パーセント＝三万五〇〇〇ドル）のうち、額の低いほうの税額を控除額とするためだ。アメリカの税率のほうがドイツの税率より低いから、テッドがアメリカで払った税金に対して受ける控除は、ドイツで稼いだ収入に、ドイツの税率よりも低いアメリカの税率をかけた額となる。この控除を受けても、結果としてテッドは、儲けのすべてをアメリカ国内で稼いだ場合にかかる税金よりも高い税金を払うことになるが、一つの所得に対して二重に税金を払うことは避けられる。ただ、二つの税率のうち「高いほうの率」で払わなければならないということだ。

外国税額控除は普通、自分の国と相手の国とが結んでいる租税条約によって決まる。この条約には、双方の国民や会社が相手国に支払った税金に関して控除を受けられることが明記されている。「まるでちょっとした『しっぺ返し』のようだ」とあなたは思うかもしれないが、大事なのは、どちらの国においても適切な法人形態を選び、外国税額控除をきちんと利用できるようにすることだ。そのカギは次の通りだ。

ルール12：外国税額控除を受けるには、外国で税金を払う人（あるいは会社）が、自国で所得を申告する必要がある。

これはあたりまえのことに思える。でも、あなたが外国でビジネスをするために使っている法人が、自分の国にあった場合と異なる方法で課税されるとしたらどうなるだろう？　カナダとアメリカを例にとって見てみよう。

あなたはアメリカに居住し、仕事をしているとしよう。そして、ＬＬＣを設立し、それを通して自分のビジネスを所有している。アメリカでは、あなたのビジネスの所得は「個人事業主」であるあなたに課税される。カナダにオフィスを開こうと決めたあなたは、シンプルにしようと、アメリカで作ったあなたのＬＬＣ

の名前でオフィスを開いた。

ところが、あなたは知らなかったが、実はカナダでは、LLCは「個人事業」ではなく会社として扱われる。だから、あなたのLLCはカナダで法人所得税を払わなくてはならない。でも、アメリカでは、カナダで稼いだ収入に対して個人として課税される。その結果、アメリカで税金を払う納税者（あなた個人）と、カナダで税金を払う納税者（あなたの会社）が違ってきてしまう。問題は、外国税額控除が受けられるのは、アメリカで税金を払っているのと同じ納税者が、外国で税金を払っている場合のみだということだ。このようなごく単純なミスのせいで、あなたは一つの所得に対して、カナダで法人税を、そしてアメリカで個人所得税を払わなければならなくなることもある。

これはどのようにしたら避けられるだろうか？　答えは簡単だ。それぞれの国で、適切な法人形態を選ぶようにすればいい。選択肢として考えられるのは、まずアメリカでのビジネスのために個人事業ではなく会社組織の法人を使う。そして、カナダでのビジネスのためには、その会社をそのまま使うか、あるいはその会社が所有する別会社を作る。そうすれば、どちらの国でも同じ会社が税金を払うことになり、カナダで払った法人税に対して、アメリカで外国税額控除が受けられることになる。つまり、二重課税が避けられる。

●本拠地を海外へ移す

今度は、さらに税金を減らす方法についてお話ししよう。まず、あなたが課税される場所について考えてみよう。たいていの場合は、世界のどこで稼いだものであれ収入のすべてに対して、自分が本拠地としている国で課税される。だから、本拠地を変えるというのも一つの手だ。これは、あなた自身がどこかに引っ越さなくてはいけないということではない。ただ、ほかの国でビジネスを興し、そこからビジネス活動を行うようにすればいい。

ほかの国では、あなたの国より税率がずっと低いかもしれないし、あなたが属している業種に対して、もっといい税の優遇があるかもしれない。国によっては、税金がまったくないところもある！　ビジネスの中には、そういった非課税国を本拠地としても、問題なく業務ができるビジネスがたくさんある。そういったビジネスの多くは、カリブ諸島に本拠地を置いている。そうすれば、業務の視察に行くついでに、海岸でひと時を過ごして楽しむことだってできる。

自国以外の国でビジネスを立ち上げるのはちょっと面倒なので、十分注意が必要だ。気を付けないと、法人の作り方を間違えやすい。この点は何度言っても足りないくらい大事だ。忘れないようにしてほしい。あなたには、弁護士、税務アドバイザー、あなたの国とあなたがビジネスを興そうとしている国との両方の事情に精通したバンカーなどを含む、アドバイザーチームが必要だ（図㉚）。

でも、難題だからといって、取り組まないほうがいいというわけではない。偉大なことを成し遂げたビジネスオーナーや投資家たちはみんな、すばらしいチームを持っていた。恐れをなすことはない。適切なチームを作ることを忘れなければ大丈夫だ。

もしあなたのビジネスが、税金のない国で簡単に会社が作れそうにないようなものだったら、税金のある国でビジネス活動をする中で、最小限の税金ですむ方法はないか探してみよう。たとえば、あなたの本拠地がドイツにあるとしよう。あなたはアメリカでビジネスあるいは投資活動をしたいと思っている。その場合、あなたにとくに「この州にいなければならない」という理由がない限り、税法がビジネスや投資に適している州を選ぼう。たとえば、アメリカには法人所得税のない州が四つある。ネバダ、ワシントン、サウス・ダコタ、ワイオミングの四つだ。これらにフロリダ州を加えた五つの州には、個人所得税もない。

カナダでは、州によって州税の税率の格差が激しい。アルバータ州は意図的に、できる限り税率を低く抑えるようにしてきた。カナダは小規模ビジネスに対して、とくに連邦税の税率を低く押さえている。州の中にも同様に税率が低いところがある。フランスは研究・開発事業に対して大きな税額控除を与えている。だから、もしあなたの会社がオフショアで研究・開発事業をやりたいと思っているとしたら、フランスを候補

㉚ビジネスの本拠地を外国へ移す時は

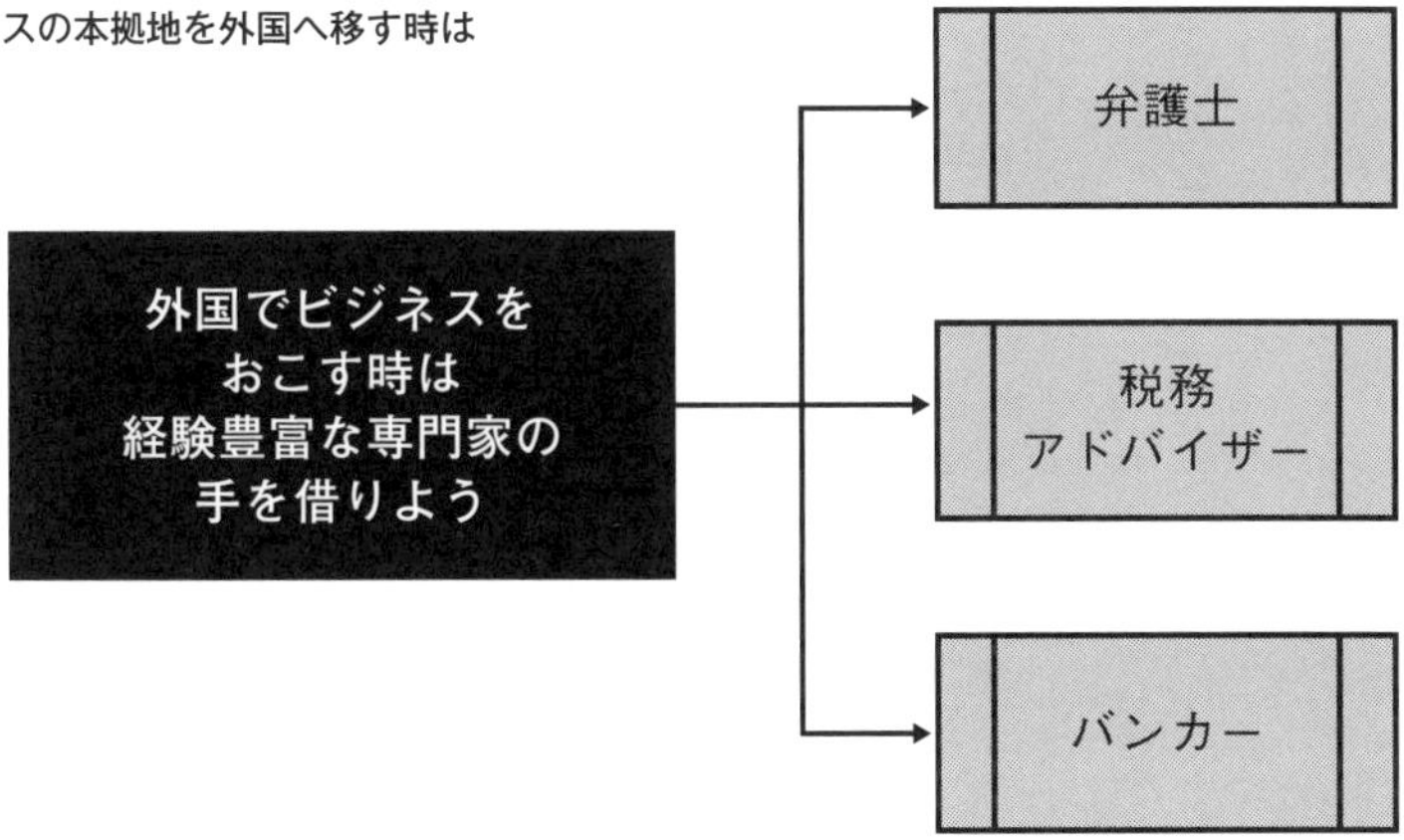
外国でビジネスを
おこす時は
経験豊富な専門家の
手を借りよう
弁護士
税務
アドバイザー
バンカー

地に入れるといいかもしれない。

どの国にもビジネスに対する税の優遇がある。だから、あなたがすべきことはただ一つ。税務アドバイザーと相談して、自分のビジネスに最もふさわしい国はどこか決めることだけだ。もし、税率の低さで場所を決めるのはいやだというなら、決めたあとでいい、あなたがビジネスや投資の本拠地とする場所にはどのような税の優遇があるか、よく調べるようにしよう。

場所を変えてみたら、そこでは、あなたのビジネスが課税対象になるのを避けることさえできるかもしれない。つまり、その場所でオフィスや従業員を持つ必要がなかったら、そして不動産を買ったり賃貸したりしてもいないとしたら、課税されるのを完全に避けることもできるかもしれないのだ。これはその土地の法律と、あなたがそのほかの商業活動をどのくらいしているかによって決まる。

本拠地とは異なる場所でビジネスをおこなった場合、あなたの税金を減らす方法はたくさんある。必ず税務アドバイザーに相談し、あなたとあなたの資産にプラスとなる必勝法を見つけ出してほしい。

本書で私たちはこれまで、さまざまな節税方法について話をしてきた。次は、これらのルールをつなぎ合わせて、「一生使える節税プラン」を作るにはどうしたらいいか、その方法についてお話しする。

■第14章のキーポイント

1. 税金に関する規則は場所によって違う。その規則を利用して、一つの場所でビジネスをした場合よりも税金を少なくすることができる。アメリカの州あるいはアメリカ以外の国の中には、税率が低いところがたくさんある。それどころか、まったく税金がないところさえある。
2. 外国税額控除を利用すれば、二重課税は避けられる。この控除を受けるためには、国外で税金を払っている納税者(個人あるいは法人)が、同じ名義で自国で所得税を申告していなければいけない。
3. 自国以外では税金を払わないですむような形で、ビジネスを設立することもできる。
4. どの州でも、あるいはどの国でも、一部の投資や産業に対して、特別な税の優遇が設けられている。あなたはその中から、自分のビジネスや投資の種類に合った場所を選べばいい。

●税金戦略14:複数の州や国で税金を払うようにすると、税金が大幅に減らせる

複数の州でビジネスや投資をしている納税者が犯す大きな間違いの中で、私がよく見かけるのは、州税の影響を無視する傾向があることだ。州税は連邦税に比べるとかなり少ないので、連邦所得税を減らすことばかりに関心が向きがちだ。でも、考えてみてほしい。州税は一〇パーセント以上になることもある。州税を少なくすることにも時間をかける価値があるのではないだろうか?

ビジネスにかかる州税を減らす最善の方法の一つは、複数の州で課税されるようにすることだ。たいていの人は、自分がビジネスをしている州で課税されることは知っていても、従業員がいる場所や、オフィスや在庫がある場所でも課税されることを知らない場合が多い。ビジネスオーナーの中には複数の州で課税されるのを避けようとする人がいるが、私の事務所プロヴィジョンでは顧客に、少なくとも二つの州で課税されるようにすることを勧めている。

一つの州だけで課税される場合は、所得の全額に対する税金をその州に支払う。でも、複数の州で課税さ

れた場合は、実際に課税対象となる所得が一〇〇パーセント以下になることがある。州税を四〇パーセントから五〇パーセント少なくすることもできるのだ。これはちょっと時間と労力をかけてやってみる価値があるのではないだろうか？　どういう仕組みでそうなるか説明しよう。

複数の州で課税される場合、それぞれの州は、「所得のうちどのくらいをどの州で課税するか」を決める一定の方式に従って、あなたの所得を分割する。この方式は州によって異なるが、どの州の方式の中にも「セールスファクター（売上げ要素）」と呼ばれるものが含まれている。つまり、その州でどれだけ売上げがあったかが、あなたの所得のうちどれだけがその州で課税されるかを決める助けとなる。そして、売り上げがどの州に属するかは、製品が発送された場所によって決まる。たとえば、その製品がニューメキシコ宛てに発送されたものなら、ニューメキシコに属する。ネブラスカ宛てならネブラスカに属する。

たとえば、あなたのビジネスの本社がアリゾナにあって、倉庫はネバダにあるとしよう。この二つの州以外には、オフィスもないし従業員もいない。この場合、あなたがアリゾナで所得税を申告する時には、アリゾナ宛てに発送された売上げだけを申告する。ネバダ州には所得税はないので、そのほかの売上げはどれも「所属する場所のない」売上げになる。だから、最終的に所得のほんの一部に対してアリゾナ州で課税されるだけで、そのほかの州では課税されないことになる。なかなかいい話ではないだろうか？　もしアリゾナだけで課税されたとすると、製品が発送された場所がどこであれ、所得のすべてに対してアリゾナで課税される。

だから、売上げのある会社の場合は、複数の州で課税されるようにしよう。税務アドバイザーとよく相談して、少なくとももう一つ別の州で課税されるようにして、会社の所得のすべてに州税がかからないようにしよう。

第2部

タックスフリーで資産を作るための戦略

第15章　法人を使って税金をコントロールする

「自分がどこに向かって進んでいるのかを知らなければ、気を付けた方がいい。行き先を知らなければ、そこにたどり着けないかもしれないからだ」
——ヨギ・ベラ

六人兄弟の末っ子だった私は、指図されることが嫌いだった。何でも自分のやり方でやるのが好きで、自分の人生は自分でコントロールしたいと思っていた。そのため、私は幼い頃から前もって計画することを学んだ。計画性がないと他人の気まぐれに左右されてしまうが、きちんと計画を立てていると自分が主導権を握ることができる。まさに私がテキサス大学オースティン校修士課程に進んだ時がそうだった。

最終的にテキサス大学大学院を選ぶまで、私は多くの大学院を調べた。ニューヨーク大学法科大学院、ブリハムヤング大学修士課程、南カリフォルニア大学やアリゾナ州立大学の修士課程など。テキサス大学大学院の決め手となったのは、履修科目や受講スケジュールの柔軟性だった。自分で自由に組み立てられたのだ。私はビジネス法のクラスも取りたかったし（結果的に三教科履修した）、投資や保険など多岐にわたるクラスも取りたかった。テキサス大学ではそれが可能だった。この柔軟なプログラムのおかげで、私は税務に関する全クラスを履修しながら、他のテーマを扱うクラスも履修することができた。自分の教育を自分でコントロールしたというわけだ。

税金対策を仕事に選んだのは、当然の成り行きだった。工夫をこらした税金対策は、自分の人生に柔軟性をもたらし、コントロールできる究極の方法だ。政府があなたの人生をコントロールするのではない。あなたが自分でコントロールするのだ。何かを計画する時、それが長期の計画であればあるほど、人生における柔軟性も増す。

最近、プロヴィジョン（私の公認会計事務所）では税金対策をまったく新しい次元に引き上げた。新規顧客には必ず、個々のニーズに合わせた長期の包括的な税金対策を盛り込むことにしたのだ。**戦略は簡単。目標を定め、その目標達成を目指した行動計画を立てて実行する。それだけだ。**私の顧客の場合、目標は今後の人生において、さらには自分の子孫の代まで、恒久的に税金を減らす、というものだ。

ルール13：長い期間を見据え、柔軟に変化させることのできる税金対策を立てる。

このように、税金戦略とはいたってシンプルだ。まず自分が求めているものを見極めること。所得税を減らしたいのか、州税などの地方税を減らしたいのか。資産税はどうだろう？　ビジネスや不動産関連で所有している設備は、適正な価値に基づいて課税されているだろうか？　もしあなたがビジネスオーナーなら、売上税や付加価値税、物品税、給与税なども減らしたいだろう。あるいは、もし子供や孫に少しでも資産を残したいと思うなら、恐らく遺産税も軽減したいはずだ。

●恒久的に税金を減らす

こうしたさまざまな種類の税をできるだけ低く抑えるには、それぞれ個別の戦略が必要となる。まず、多くの人にとって頭痛の種となる所得税を見てみよう。たとえば、あなたが三〇パーセントの税率区分に属しているとする。連邦所得税と地方所得税を合算すれば、この区分にたやすく入ってしまう。そこで恒久的に税金を減らしたいとしよう。

恒久的に税金を減らすとはどういうことだろうか。言うまでもなく、恒久的とは一時的の反対だ。世界のどこを見ても、税金対策といったら一時的なものである場合がほとんどだ。たとえば、もしアメリカ在住ならIRAや401（k）、カナダならRRSP、イギリスなら拠出年金制度などに加入している人が多いと

㉛豊かな引退生活を迎えたくても

貧しい引退生活を計画していたらこうなる？	
☑	収入は変わらないのに税率区分が高くなる
☑	通常所得の税率が上がるのに伴って、キャピタルゲイン税率が15％から35％に上がる
☑	不動産やビジネスに関連する税の優遇を失う
☑	インフレにより税率区分がさらに高くなる

思うが、これらの制度は自分のお金を預け入れる時に税控除を受け、引退後にお金を引き出す際に課税される仕組みになっている（つまり、税金を先送り、あるいは繰り延べする）。

この種の税金対策における大前提は、お金を引き出す際には、お金を預け入れた時よりも税率区分が下がっているはずだという考えだ。本当にそうだろうか？　これは、引退後の生活は現在より少ない収入でやりくりすると想定していることを意味する。言い換えれば、引退後に貧乏に甘んじるつもりでいるということだ（表㉛）。私たちは豊かな引退生活を迎えたい。私と顧客は、こうした考え方のせいでとても苦労している。実際のところ、４０１（k）やＩＲＡ、ＲＲＳＰ、イギリスの年金制度などに自分のお金を預け入れたくない理由はいくつかある。

現実には、あなたが現在得ているお金と同等の額を引退後に得ようとすると、今より恐らく税率区分が高くなるだろう。なぜか？　それは、子供の扶養や家のローンなどを通じて得ていた各種控除がなくなるからだ。それに、あなただっていつかは引退したいわけだから、ビジネス関連の控除もなくなる。

世界を見回した時、税金対策のほとんどが一時的なものである理由は、そのほうが楽だからだ。とくに、税金対策を考える側にとって楽なのだ。問題は、引退後に税率区分が上がること以外に、納税の時期を繰延べるタイプの年金対策の場合、自分のお金に対するコントロールを失うということだ。投資や収入の種類が限られてしまうのだ。また多くの国では、自分

㉜税金を繰延べるタイプの年金制度で起こること

税金対策	
繰延べ	恒久的
・　一時的な節税	・　恒久的な節税
・　貧しい引退生活	・　豊かな引退生活
・　収入に制限がある	・　収入に制限がない
・　自由に引き出せない	・　自由に引き出せる
・　コントロールに制限がある	・　コントロールに制限がない

㉝国の年金制度だと、税率が上がりコントロールを失う

税の繰延べ手法

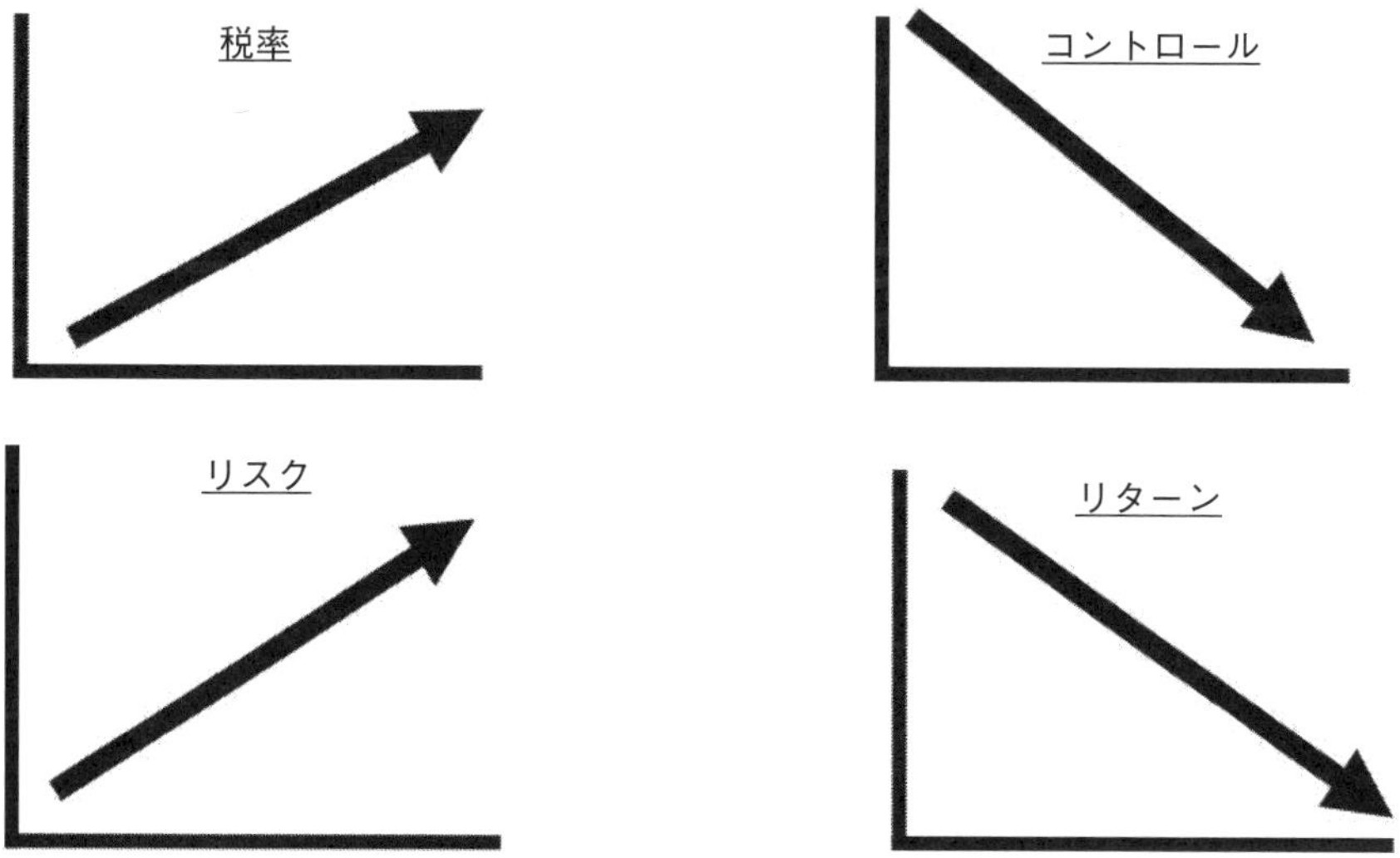

のお金であるにもかかわらず、お金を引き出す時期が制限されている（表㉜）。

前に言ったように、私は自分のお金と税金は自分でコントロールしたい。だから、顧客にも自分のお金と税金を自分でコントロールしてほしいと思って、税金対策を考える。私の事務所では、ほとんど一〇〇パーセント、「恒久的に税金を減らす」ことに焦点を合わせている。恒久的とは、節税した分を決して政府に戻す必要がない、という意味だ。これまでの章で取り上げてきた税金対策は、どれも恒久的に税金を下げられる可能性のあるものだ。起業家や投資家が利用できる恒久的な節税手段を用いると、一時的な節税手段や繰延手段のもつ落とし穴を避けることができる（図㉝）。税率を上げるのではなく、恒久的に下げることができる。自分の財産に対するコントロールを失うのではなく、強めることができる。マーケットでのリスクを上げるのではなく、下げることができる。自分の財産をきちんとコントロールすることで、リターンを増やすことができるのだ。

●税金戦略を見直そう

次にあなたの税金戦略に移ろう。あなたは所得税を恒久的に下げるという目標に焦点を合わせている。もちろん、私たち会計士も顧客の所得税を合法的に、できるだけ下げたいと思っている。次のステップは、「今の状態」と「なりたい状態」を見きわめることだ。旅行に出かける時とまったく同じだ。現在地と目的地がわかっているかどうかが、進むべき方向を決める際に大きく影響を与える。いくつか自分に質問してみよう。

・現在、何に投資しているか？
・現在、どんな法人（株式会社、パートナーシップなど）を所有しているか？
・ビジネスや投資に関してどんな計画を持っているか？

・どれくらいの自信を持って、最善の方法で税務申告を行っていると言えるか？
・税務アドバイザーからはどれくらいの頻度でアドバイスを受けているか？（年間少なくとも四回はアドバイスを受けるべきだ）
・子供は何歳か？
・さらに子供を増やす予定はあるか？
・子供は自分のビジネスに参加したいと思っているか？（あるいは、もしまだ子供が小さい場合、自分は将来、子供に参加してほしいと思っているか？）
・老後を迎える両親のために、援助資金を用意しておく必要があるか？
・今の仕事はどれくらい安定しているか？

税金戦略を立てる際、こうしたことを自問してみるといい。どこに向かって進みたいか、現在地はどこか、という点をしっかり把握できたら、戦略を立て始めよう。

税金戦略を立てる時には、二つのことをしっかり頭に入れておこう。それは、柔軟性を持たせることと、長期的展望に立つことだ。柔軟性とは、人生で生じる変化に対応できるということだ。この世でたった一つ確かなことは、明日は今日と違うということだけだ。明日には子供が増えているかもしれない。ビジネスの形も変わっているかもしれない。配偶者との関係にも変化が起きているかもしれない。こうした起こり得る変化を念頭に置いて、税金対策を立てよう（図㉞）。

そして、長期的展望に立つことも忘れないでほしい。大幅に節税できるからといって、ビジネスや家族に問題が生じるようなことはやってはいけない。私には、以前こんな顧客がいた。彼は非常にいい税金対策を立てていて、自分の会社の名義を四人の子供たちの名義にしていた。これは相続対策上もいいし（会社の価値が下がっているときに譲渡した）、所得税対策としても理にかなったものだった（子供たちの税率区分は父親よりも低かった)。

問題は、このことが、娘の一人(今のところ一人だけ)が成人した時に個人的な問題をもたらしてしまったということだ。彼女の結婚相手というのが、経済的に恵まれていない男性だった。人柄はよかったが、お金に関する教育を受けていなかった。毎年、税務申告書を見ては、自分の妻は恵まれた「金持ちのお嬢様」なのに、なぜ自分はこれほどまで身を粉にして働いているのか疑問に思うようになった。あるとき彼は妻に、ビジネスのオーナーの一人として、父親からお金をもらうように迫った。妻の父親(私の顧客)は、それはできないと言い、これは単に税金対策のためであって、分け与えるためのお金なのではないと伝えた。そのことで娘の夫との関係がぎくしゃくし、結果的に婚姻関係の破たんにつながってしまった。

■ここに注意! 税金対策が本末転倒にならないように

1. 人生において税金対策は大事だが、個人的なゴールやビジネス上の目標の重要さとは比べものにならない。
2. 税金対策が個人的なゴールや、資産形成またはビジネス上の目標の妨げとならないようにする。

現実には、すぐれた税金対策が常にすぐれた家族プランであるとは限らない。この顧客の場合、初期の時点で少し変更を加えるだけで、もっと柔軟な対策になっただろう。自分のビジネス上の所得が娘の所得税申告書に載るようなことも避けられたはずだ。では、これは果たして悪いアドバイスだったのだろうか。私はそうは思わない。私はこの対策を立てるのを手伝った税理士を知っているが、そこにこだわるような男性と娘が結婚することを予期できなかっただけだと思う。

●法人の種類を決めよう

㉞税金戦略の考え方

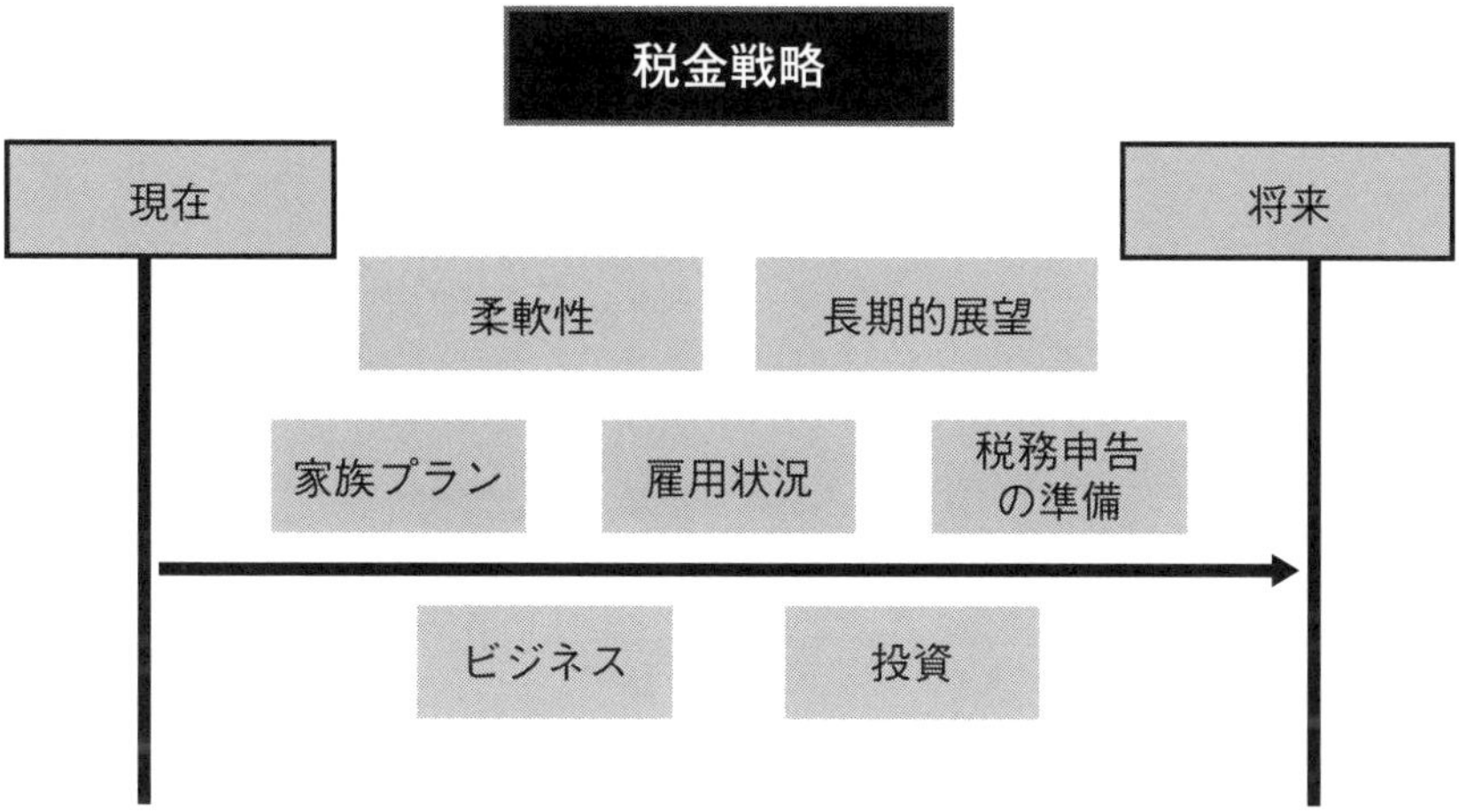

顧客と税金戦略を立てる時、私はいつも法人の形態を決めるところから始める。正しい法人の種類を選ぶと、ほぼ即座に税金を減らすことができる。覚えていてほしい。法人とは、コーポレーション（株式会社）、ＬＬＣなど、単なる「オーナーシップ（所有権）の形態」にすぎない。国によって、目的に一番合った法人形態も違ってくる。ここでは法人の種類に注目し、いつか必要となる時のために、基本的な規則を見てみよう。法人の種類は、主に四種類ある。呼び方は違うかもしれないが、ほとんどの国では同様の形態の法人が存在する。その四種類とは、信託、パートナーシップ、コーポレーション、ＬＬＣだ。

①信託

信託は世界中を見回しても、どこにでも存在する普遍的な形態だ。信託には、主に三名が関与する。第一に財産を託す人だ。財産譲渡者または委託者。信託を設立し、そこに財産を託す人だ。第二に受託者。この人（または会社）が信託の管理運営を行う。厳密に言えば、この受託者が信託のオーナーだ。第三が受益者。信託の財産から生じる利益を受け取る人だ。

信託を設立する目的はさまざまだが、主に、ある個人から別の個人に資産を譲渡する目的に使われる。とくに、親や祖父母が子供や孫に資産を譲渡するような場合に有効だ。また、慈善団体をはじめとする組織や他人などに資産を譲渡するためにも使われる。信託はよい遺産相続対策に欠かせない。

②パートナーシップ

パートナーシップは法人形態の中でも、最も柔軟な形態だ。二人以上の個人あるいは二社以上の企業が共同でビジネスを所有、運営あるいは投資をし、そして株式会社などの他の法人形態をとっていない場合、それはパートナーシップとなる。パートナーシップで発生する収入および損失は、法人として納税するのではなく、パートナーが個人の所得税申告で申告する。パートナーシップには主に二つのタイプがある。一つはゼネラルパートナーシップ、もう一つはリミテッドパートナーシップだ。

ゼネラルパートナーシップはパートナー全員が経営判断をし、負債は通常、全パートナーが責任を負う。したがって、万が一、将来のどこかの時点で訴訟の可能性などがある場合、ゼネラルパートナーシップはいくらかのリスクがある。

リミテッドパートナーシップは、ゼネラルパートナーとリミテッドパートナーそれぞれ最低一名からなる。リミテッドパートナーの出資額は限られており、日々の業務運営に口をはさむ権限がない。さらに、出資した額以上の負債に対して個人的責任を負わない。また、アメリカでは、リミテッドパートナーが得た収入は通常、受動的所得《パッシブインカム》として分類される。

リミテッドパートナーシップは、経営に責任を持つ人と受動的投資家とを分ける場合に適している。また、子供や孫をリミテッドパートナーにし、親や祖父母がゼネラルパートナーになるなど、遺産相続対策にも適している。この方法だと、資産の管理は上の世代が行いながら、その一部の所有権を若い世代に譲渡することができる。

③コーポレーション（株式会社）

コーポレーションは、ビジネスを所有し運営する形態として、世界で最も一般的な形態だ。ほとんどの国では、スモールビジネス（中小企業）向けに特別な税法があり、インセンティブを与える仕組みになっている。カナダでは、スモールビジネスに対して特別に税率が下げられている。アメリカでは、スモールビジネスの場合、キャピタルゲイン税率が低く、また赤字や倒産の際に優遇される。さらに、Ｓコーポレーションという特別な分類があり、会社オーナーは事業収入を会社として納税するのではなく、個人の所得税申告で申告できるようになっている。

会社を公開しようと考えている場合、つまり大勢の人の所有にしてもらおうとする場合、この「株式会社」の形態はとくに有利だ。自分の個人資産を訴訟から守るのにも役立つ。それについては次の章で詳細を説明する。

■税金対策のヒント

既にビジネスをしていてパートナーがいる場合、Ｓコーポレーションとして課税される自分だけの法人を設立し、あなた個人ではなく、その法人をビジネス上のパートナーとしよう。そうすれば、自営業者税が下がり、あなたとパートナーに大きな柔軟性が与えられる。

④ＬＬＣ

最後に、ＬＬＣ（有限責任会社）がある。これは国によって呼び方が違う。ドイツではＧｍｂＨと呼ばれる。アメリカは後発国で、この形態を使うようになった国としてはかなり最後に近い。ＬＬＣに適用される税法は国によってさまざまだ。たとえば、カナダでは会社として課税されるが、アメリカでは会社として納税することを指定しない限り、パートナーシップとして課税される。

ＬＬＣだと、会社経営に携わりながら、リミテッドパートナーと同様な形で資産を保護することができる。ただし、前に言ったようにリミテッドパートナーは会社の経営に関われない。それに比べ、ＬＬＣのメンバーだと、全責任を負うことなく会社の経営にフルに参加できる。そのため、アメリカでは多くの人がパートナーシップではなくＬＬＣの形でビジネスを始めるようになった。

法人の形態は、あなたの税金戦略にも関係してくる。たとえば、不動産投資にはＬＬＣを、自分のビジネスには株式会社（または株式会社として納税するＬＬＣ）を、子供に資産を譲渡するにはリミテッドパートナーシップを、といった具合に選ぶことができる。恐らく、子供へ譲渡したい資産がある場合、とくに子供が若いうちは、債権者などから資産を保護するために信託を利用したいという人もいるだろう。

こうしたプロセスを進めるには、税務アドバイザーのほかに弁護士も絶対に必要だ。とくに訴訟の多いアメリカのような国では、自分の資産を訴訟から守るために弁護士の存在は重要だ。

法人の形態は、あなたの税金戦略の基礎となる。法人の環境が整いさえすれば、これまで紹介してきた税の優遇を使って、現在だけでなく将来にもわたって、恒久的に、収入、不動産などに対する課税額を減らすことができる。最後にまとめると、よい税金戦略には次の四つの要素がある。

■よい税金戦略に必要な四つの要素

要素１　自分のスタート地点を知ること
要素２　自分の進む方向性を決めること
要素３　柔軟な戦略を立てること
要素４　長期的視点に立つこと

戦略が立ったら、それを実行に移す必要がある。日々の生活で実践し続けるということだ。戦略を実践すればするほど、あなたは戦略に慣れてくる。税金戦略を実行に移すだけで、一年中いつでも税金を減らせるということを覚えていてほしい。

次の章では、税金戦略の一つの側面として、税金に直接関係のないテーマを取り上げる。資産保護だ。とくにアメリカでは、自分の資産を税務署の手から守ると同時に、訴訟からも守らなければならない。資産保護の戦略を立てるのに最も適したタイミングは、税金戦略を立てている時だ。

■第15章のキーポイント

1　恒久的に資産を守り税金を減らすための最善の方法は、総合的な税金対策を立てることだ。
2　税金対策には柔軟性と長期的展望が不可欠だ。
3　税金対策を立てる時には、スタート地点（今の状況）とゴール（将来どうなりたいか）を見極めることが大事だ。
4　税金対策を立てる際の第一歩は、ゴールに到達するにはどの種類の法人を利用したらよいかを決めることだ。

●税金戦略15：異なる種類の法人を組み合わせて、税金を減らす。

私が講演などで話す時、最も多く受ける質問は「ビジネスや投資をするのに、どの法人形態を選んだらいいか」というものだ。これは言ってみれば、どの車を買うべきか、という質問に似ている。答えはいつでも同じ。「状況次第」だ。車と同様、どの法人形態を選ぶかも、何のために、どのように使うかによって違ってくる。

法人形態についてのアドバイスは、「ビジネスにはSコーポレーションがいいですよ」「不動産にはパートナーシップがいいですよ」といった単純なものではない。パートナーシップとして課税されるほうが得をするビジネスもあれば、不動産がSコーポレーションとして分類される方がいい時もある（不動産を早く売り

㉟異なる種類の法人を組み合わせる

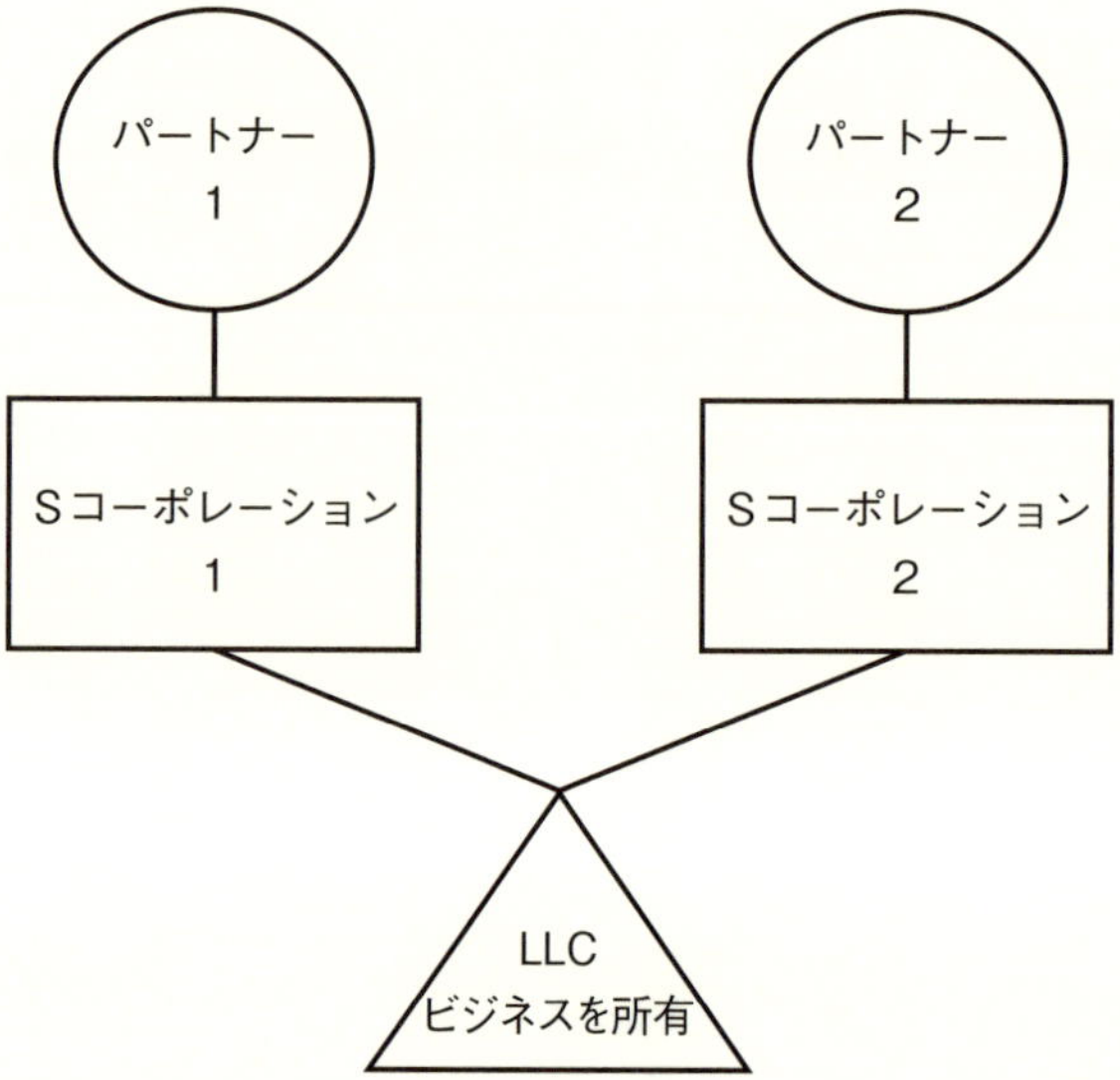

たい時など）。

私が気に入っている税金戦略の一つに、異なる種類の法人を組み合わせて一つの戦略にまとめるというものがある。一つ、いい例をお見せしよう。一つのパートナーシップと二つのSコーポレーションを組み合わせた方法だ。あなたは友人とウィジェット（小さなアプリ）を売るビジネスを始めることに決めたとする。Sコーポレーションにして自営業向けの税の優遇（第11章を参照）を受けたいと思っているが、法人税法の面で少し気になる点があり、もしかするとパートナーシップの方がいいかもしれないと思って迷っている。どちらを選ぶべきだろうか？

それなら、両方選んではどうだろう。パートナーシップとして課税されるLLCを一つ立ち上げビジネスを所有させるようにして、次に友人とあなたが一つずつ、Sコーポレーションとして課税されるLLCを立ち上げる。そしてそれを通して、パートナーシップの自分の持ち分を所有するという方法だ。イメージとしては図㉟のような感じだ。

このように組み合わされた法人形態の利点は大きい。パートナーシップを通じてビジネスを所有しているため、Sコーポレーションの場合とは異なる形で収益を分配できるからだ。たとえば、二人とも社用車が必要だとしよう。あなたはフェラーリを、友人はホンダを運転したいとする。友人は恐らくフェラーリの半額を払いたくはないだろう。もしビジネスをSコーポレーションの形で立ち上げていたら、選択肢はない。あなたの友人はSコーポレーションの半分の株を持っているため、会社からの収入のうち自分の取り分であなたのフェラーリの一部を支払うことになる。パートナーシップの場合は、個別に控除を割り当てられる。つまり、あなたはフェラーリの経費を自分に、ホンダ車の経費を友人に割り当てることができる。ホームオフィスの控除や出張費、外食費、交際費なども同様だ。これは複数の法人形態を組み合わせた一例にすぎないが、プロヴィジョンでは、いくつかの異なる種類の法人を使って税金戦略を立て、そうすることによって何千ドルもの税の優遇を受けている顧客もいる。これはまさに「いいとこ取り」ができる、数少ない例の一つだ。したがって、法人の種類は絶対に一つでないといけないという考え方にとらわれないでほしい。税金対策に必要な法人は一つだけとは限らない。それぞれの法人形態の違いを理解し、あなたの税務アドバイザーがあなたのゴールと状況をしっかりと理解していれば、かなり柔軟性の高い対策が立てられる。

第16章　あなたのお金を狙う人たちから財産を守る

「借金で借金を返済するような政府は、常に借金に依存するようになる」
――ジョージ・バーナード・ショウ

●真の自由

私は他人の資産や自分の資産を増やすことに情熱を感じる。十分なお金から得られる自由が大好きだ。スーパーで食料品を買う時も値段を気にしなくてすむし、パーソナルトレーナーを雇えるか悩む必要もない。毎月のローンの支払いに悩むこともないし、毎年恒例のハワイ旅行に家族を連れて行けるか心配することもない。これこそ真の自由だ。

私は最初からずっとそのような自由を享受していたわけではない。あなたがたと同じように、仕事に就き、家のローンを払っていた。仕事がなかったらローンを払えないこともわかっていた。日々の食費にも事欠いただろう。毎日働かなくても、必要な経費を支払えるほどの資産を持ったのは、この数年のことだ。

ロバート・キヨサキの資産の定義が、私は好きだ。彼によると、資産とは自分のポケットにお金を入れてくれるものだ。それ以外のものはすべて負債となる。ポケットからお金が出ていくからだ。この定義に従うと、持ち家は資産ではない。ポケットからお金が出ていき、ポケットにお金を入れてくれるものではないからだ。一方、ビジネスや投資（住宅投資を含む）はキャッシュフローを生み出すのであれば、資産といえる。

近年、私は幸運にも資産を築くことができた。とくにビジネスの面では、頻繁に出勤する必要もなく、ビジネスが生み出す収益で暮らすという贅沢が可能なところまで到達した。私の財産のほとんどはビジネスに関連したもので、それ以外は不動産だ。この財産が私の自由を支える基盤となっている。財産があるからこそ、本書を執筆する時間が持て、世界中でセミナーを開催し、人に教えることができる。私にとって何よりも大事なことは、家族の自由を守ることだ。だから自分の財産を守らなくてはならない。私は政府が国民個人の自由を保護してくれることを期待しているが、それと同じ気持ちだ。

●資産を保護する

自由を守るということは、適切な資産保護を行うということでもある。実は私も、資産を守るという点では、常にうまくやってきたわけではない。何年も前のこと、別の州に事務所を一軒構えた。責任者とするCPAを見つけ、弁護士を通じてパートナーシップの契約を結んだ。事務所の開設前から既に多くの顧客をその地域に抱えていたので、私は大いに期待していた。

ところがなかなか利益が出ず、数年間苦戦した。私たちは、別の地域でやっているほかの事務所のスタッフや顧客のために費やすのと同じか、それ以上の時間をこの事務所のために費やしているように感じていたが、それでも、この事務所がほかと同じだけの利益を出せるとはとても思えなかった。パートナーのアンと私は、この事務所はわずかな売上げしかあげていないのに、自分たちの費やす時間や労力が大きすぎるから、売却するしかないという結論に至った。

そしてこの事務所のパートナーに私たちの計画を告げ、彼にも話し合いに参加してもらい、事務所の買い手がだれであろうと、彼が引き続き既存の顧客を相手に問題なく仕事を続けられるようにしようとした。これは私たちにとっても、彼にとっても、ウィン・ウィンになるいい話だと思っていた。一一月の末に売りに出したが、依頼していたブローカーは一月までに買い手を見つけられなかった。そこで私たちは税務申告のシーズン（一月から四月）をやり過ごして、春になったらもう一度売りに出そうと決めた。

ところが、この決断が最悪の事態を引き起こした。一月末にパートナーから届いたメールには、事務所は売らず彼自身が引継ぎ、顧客や従業員もそのまま残し私たちには何も渡さないことに決めたと書かれていた。

もちろん、これはパートナーシップ契約に反している。優秀な弁護士たちによって作成されたその契約書には、パートナーのだれかが抜けるときにどうすべきか、詳細に記されていた。ところが、彼はこの契約に従わず、そこに盛り込まれていた手順とはまったく別の方法を選んだ。その後、私たちは九か月にわたって、顧客に十分なサービスを提供することに全力を上げる一方で、裁判沙汰となったこの難問に対処することになった。

その結果はというと、何千ドルもの弁護士費用がかかり、何百時間もの時間をむだにし、多くの顧客を不安にさせ、最後にはその州にいた多くの顧客を失った。睡眠不足と膨大なストレスは言うまでもない。損失はその事務所全体の価値の総額の実に七五パーセントにも相当した。なぜこんなことになったのか？　私たちはこのビジネスを立ち上げるために懸命に努力したのに、結局はほとんどを失ってしまった。理由は簡単だ。私たちは自分の資産を守るための重要なルールを無視していたからだ。

ルール14：いつ、どんな状況でも、自分の資産に対するコントロールの力を維持しなければいけない。

自分たちではコントロールしているつもりだった。パートナーシップ契約もしっかり結んだし、パートナーとも毎週、少なくとも二回は会話をしていた。でも、実のところ、それは本当のコントロールではなかった。書類やオフィス、顧客に対するコントロールの力を持っていなかった。そのため、私たちはとても立場が弱く、結果的に膨大な時間とお金を失った。

なぜ、税金についての本でこんな話をするのか？　それは、節税は自分の資産を守る方法の一つでもあるからだ。**あなたが自分の資産を政府から守るために、時間と労力を費やして税金戦略を立てている時、それは同時に、あなたのお金を狙う人たちやそうなる可能性のある人たち（パートナーや従業員、テナントなども含めて）から資産を守るための戦略を立てるのに適した時でもあるのだ。**税金戦略を立てる時、法人の種類をどうするか、どのようにビジネスや投資をコントロールするかといったことを考える。これらは資産保護の戦略にも重要な影響を与える。

資産を保護するためのルールは極めてシンプルだ。目指すことはわずか三つしかない。

■資産保護の目標

1．訴訟を回避する。

2．訴訟を起こされる可能性を減らすため、目立たないようにしている。

3．訴訟には必ず勝つ。

この章では、目標1のみを取り上げる。目標3は、目標としてはいいが、たとえ訴訟に勝ったとしても、費やす時間やお金、エネルギーは計り知れない。パートナーのアンと私は腕のいい弁護士を雇ってパートナーシップの契約文書を作成していたし、裁判にも勝つには勝ったが、最終的には何十万ドルものお金を失い、膨大な時間とエネルギーを浪費した。だからこそ、しっかりと保険をかけることはもちろん重要だが、それだけで十分とは言えないのだ。目標2に関して言えば、見つからないために目立たないようにするのは当然よいことだが、私の経験から言うと、切れ者の弁護士は遅かれ早かれあなたを見つけ出すものだ。というわけで、目標1に絞って説明する。

●訴訟を回避する

お金が絡んだ時、人はどのような行動をとるのかを知りたければ、お金の流れを追ってみるといい。たとえば、もしあなたが出資者ならば、その出資したお金でだれが得するのかを追ってみるといい。それはあなたなのか、あるいはファイナンシャル・アドバイザーなのか？　自分の資産を保護したい時もそうだ。お金を追ってみるといい。訴訟を起こすことで、得する人はだれだろうか？
あなたを訴えて得をする人は、もちろん原告、訴訟を起こした人だ。あなたに対し訴訟を起こす可能性のある人はだれだろう？　答えは、あなたの資産を狙えると考えている人ならだれでもだ。あなたからお金が取れる、と思う人がいれば、その人はあらゆる手を使ってあなたのお金を横取りしようと裁判制度を利用するだろう。

訴訟を起こして得する人は原告だけでない。弁護士もそうだ。時には原告よりも弁護士の方が、大きな利益を得ることもある。そもそも、自分の顧客を焚きつけて訴訟を起こさせるのは大抵の場合、弁護士だ。だからこそ、アメリカの弁護士はテレビコマーシャルに何百万ドルものお金を払って、事故に巻き込まれたり、何か損害を被ったりした時など、真っ先に自分のところに相談にくるようにと宣伝するのだ。

■ここに注意！　資産を守るのに、保険だけでは不十分

1．保険（特にアンブレラ保険）は資産保護に必要不可欠だが、それだけでは不十分だ。
2．いざ訴訟の時に守ってくれるだけでなく、訴訟自体を回避できる資産保護戦略を立てよう。

自分の資産を原告とその弁護士から守るには、自分のビジネスや投資を適切な形で構築しておくことがカギとなる。そうすれば、たとえ彼らがあなたを提訴したとしても、一円も手にできない可能性が高くなる。多くの国では、弁護士は時間給だから敗訴しても弁護士費用を得る。したがってこうした国では、確実に勝訴できるとわかっていなければ（あるいは感情に任せて理性を失ったのでなければ）だれも訴訟には踏み切らない。

ところがアメリカは違う。アメリカの弁護士は成功報酬を受け取ることができる。成功報酬とは、裁判に原告が勝つか、あるいは訴えられたあなたまたはあなたの保険会社が示談に応じた時にのみ受け取れる報酬だ。もしあなたが弁護士に、たとえ勝訴しても成功報酬はありませんよ、と言ったら、弁護を引き受けてはくれないだろう。弁護士は報酬の伴わない仕事を嫌う。

さて、どのような形であなたのビジネスや投資を設定すれば、たとえ原告が勝訴してもお金を取られないようにできるだろうか？　税金戦略を立てながら、弁護士やその顧客から資産を守れるやり方をお教えしよう。断っておくが、私は弁護士ではない。私の教えるヒントは、私自身の経験や弁護士たちとの会話から学んだもので、読者のみなさんには、必ず資格のある弁護士に税金戦略や資産保護戦略を見てもらってほしい。資産保護戦略をくまなく分析したいなら、ギャレット・サットン著の『Start Your Own Corporation』を読むこともお勧めだ。

■税金対策のヒント

税金戦略と資産保護戦略を組み合わせよう。この二つは連携しているから、結果としてあなたの資産を政府からも、潜在的な訴訟からも守ってくれる対策が立てられる。

●正しい法人の種類

あなたのお金を政府から守るために適切な形の法人が必要なのと同じように、あなたの資産を狙う人たちから資産を守るために最も重要なことは、自分のビジネスや投資を、適切な法人を通して所有するようにすることだ。原告から資産を守るための法律は、税法と異なる場合が多い。したがって、税金戦略を立てる際には未来の原告からあなたを守ることも考えに入れて法人を選ぶことが大切だ。

あなたの税務アドバイザーが、あなたの住む国、県、州の資産保護に関する法律や税法を完全に理解していることを確かめよう。さらに、税金と資産保護の戦略を立てるにあたり、税務アドバイザーと資産保護担当の弁護士同士が少なくとも年に一、二回、直接話し合うようにしよう。

幸いにも、多くの地域では、正しい法人形態を選べば、節税と資産保護を同時に最大化させることができる。資産保護のための法人の種類や方法は実にさまざまで、この章だけでは到底網羅することはできない。ここでは前章の税金戦略で見た基本的な法人を取り上げ、こうした法人がなぜ資産保護の助けになるのか（または妨げになるのか）を、前章と同じ順番で説明しよう。

■訴訟を回避するために

1．資産保護について熟知している税務アドバイザーを探す。
2．ビジネスや投資を守れる適切な法人形態を選ぶ。
3．設立する前に、適任な弁護士に税務戦略と資産保護戦略をチェックしてもらう。

①信託

まず信託だ。前章で、信託は世代をまたがって資産を譲渡する際に適しているとお話ししたが、資産保護にもとても効果的だ。

信託という形態は何千年も前から存在していて、その分、裁判沙汰になった時に信託がどのような扱いを受けるのかを示す判例も多くある。原則は、信託の受益者（最終的に収益または資産を受け取る人）と譲与者（信託にお金または資産を預ける人）は違う人、という点だ。そして、債権者（あなたがお金を借りている相手。訴訟人も訴えの上ではこの立場にある）は信託の資産を狙うことはできないということだ。

仮に、あなたが子供にお金を残そうと考え、その資産に対する子供への課税は現在なされ、資産が渡されるのはあなたの死後にしたいとする。そのためには、資産を信託に預ければよい。信託のもう一つの利点は、信託契約書で、信託から生じる収益や資産を受け取れる人や時期を指定できることだ。信託契約書の作成には弁護士の助けが必要だが、その中には自分の子供が信託の資産または収益を受け取れる時期を明記できる。

こうすれば、あなたは死んだあとも自分の資産を管理できる。

信託を使って慈善団体に資産を寄付することもできる。実際のところ、慈善団体に資産（法律用語では「コーパス」と呼ばれる）を寄付しながら、収入は手元に残すこともできる。こうすると、慈善団体はあなたの死後に資産を手に入れ、あなたは生きている間は収入を得、そして起こりうる訴訟から資産も守られる。さらに、慈善団体側ではあなたの死後でないと実際に資産を使えないにもかかわらず、あなたは慈善団体へ寄付したことで税控除が受けられる。

資産保護戦略の観点から、信託にはさまざまな利用法がある。いずれにしろ、戦略を実践に移すには弁護士と税務アドバイザーの助けが必要だ。山のような法律文書や無数の選択肢があるからといって、そのことにひるむ必要はない。税務アドバイザーと弁護士に質問すればいい。ただし、平易な言葉でわかりやすく説明できる人を選ぶのを忘れないようにしよう。

②パートナーシップ

こと資産保護に関して言えば、パートナーシップはとてもいい点もあれば、とても悪い点もある。ゼネラルパートナーシップは最悪だ。どう悪いかといえば、こんな例を考えてほしい。あなたとパートナーが広場で裸のまま立たされ、人々が二人めがけて石を投げつける。そうなれば、パートナーに向かって投げられた石があなたに当たる可能性はもちろんあるということだ。

ゼネラルパートナーシップでは、訴訟から全く守ってもらえない。あなたは自分の行いだけでなく、パートナーの行い、従業員の行いすべてに責任を負う。だれかに訴訟を起こされた場合、パートナー全員が訴訟の対象となる。恐ろしいのは、自分でも知らないうちにゼネラルパートナーになっていることもある点だ。だれかと出資したとか、ちょっとした副業を一緒にしているとか、そうしたことでも共同経営者とみなされてしまう。書面での契約書がなくても、そうみなされてしまうのだ。だから注意してほしい。私のところには、知らないうちにゼネラルパートナーにさせられていた、と駆け込んでくる顧客が絶えない。

リミテッドパートナーシップであれば、リミテッドパートナーはパートナーシップの枠内で生じていることには全く責任を負わないので、資産保護には適している。失うものは出資金のみだ。遺産相続や、経営に携わるパートナーが一人か二人で、その他のパートナーは受動的投資家だというビジネスにも向いている。カナダなどの国では、多くの資産を持たない会社をゼネラルパートナーとすることも可能だ。そうすると、たとえゼネラルパートナーが訴えられたとしても、狙われるような資産がなく、ゼネラルパートナー自身が大きな責任を負う必要がない。

③コーポレーション

コーポレーションの形態をとると、コーポレーションが訴訟を起こされた時にあなた自身を守ってくれる。株主であるあなたは、個人的に何か特別に悪いことをしたのでなければ、訴えられることはない。失うものは自分の出資金だけという意味では、リミテッドパートナーに近いとも言える。米国以外の国ではそれほど個人的に損害賠償を求める訴訟がないので、あなたの税金戦略上の目標にも合っていれば、コーポレーションという形態はなかなかいい。

④ＬＬＣ

ＬＬＣは、ビジネスや投資などの資産を訴訟から守るにはまさしく最良の方法だ。コーポレーションと同じ保護を受けられ、損失は会社につぎ込んだ分だけだ。さらに、万が一個人に対して訴訟を起こされた場合には、コーポレーションの場合よりさらに保護される。ＬＬＣだと通常、「負担命令」の保護を受けられるからだ。例を見てみよう。

数年前、息子が一六歳になって間もなく、私は車を買い与えた。スポーツタイプのマツダだ。息子は免許を持っており、私も何度も同乗して息子の運転技術には問題ないと思っていた。その約半年後、私は二二歳の長男と一六歳の次男を家に置いて、妻ロージーと一緒に休暇でハワイに出かけた。

私たちは休暇を楽しんでいた。ある晩、息子二人から電話があるまでは……。その晩、私たちはコナのモルモン教会の礼拝に参加していて、携帯電話はオフにしていた。終わって外に出てみると、息子たちからそれぞれ一〇回も着信があった。長男マックスにまず電話をした。すると、次男のサムが車で事故にあったと言った。大けがをした人はいなかったが、車がかなり破損したとのことだった。

サムに電話すると、彼は自分は大丈夫で、相手の運転手もけがはしていないと言った。ただ、車は大破してしまった。修理して再び乗れるようになるには、一か月以上もかかった。幸い、相手の運転手にけがはなかったが、もしけがをしていたら？　もし大けがだったら？　相手はサムの両親、つまり私たち夫婦を訴えていたかもしれない。

私の公認会計事務所はＬＬＣだ。もし相手の運転手が私たちを訴え、圧倒的に勝訴していたら、私のビジネスはどうなっていただろう？　しっかり守られただろうか？　もしコーポレーションの形でビジネスを所有していたとしたら、私は窮地に立たされていただろう。原告が私の会社の株式を取得することもあり得たはずだ。原告は会社の私の持ち分を引き継ぎ、私の議決権を行使し、もし私が過半数の持ち分を持っていたら、会社を売ることだってできただろう。

でも私の会社はＬＬＣだったため、そうしたことが起こるはずはなかった。もし相手の運転手が提訴したとしても、私の株式や議決権を手にすることはなかった。私の会社を解体することもできなかった。できることといえば、ＬＬＣの分配のうち私の分に対して負担命令を下すくらいだ。ＬＬＣからの収入に対して負担命令が出されるということは、賃金の差押えに似ている。確かに、相手は私の会社から生じるキャッシュフローを手にしていたかもしれない。だが、私の会社はＬＬＣであって、その代表者である私は、だれかに私のキャッシュフローをごっそり持っていかれるとわかっていながら、自分にキャッシュフローを分配するだろうか？　もちろん、そんなことはするわけがない。

私は自分に収入を分配するようなことは、決してしなかっただろう。私のパートナーは自分の収入を通常通り得るが、単に私に分配しないということだ。したがって原告とその弁護士は、何も得るものがなかった

資産保護に用いる法人の種類			
	適していない	適している	最も適している
信託	☐	☐	☑
信託はさまざまな資産保護戦略に使える			
ゼネラル パートナーシップ	☑	☐	☐
ゼネラルパートナーシップでは原告から守ることができない			
リミテッド パートナーシップ	☐	☑	☐
リミテッドパートナーシップはさまざまな資産保護戦略に使える			
コーポレーション	☐	☑	☐
コーポレーションはビジネスが訴えられた場合の保護に適している			
LLC	☐	☐	☑
LLCはビジネスや投資などの資産を保護するのに、最も適した方法			

はずだ。負担命令の規定は州によって異なる。ワイオミング州やネバダ州などの州は負担命令に関する規定が厳しく、他の州では最近の判例を受けて、規定も緩くなった。負担命令について詳しく知りたい方は、ギャレット・サットン著『Start Your Own Corporation』を読んでほしい。

原告側の弁護士はＬＬＣのこうした特徴を知っている。だからＬＬＣで資産を管理している人に対しては提訴しない傾向が強い。弁護士は報酬を得たいのだ。あなたの弁護士や税務アドバイザーと、ＬＬＣを通してビジネスを所有することについて話し合ってほしい。その際、前章で話した、ＬＬＣにした場合の大きな税の優遇についても忘れないでほしい。

資産保護に関して、他の方法についても延々と説明することはできるが、ここではしない。あなたには基本を知っておいてほしい。そうすれば、弁護士や税務アドバイザーと話す時に、いくらかでも専門的な話ができる。細かいところまでを知る必要はないが、基本はぜひ押さえておいてほしい。そうすれば、どうやって自分の資産を保護できるかについての理解が深まる。そして税金戦略を立てる時、こうした基本を知っていれば、同時に資産保護戦略も立てられるようになる（表㊱）。

■第16章のキーポイント

1. 資産保護の対策と税金対策は同時に練るのがベスト。
2. 節税で政府から資産を守るだけでなく、お金目当てで裁判を起こしてくる人たちからも守ろう。
3. 資産を守る確かな方法の一つは適切な法人形態を選ぶこと。ＬＬＣが恐らくベスト。
4. 資産保護対策を練る時は、弁護士と税理士に相談する。

●税金戦略16：税金対策を立てる時に資産保護対策も一緒に立てる

私の友人でもあり金持ち父さんのアドバイザーでもあるギャレット・サットンは、「ＣＰＡ（公認会計士）は「資産を保護できない（Cannot Protect Assets）」の頭文字だ」と言うのが好きだ。残念ながら、これは私の多くの同業者に当てはまる。彼らはどの法人を設立すべきかについて顧客にアドバイスする時、資産保護の観点など考慮しない。

つい先日、リッチダッド・エデュケーションの税金と資産保護コースを受講した人が私のところに来た。フロリダ州でＬＬＣを設立したらいいと会計士にアドバイスされたらしい。残念ながら、最近のフロリダでの判例で、ＬＬＣを一名で設立した場合の保護が弱められてしまった。この受講者はギャレットの著書を読んでおり、ネバダ州やワイオミング州など、資産保護の強い州でＬＬＣを設立すべきかどうか迷っていた。しかし自分の会計士に、そんなことをしてはお金の無駄だし、フロリダ州で設立すべきだと強く言われたと言うのだ。

このアドバイスには二つの問題があり、その二つは関連し合っている。まず、この会計士は自分の顧客の状況を理解していない。この人の場合、ネバダ州またはワイオミング州でＬＣＣを設立し、フロリダ州でビジネスをする登録をすれば、フロリダ州で直接設立するよりも大きな資産保護を受けられる。二つ目の問題は、自分の顧客に弁護士に相談するように勧めなかったことだ。そうせずに、自分には答える資格が十分にないにも関わらず、自分で勝手に考えて答えてしまった。

プロヴィジョンでは、法人形態について　顧客には必ず資産保護専門の弁護士に相談するように勧めている。実際、私たちの方で税金の観点から見て、法人組織がどのように機能するのがベストかを示した図を描き、それを顧客の許可のもと、顧客の弁護士に送って見てもらっている。弁護士が法人組織について確認したら、弁護士側で変更を加えたい箇所はないかを話し合うために、電話会議を設定する。そうすれば、最高の資産保護と私たちの勧める税の優遇が両立できる。

もちろん、税務アドバイザーに相談せず、弁護士と相談しただけで会社を設立してしまうという過ちを犯した人たちの相談に乗ることもある。そういう時は、法人形態を変えるように勧めるが、この変更には費用がかかる。資産保護専門の弁護士が税法に精通していることは、まずない。彼らの専門は資産保護であって、税金ではないのだ。

必ず、弁護士と公認会計士の両方に相談して、法人形態を決めよう。一番いいやり方は、まず優秀な税務アドバイザーに相談することだ。最も大きく税の優遇を受けられる法人形態が決まったら、そこで資産保護専門の弁護士に相談するといい。この順番で計画を立てれば、一番効率もよく効果的だ。

第17章　豊かな引退生活

「引退。出世競争から脱出できるのは素晴らしい。だが、これまでより少ない量のチーズで何とかやっていくことを学ばなくてはならない」
——ジーン・ペレット

私の父は生涯現役だった。「引退する時は死ぬ時だ」と常々言っていた。父は体力の続く限り、事業を営んでいた。そして八八歳になって、これ以上続けられなくなった時、私の姉に譲った。私も父と同じ考えだ。こんなに仕事が好きなのに、なぜ引退しなくてはならない？　私の仕事は、資産形成や節税の仕方についての新しい方法を生み出し、多くの人たちにその方法を教えることだ。これ以上、楽しい仕事はほかにない。私にとって引退して大好きな仕事ができなくなるのは、ある意味死ぬようなものだ。

多くの人は引退をこのように捉えていないだろう。たいていの人は一刻も早く引退したいと思わせるような状況にあるのではないだろうか。その気持ちはわかる。私もつい数年前まで長時間勤務を余儀なくされ（アンも私も年間三五〇〇時間以上働いていた時もある）、完全に燃え尽きていた。私たちは、このままではいけない、何か違うことをしよう、そうでなければ仕事を完全にやめようと決心した。

幸運にも、私たちはビジネスのやり方を改めることに成功した。二人がそれぞれ好きな部分のみをやるようにした。アンはシステムを構築し、処理し、ビジネスに導入することが好きだ。私は資産形成の方法を新たに考え、それを顧客やスタッフに教えることが好きだ。加えて、私たちのビジネスには「私たち自身がやらなければだめ」という業務はないという強みがあった。実際、私たちは受動的投資《パッシブ》をしているので、場所や時間などを選びながらできる。それにいつ引退しても構わないのだ。

●引退の難しさ

引退を待ち望んでいる人たちに、悪い知らせがある。引退すると、困難が待ち受けている。もしかすると一生引退できない可能性もある。少なくとも、今働いている以上の収入を得ることはない。とくにあなたがもし、私の親世代と同じような形の引退、つまり、会社の年金制度や収益分配制度、あるいはRRSP（カナダの年金貯蓄）や401（k）などに依存した引退を考えているなら、そうなる可能性が大きい。これらの政府が定めた年金制度は一時的な税の優遇を与えてくれるが、それが理由でほとんどの人がお金のために働くのを止められない。

国の年金制度の基本はこうだ。あなたあるいは雇用者は（政府の指示に応じて）、毎年あなたがどれだけのお金を拠出するかを決める。通常、年金口座に拠出した分の所得は課税されないので、所得から拠出した分が課税控除されるのと同じ効果がある。実際、アメリカの標準的なIRAやカナダのRRSPなどはそうなっている。

そして、そのお金は、政府の認めた資産に投資される。ほとんどの国の場合、投資信託か利息の生じる年金口座（保証付契約などと呼ばれる）のどちらかを本人が選択するようになっている。もしあなたが自己管理型の、自分で投資先を決められる年金口座を持っていたとしたら、投資の選択肢はもっと増え、投資先に関してもっと大きなコントロールの力を持つことができる。

あなたのお金は引退を迎える時まで年金口座に据え置かれる。引退した時点でお金を一部あるいは全額引き出すことができるが、引き出す際には通常の所得税率と同じ税率が課税される。つまり、この方式の「効能」は拠出した分の所得とそれに関連する収入への課税を引退する時まで先送りすることにある。この種の制度を支持する理由として、実際に引退するまで、退職投資で発生した利益に対する税金の負担なしに引退後の備えが可能になるという点をあげる人たちがいる。引退すると、支出も減るだろうから、収入もそれほど必要としなくなり、税率区分が下がる、という前提があるからだ。

政府の年金制度があなたの税金を繰り延べるという基本ルールには、いくつか重要な例外がある。たとえばアメリカでは、ロスＩＲＡまたはロス４０１（ｋ）を選ぶと、拠出したお金は課税控除されないが、口座からお金を引き出す時には課税されることはない。オーストラリアの年金制度、スーパーアニュエーションでは、あなたや雇用主が支払う掛け金に対し、あなたは課税されない。口座から収益に対する税金が支払われ、あなたが引き出す際には税金を支払う必要はない。

アメリカだけでなく、世界のほとんどの国では、この種の口座に対する掛け金を最大化させることに焦点を置いている。考え方としては、今多くを預け入れておけば、それだけ現在の課税分が少なくなり、稼げば稼ぐほど税が繰り延べられる、ということになる。あなたも多くの人と同様、現役中にできるだけ４０１（ｋ）またはＲＲＳＰに貯めておくようにと言われ続けてきたかもしれない。もしかすると、あなたの雇用者はこうした制度に上乗せして掛け金を払ってくれているかもしれない。いわゆる、「マッチング拠出」と言われるものだ。

●年金制度の嘘

なかなかいい話ではないか。税金は後で払い、今は課税控除を受ける。あなたも私に年金口座の額を増やす術を教えてほしいと思っているかもしれない。

しかし、残念だがそうはいかない。本書を含め、私が書いた本や記事には、そうしたことは一切書かれていない。私は、政府が作り上げ、政府が承認した年金制度への掛け金を増やすような方法を教えようとは思わない。そんなことをしたら、良心が痛むからだ。

その代わり、こうした制度のどこがいけないのか、なぜ利用してはだめなのかを、洗いざらい教えるつもりだ。そしてあとの章で、国の年金制度の代わりに、四つの異なる種類の資産（ビジネス、不動産、株式、コモディティ）に対して積極的な投資を行うことで税金を恒久的に減らせる方法をお伝えする。

まず政府の年金制度の前提に潜む嘘を見てみよう。政府は、あなたが引退すると、現役中よりも税率区分が下がるという前提に立っている。これが本当となるのは、あなたが貧しい引退生活を望んでいる時だけだ。もし現役中と同じだけの収入を確保して引退しようとするなら、今よりも税率区分が上がってしまう。

●引退イコール税率区分の引き上げ

その理由は、現役中であればさまざまな税の優遇を受けられるからだ。まず子供の扶養控除を見てみよう。あなたが引退する頃には、(ラッキーであれば)子供たちはすでに独立しているはずだ。だから扶養控除はない。働いている今は、家のローンの利子を払っているだろうが、引退する頃には願わくば完済しているはずで、その控除もなくなる。現役の間は、ビジネスや雇用関連の控除を受けているはずだが、それも引退すれば当然なくなる。

中には、そうした控除がなくなるからこそ、引退後に現役時代のような収入は必要ないと言う人もいる。養う子供も、家のローンも、ビジネスの経費も引退すればなくなるわけだから。それはそうかもしれない。もし、引退して家の中にとじこもり、テレビを見るだけの生活をしたいのならば。でも、あなたも多くの人たち同様、人生の楽しみをこれから味わおうとこれまで頑張って働いてきたのではないだろうか。

その楽しみとは、単にもっとゴルフや旅行をしたいといったことかもしれない。あるいは、あなたはずっと、山か海の近くに家を持ちたいと思っていたかもしれない。こうした出費は、現役中には生じなかったものだ。加えて、多くの人にはかわいくて仕方がない孫がいるだろう。また、このご時世ではギリギリの生活をしている子供たちへの金銭援助も必要となるかもしれない。ということは、生活の質を下げずに暮らしたいならば、少なくとも現役中と同じくらいの収入は必要になるということだ。それなのに、現役中に受けられた税控除はなくなってしまう。

これには税率区分に及ぼすインフレの影響も考慮されていない。今、夫婦で一〇万ドルの稼ぎがあり、税

㊲インフレによって実効税率が上がる

インフレ率を15%と仮定した場合、 10万ドルの収入に対する実効税率はどのくらい上昇するか		
年	課税対象所得	実効税率
1年目	100,000ドル	18%
2年目	115,000ドル	20%
3年目	132,250ドル	20%
4年目	152,088ドル	22%
5年目	174,901ドル	23%
6年目	201,136ドル	23%
7年目	231,305ドル	25%
8年目	266,002ドル	25%
9年目	305,902ドル	27%
10年目	351,788ドル	29%

率区分は低い方かもしれない。それが引退後に今と同じ生活をしようとすると、二〇万ドルが必要となる。税率区分は実質インフレのペースに追いつくことはまずないから、インフレのせいで税率区分が大幅に上がってしまうかもしれない（表㊲）。

国の年金制度に加入すると納税額が増えてしまう理由は、これだけではない。ＲＲＳＰや４０１（ｋ）などの年金プランで許容されている投資について考えてみてほしい。通常、株式市場に投資するが、その場合、得られる収入はキャピタルゲインと配当だ。

ほとんどの国では、キャピタルゲインにかけられる税率は通常の所得税率より低い。たとえばニュージーランドでは、全額税控除される。また、配当収入も同様に多くの国で税率が低い。アメリカでは、配当金は低いキャピタルゲイン税率で課税されている。ところが、国の年金制度を通じて株式投資すると、こうした低い税率が適用されない。

４０１（ｋ）など国の年金制度を通じて株式投資すると、得られた所得はすべて通常の税率で課税されるようになっている。したがって、同じ収入なのにキャピタルゲインのような優遇税率ではなく、年金口座から引き出す時と同じ通常の所得税率で課税されてしまう。これだけでも、あなたの投資収益への税率が倍以上に上がってしまうのだ。

●追徴課税と自分主導の年金制度

あなたの住む国では、こうした投資にいくらかの柔軟性が与えられているとしよう。たとえば、アメリカでは自分で決められるタイプのＩＲＡがそうだし、オーストラリアでは自己管理型Ｓｕｐｅｒがこれにあたる。そこであなたは、退職後のための蓄えを賃貸物件に投資しようとする。だがこれは大きな誤りとなり得る。第7章を思い出してほしい。不動産は減価償却があるからこそ大いに節税できる。ルール15はこうだ。

ルール15：政府の年金制度の中で、節税対策投資をやると損になる。

ＩＲＡやＳｕｐｅｒを通して不動産投資をするのは、まさにこのルールに書かれていることではないだろうか。あなたは、本当なら不動産からの収入に対する税を減らすだけでなく、それ以外の税金を減らすのにも使えるかもしれない投資を、余分に税金を払わなくてはいけない投資に取り替えることになるのだから。

小学校で習ったように、マイナス一にマイナス一をかけるとプラスの一になることを思い出そう（−1×−1＝1）。ある節税対策の中に別の節税対策を組み入れると、まさにこうしたことが起こる。節税に別の節税を掛け合わせると、税の負債が生じてしまうのだ。詳しく見てみよう。

あなたが毎年一万ドルのキャッシュフローを生み出す賃貸不動産を所有していたとする。この不動産の減価償却は一万五〇〇〇ドルなので、五〇〇〇ドルの損失を申告することになる（キャッシュフロー一万ドルから減価償却一万五〇〇〇ドルを引くと五〇〇〇ドルの損失）。四〇パーセントの税率区分だと、この五〇〇〇ドルの損失は二〇〇〇ドルの節税に相当する（表㊳）。

もしＩＲＡなど国の規定する年金制度で同じような投資をしようとすると、この二〇〇〇ドルの節税額はもらうことができない。というのも、減価償却の控除がＩＲＡの外には出せないからだ。オーストラリアのＳｕｐｅｒまたはロスＩＲＡであっても同様だ。自己管理型のＳｕｐｅｒやロスＩＲＡは特定の投資には非常にいい。ただ、年金制度の枠外で行われる不動産投資のような大きな節税対策には向いていないということだ。

■税金対策のヒント

ロスＩＲＡは特定の投資には非常に適している。まず自分の資産形成戦略を立て、その中でロスＩＲＡが適しているかを見極めよう。

㊳年金制度の外で不動産投資をすれば、減価償却のおかげで節税できる

IRA枠外で受けられる税の優遇	
賃貸不動産で得られる年間のプラスのキャッシュフロー	10,000ドル
－不動産の減価償却	15,000ドル
＝損失	5,000ドル
40パーセントの税率区分で5,000ドルの損失＝2,000ドルの節税！	

さらに、多くの国では定められた年齢に達する前に年金口座からお金を引き出すと、引き出すときに課税される税金に加えて、かなりの罰金を支払わなくてはならない。

現実には、もし退職後も現在と同じだけのお金を得ようとすると、今よりも税率区分が高くなるだろう。なぜか？　それは子供の扶養や家のローンなどを通じて得ていた各種控除がなくなるからだ。それにだれだっていつかは引退したいわけだから、ビジネス関連の控除もなくなる。

●レバレッジの威力

友人でもあり金持ち父さんのアドバイザー（株式とペーパーアセット担当）でもあるアンディ・タナーの著書『401(k)aos』（４０１（ｋ）というカオス）には、国の年金制度を使って投資すべきでない理由が書かれている。ただし、それには例外がある。レバレッジだ。

巨万の富を築くか、引退後にどうにか帳尻を合わせながら暮らしていくか、この二つの違いは、レバレッジを使うかどうかにかかっている。不動産投資が素晴らしい投資になるのは、不動産投資ローンという形をとったレバレッジのおかげだ。借入れをしない不動産投資は、大したお金を生み出さない。リターンは株を買って値上が

りを待つ方法と変わらない程度だ。このあと、第24章でレバレッジを使って巨額の富を築く方法をお話しする。

ビジネスでもそれは同じだ。レバレッジを効かせると、ビジネスはすばらしい投資に変化する。借金をして設備投資をすることも、ビジネスを取得することもできる。もちろん、ビジネスにおける最良のレバレッジとは、従業員を雇ってあなたの時間を倍増させることだ。不動産と同様、レバレッジがなければビジネスも大した投資にはならない。自営業の人に聞いてみてほしい。一人ですべてをこなしている人たちは、単に自分のビジネスのオーナーというだけで、労働に費やした時間以上のリターンはあまり望めない。

401（k）、IRA、RRSP、Superですら、投資にレバレッジをかけるのは難しい。銀行は年金口座にお金を貸し付けることを好まない。会社や個人に貸し付けるほうが好まれる。年金口座は信託なので、銀行ローンに対しては多くの制限が課されている。アメリカでは、年金口座の保有者本人はIRAの中でのローンの保証人になれない。一方、銀行はローンの支払いに不動産だけを当てにしたくないから個人保証の方を好む。だから、もしIRAの枠内でいい不動産物件を購入しようとしたら、銀行では大したローンが組めないことがわかるだろう。

> **■ここに注意！　年金制度内でのレバレッジは課税額が大きくなる**
>
> 1．アメリカなどの国では、年金制度内で借入資金を使って行った投資からの収益に対しては課税される。
>
> 2．国の年金口座の中で借金をして資産を購入する場合は、必ず税務アドバイザーに相談しよう。

●政府の課す制限

アメリカで適格退職年金制度と呼ばれるような国の年金制度の最悪な点は、自分でコントロールする力を大きく失うことだ。「適格」という言葉は、政府から税の優遇を受けられる「適格な年金プラン」であるために、特定の条件を満たさなくてはならないことを意味する。まず投資に関する制限を見てみると、特定の種類の投資しか認められない。IRAでは、絵画や楽器、金貨や銀貨などの収集品をコレクションすることができない。401(k)では、投資対象が厳しく制限されている。

レバレッジの制限については既に触れたが、それは銀行から受ける制限の話だけだった。政府から受ける制限はどうだろうか? 適格退職年金制度の主な利点は、通常、運用益に対して課税されないという点だ。年金口座からお金を引き出すまで、自分の利益に対して税金を払う必要はない。ところが、アメリカでは、年金制度の中で投資へのレバレッジをかけようとすると、制度内で得た収入に対しては収入を得た時点で課税されてしまう。税の繰り延べというメリットを失ってしまうわけだ。たとえ株の売買でレバレッジをかけられたとしても、年金制度内では、そのせいで収益に対して課税されることになる。

さらに、口座への預け入れ額の上限と引き出しの時期についても制限がある。カナダやオーストラリアでは、こうした条件はかなり緩く、口座へも相当の額を預け入れられるし、引き出しの時期もかなり融通がきく。これがアメリカだとそうはいかない。

アメリカでは、401(k)に入れたお金はその会社を退職するまで引き出せない。401(k)の口座残高の半額は前借できるという例外もあるが、それですら一度に一回の借入れしか認められていない。しかも、ほとんどの雇用主は数年に一度しか貸付けを認めていない。

口座内のお金を全面的に利用できるようになる時期についても制限がある。ほとんどの国では、高額な罰金なしで口座から引き出せる時期について制限があることは、前にお話しした通りだ。

こうしたコントロールが、というよりコントロールが「できないこと」が、適格退職年金制度の最大の欠点だ。オーストラリアの自己管理型Superはなかなかいい制度だが、そのオーストラリアですら、Superの管理方法を記した文書は優に三〇〇〇ページを超える。しかもSuperは毎年、会計士による監

㊴国の年金制度を利用すると、税率とリスクが上がり、リターンとコントロール力が下がる

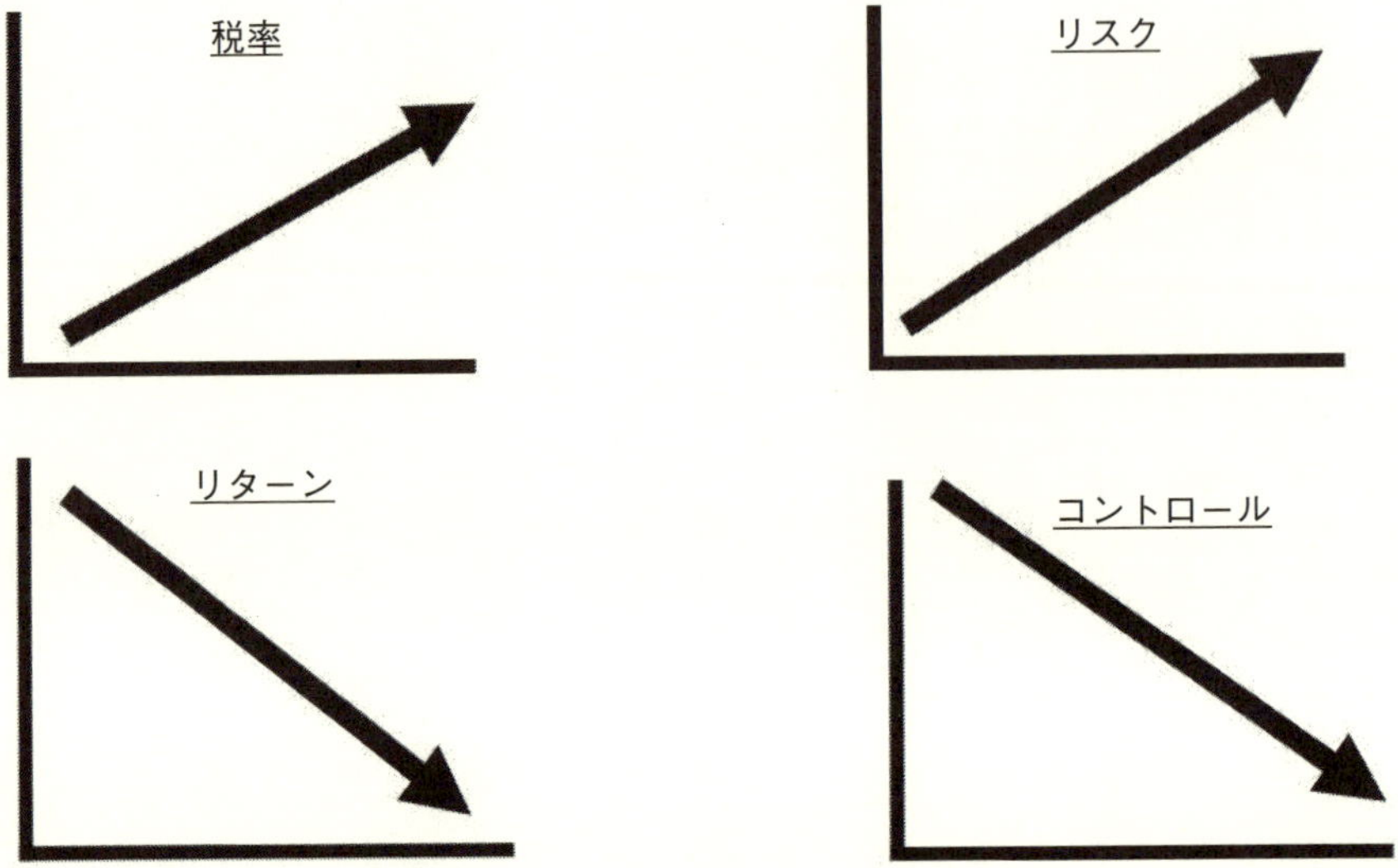

査を受けなくてはならない。私たち会計士にとっては仕事が増え、制度への理解も増すのでいい話ではあるが、監査費用を払うほうにとっては大変な出費になるだろう。

このように、国の適格退職年金制度を利用するといくつか難問を抱えることになる。まず、税率が上がる。次に、他人の手に自分のお金を委ねるため、リスクが上がる。第三に、レバレッジの利用が限られるため、全体としてリターンが減る。第四に、自分のお金に対してできることが限られ、使うタイミングにも制限があるため、コントロール力を失う（図㊴）。

この章では、私は引退準備に向けてしてはいけないことをお話ししてきた。次の章からは、政府からの大きな制限を受けずに、どうやって自分のお金をコントロールできるかについて説明しよう。どうすれば、ビジネス、不動産、株式や債券、金や銀などのコモディティを使って引退後の生活に備え、またそれぞれの資産の種類に応じて生じる税の優遇のメリットを受けられるのか。そのことについてお話ししよう。

■第17章のキーポイント

1．従来の政府年金プランは、一時的な節税にしかならない。
2．年金制度の中でさらに節税対策をすると、税金面ではかえって損をする。
3．政府の年金制度の中で投資をすると、自分のお金に対するコントロールの力を失う。

●税金戦略17：ロスIRAを利用できる資産形成戦略もある

私は恒久的に節税を可能にする税金対策しか好まない。この点が、私にとって多くの国の年金プランがやっかいである理由だ。だいたい、国の年金プランはどんなものでも恒久的な節税という観点で見ると最悪だが、中には節税が可能なプランもある。アメリカだと、ロスＩＲＡまたはロス４０１（ｋ）と呼ばれるものだ。

ロス４０１（ｋ）には投資の選択肢やその分配などにかなり多くの制限が課されているので、手放しで褒めているわけではないが、ロスＩＲＡは税金戦略を立てる上でかなり役立つ面もある。あくまでも、ロスＩＲＡで可能な投資の種類があなたの資産形成戦略に含まれるものと同じ場合には、という条件付きだが。

たいていの人は、何の戦略もなく投資する。プロヴィジョンでは、いつも資産形成戦略を通して税金対策から始めるように勧めている。その第一歩は、どの種類の資産を使って資産を形成するかを決めることだ。

資産は一種類に絞ることをお勧めする。ビジネス、不動産、紙の資産《ペーパーアセット》、コモディティのうち、まずは自分が投資する資産クラス（資産の種類）を選ぶといい。資産クラスを選んだら、その資産クラスでどのような種類の投資をしたいのかを決める。たとえば、紙の資産を選んだのなら、どの紙の資産を使って資産を形成するのかを決める。株なのか、ストックオプションなのか、先物取引なのか、あるいはハードマネー・ローン（短期貸付）なのか。

いったん決めたら、その資産を使ってどのように最善の税の優遇が受けられるのかを見極める。この章で前に話したように、資産として二世帯住宅を選んだのであれば、自分の資産を保有するのに国の適格退職年金口座を利用してはいけない。節税対策の中に別の節税対策を入れ込むことになるからだ。

国の適格退職年金制度の中にも、とくにロスＩＲＡなど恒久的な節税が可能なものもある。そういった資産には共通した点がある。第一に、レバレッジとして借入れを利用しない。第二に、適格退職年金制度の枠外で投資をした際の税率がかなり高い。第三に、これらの資産は収益を生み出すが、あなたは五九歳半になるまでそのお金を必要としないし、手にしたいと思っていない。最後に、これらの資産を管理するのに必要なことは、資産の売買を指示するだけという点だ。次の四つがその例だ。

■政府の年金プラン内で機能する資産

1. タックス・リーエン（租税先取特権）
2. ハードマネー・ローン（短期貸付）
3. 株式取引
4. 金塊・銀塊

これらはすべて、ロスＩＲＡ内で行う意味のある資産に共通する四つの要件に合致することは、おわかりだろうか（第20章末尾の税金戦略20で、ロスＩＲＡを使ってストックオプションを利用する方法について詳細を説明する）。いずれにしろ、税金戦略を立てる前に資産形成戦略を立てることを忘れないでほしい。資産形成戦略の詳細については、taxfreewealthbook.com をご覧いただきたい。

第18章　ビジネスは最良の節税手段

「ビジネス。この定義は簡単だ。すなわち、他人のお金ということだ」
　　　　　　　　　　　　　　　　　　——ピーター・ドラッカー

プロヴィジョンでは、資産戦略を練るのに顧客との時間を一番多く費やす。最初にやるのは、どの資産クラスが顧客にとって最優先となるかを見極めることだ。同時に複数の資産クラスに投資しても、金持ちになることはない。むしろ、優先すべきはどの資産クラスなのか、つまり、ビジネスなのか、不動産なのか、紙の資産なのか、コモディティなのかを見極めることが重要となる。その手助けをするのがプロヴィジョンの仕事だ。

最初にKolbe™パーソナルアセスメント（持って生まれた才能や学習スタイルを判定するもの。『改訂版　金持ち父さんの子供はみんな天才』の第3部参照）を使って、顧客が本能的に求めているものを知る。自分が本能的に求めているものを知れば、自分にとって最も生産性の高い活動に集中できるからだ。

次にいくつか質問をして、顧客がどのような投資を好むのかを探る。たとえば、人と働くことが好きかどうかなどだ。もし人と一緒に働くことが苦手であれば、株式などの紙の資産に集中する方が合っているかもしれない。一方、他人との関わりが好きな人には、ビジネスが向いている。

私自身は他人と働くのが好きだ。実際、だれとも話さないで何時間も過ごすと孤独を感じる。それに比べて私のパートナー、アンはだれとも話さず黙々と仕事をすることができ、それで幸せを感じるタイプだ。だが皮肉なことに、私と彼女を比べたら、アンの方が社交上はずっとうまくやっているかもしれない。そう言えば、年に一度の会社のパーティーも彼女の自宅で行う。その一方で、アンは一つのプロジェクトを成し遂げたいという意欲が強いので、その準備に何時間も費やしながら、同時に株式やオプションのトレーディングも行うということも難なくできる。私だったらできない。

私は人とできるだけ関わっていたいので、関心は必然的にビジネスに向かう。自分の投資活動について尋ねられた時には、私は自分を複数のビジネスのオーナーだと説明する。いくつかのビジネスを所有し、新規ビジネスや新しいビジネスの手法を常に考えるのが私の仕事だ。幸運にも、ビジネスは税金を減らす上で最良の手段でもある。とくに私が自分の会計事務所をそうしたように、自分のビジネスを受動的投資に転換できたら、なおいい。

■税金対策のヒント

自分のビジネスを受動的投資に変換しよう。そうすれば、不動産の損失とビジネスからの収入を相殺できる。

●ビジネスと節税

ビジネスに多くの税の優遇が設けられているのは、経済にとって雇用の創出こそ、何にもまして重要な役目だと政府が理解しているからだ。そしてビジネスは雇用を創出する。だからこそ、文字通り何千にも及ぶ税の優遇がビジネスやビジネスオーナーのために用意されているのだ。これは日本、ドイツ、フランス、アメリカでも同様だ。

これまでの章でビジネスをすることのメリットについて紹介してきたが、ここでよりイメージしやすくなるよう、ビジネスの生涯サイクル、すなわち起業から終わりまで、そしてそれぞれのステージで受けられる税の優遇について見てみよう。あなたはビジネスを設立したところから始まると思うかもしれない。実はそれよりも早い段階から優遇を受けることができる。起業しようと思い立った時のことから、考えてみよう。

●起業の初期費用

新しいビジネスに投資を始める時、多くの経費が必要となる。教育費のようなものや、出張に関わる出費もあるだろう。ビジネスを軌道に乗せるために、仲間に報酬を払うことも必要だろう。会計や法律の専門家を雇う経費もかかる。これらはまとめて起業の初期費用と呼ばれる。

既にビジネスを行っていることが事業控除を受ける大前提なので、実際に「営業中」の看板を掲げるまでは初期費用を控除できない。きちんと開業の手続きをし、最初のお客さんを迎える準備ができるまで、「営業中」とは言えないが、一度ビジネスをスタートしたら、数年かけて初期費用の一部を控除できる。無形固定資産の償却といわれるものだ。第7章で減価償却を取り上げた時、これも取り上げた。

初期費用の控除を待たなければならない理由は、これらのコストが将来長年にわたって収入を生み出す（はずの）資産を作り出すからだ。将来の利益を生む経費が発生した時は、即座には控除が受けられないようになっている。その代わり、その経費を資産計上する、つまり、経費としてではなく資産として扱うのだ。**初期費用は、不動産や設備と同様、時間をかけて償却される。**国によっては、特定の資産について償却期間を定めている場合もある。たとえばアメリカでは、IRSが特定の種類の資産について、毎年どれくらい償却されるかを細かく定めている。起業の初期費用であれば、年間六・七パーセントだ。他の国では、資産の寿命によって期間が決まる。定められた期間内に償却しきれない資産もあるから、廃業するまで控除がない場合もある。自分の国の税理士に初期費用がどのように規定されているか、必ず確認してほしい。

いったん起業したら、すぐに控除を始められる。起業の準備期間中の人は、起業する地域で調べてみよう。多くの国や州、都市では、政府が経済発展させたい地区に設立した法人に対して、税の優遇を設けている。企業誘致地域と言われる地区だ。そこの地区内のビルをリースまたは購入すると、税の優遇が受けられるようになっていたり、その地区で人を採用すると、雇用税の控除が受けられたりする。

■ここに注意！　起業の初期費用はできるだけ早期に控除をスタートさせる

1．起業の初期費用の控除を開業した年に始めないと、その先まったく控除できない場合もある。

2．起業の初期費用は開業した年から控除を始めよう。政府から早すぎると指摘されたら、控除を遅らせればいい。

●法人税の優遇

①ビジネス経費

当然のことながら、開業したその日から支払った経費を控除できる。第6章を覚えているだろうか。通常の事業範囲で生じる必要経費なら、ほぼどんなものでも控除される。経費がビジネス上生じた通常（合理的）なものであると証明できれば、その費用は事業所得から控除される。これはたとえば、出張費や外食費、交際費、車両関連費など、ビジネスをしていなくても使っていたであろう費用にも適用される場合がほとんどだ。個人では控除できない医療費ですら、適切なビジネス形態が整っていれば控除も可能だ。

②税率区分

ビジネスを始めると、異なる税率区分の便益を受けられる。第九章で見たように、ビジネスを複数に分けて低い税率区分にすることもできる。

③減価償却と税額控除

第7章で減価償却は魔法の道具だとお話しした。設備の減価償却控除に加えて、多くの国ではビジネスに関わる設備投資にも控除の制度がある。アメリカでは研究開発費の控除があり、それに設備投資も含まれている。他の国では、新規購入した設備はすべてビジネスオーナーの税額控除となる場合もある。これらは一般的に投資税額控除と呼ばれる。

④従業員

設備のほかに、ビジネスで必要なものが従業員だ。政府が目標とするのは雇用の増加だから、雇用を増やすことに税の優遇が設けられているのは当然ではないだろうか。実にその通りだ。

雇用控除は、企業がより多くの人を雇うように、あるいは特定のカテゴリーの人を多く雇うように政府が最も好んで使う道具だ。多くの国では長らく就業していなかった人を雇用する際に税額控除が設けられている。フランスの場合、研究開発エンジニアの雇用は大きな控除が受けられる。

従業員を増やすことに対してはさまざまな税の優遇があるが、当然、従業員に支払った給与や賃金を控除できるという点が大きい。特定の従業員にストックオプション（株式市場での価格より安値で株式を購入できる権利）を与えることもできる。通常は、従業員がその権利を取得した時点で、こうしたオプションの価格も控除できるはずだ。または、従業員だけに認められる「適格」ストックオプション（インセンティブ・ストックオプションまたはＩＳＯと呼ばれることもある）を使って従業員に特別な便益を付与することもできる。これらは従業員が通常の所得税を支払わずに受け取ることができるし、株式を一年以上保有していれば、売却する際により低い長期キャピタルゲイン税率が適用される（表㊵）。

●会計手法を決める

ビジネスを始めるにあたり、収入や支出の計上の仕方、すなわち会計報告の仕方を決めることになる。ほとんどの場合、選択肢は現金主義か発生主義のどちらかだ。現金主義は、実際に収入・支出があった時点で計上・控除をする手法だ。ほとんどのビジネスにおいて、税金面で一番有利なのはこの方法だ。というのも、通常、多くの客は時間をかけて支払いをするので、現金主義を使えば、売上に対して客から実際に支払ってもらうまで税金が発生しないからだ。

発生主義は、たとえ客の支払いが数か月後だとしても、売上が発生した時点で計上しなくてはならない。

ビジネスの税金戦略	
税額控除	
□	企業誘致地域で建物をリースまたは購入する
□	企業誘致地域で従業員を採用する
□	特定のカテゴリーの人を採用する
□	従業員数を増やす
□	設備投資
□	研究開発
控除	
□	旅費
□	外食費
□	交際費
□	車両関連費
□	医療費
□	減価償却費
□	従業員の給与や賃金
税率区分	
□	複数の法人を利用する
注意：これらのビジネス上の税金戦略を実際のあなたのビジネスの状況にどう適用できるか、必ず税務アドバイザーに確認しよう。	

同様に、何か物品を購入した際、その支払いが数か月先だろうと控除されることになる。ということは、支払いを先延ばしにした場合、発生主義は支払う税金の額をかなり減らしてくれる。したがって、ビジネスを始める時は、どちらの会計手法を取るのがいいのかを税務アドバイザーとじっくり話し合ってほしい。

また、会計年度も決める必要がある。個人であれば、確定申告に暦年を使わなくてはならないが、法人は選ぶことができる。会社であれば通常、年度末をどの月にするかを選べるので、個人としての会計年度が一二月三一日までであっても、会社の年度末は三月三一日に設定することができる。これは、所得税を支払う時期について、ある程度の柔軟性をもたらす。たとえば、三月に自分への賞与を支払うとする。会社としてはその賞与を年度内に控除できるが、あなた自身はその収入を翌年の会計年度（一二月三一日が年度末）まで申告する必要がない。

■収入と支出の計上方法

1. 現金主義……お金の受け渡しが行われた時点で、収入を計上し経費を控除する。
2. 発生主義……収入が発生した時点で収入を計上し、物品等を購入した時点で（たとえ支払いが数か月先であっても）経費を控除する。

●オフショア税金対策

今の世の中、国外に住む人が自社の製品を買ってくれることも多くあるだろう。海外の客からの収入は通常、自分の国からも、買ってくれた客が居住する国からも、非課税となる場合が多い。この種の税金対策は「オフショア」税金対策と呼ばれ、これを専門にしている人たちもいるくらいだ。

プロヴィジョンの顧客には世界を舞台にビジネスを行っている人が非常に多いので、オフショア税金対策を専門とするチームがある。ここで気を付けてほしいのは、政府はこういう手法で税収が減ってしまうのを好ましく思わない。だからオフショア対策専門の税務アドバイザーが必要となる。私にも多少の知識ならあるが、その程度では十分だとは言えない。だからこそ専門チームを雇っているのだ。

●ビジネスを売却する

自分のビジネスを売却したい時は、どうしたらいいだろう。売却するにあたり、さまざまな方法で税金を減らすことができる。

仮に、株式公開している企業が買い手となったとする。あなたは自分の会社を「売って」、買い手となるその会社の株式と交換しようと思うかもしれない。そうすれば、あとで容易に現金化できる資産を手にすることになる。また、この場合、自分のビジネスを売った時には結果的に税金はゼロになる。取得した株式をあとになって売る際も、低いキャピタルゲイン税率で税金を払えばいいのだ。

あるいは、買い手が株式公開をしていない場合、たとえば同業他社に売る場合はどうだろう。あなたの会社の株式を売却するのであれば、キャピタルゲイン税率で納税すればいい。会社の資産を売るにしても、あなたの税務アドバイザーが上手に交渉して契約をまとめられれば、利益のほとんどはキャピタルゲインになるはずだ。

そうだ。自社を売却する際には税務アドバイザーの大幅な関与が必要となる。私の元に、一体これまでにどれくらいの人が助けを求めに来ただろう? 自分のやり方でビジネスの売却を決めてしまい、そのあとで私のところに来て、税金を減らす方法はないかと尋ねるのだ。そうなってからではふつうは手遅れだ。だから、最初の段階から、買い手になりそうな相手と交渉を始める前に、税務アドバイザーに相談した方がいい。

ビジネス自体が成功しないケースもあるだろう。たとえ倒産したとしても、税の優遇は受けられる。多くの国では、倒産した年に、事業への出資全額を通常控除として処理できる場合がある。事前に正しく計画できていればだが。倒産しようと思って事業計画を立てる人はいない。けれども新規ビジネス一〇社のうち九社は倒産するのだから、万が一倒産してしまったとしても、あらかじめ十分な計画を立てて、税の優遇が最大限受けられるようにしておいた方が賢明だ。

ビジネスオーナーが受けられる税制上のメリットがあるからこそ、私はビジネスをするのが好きだ。それに、ロバート・キヨサキや金持ち父さんのアドバイザーなど、すばらしい人たちとの出会いもある。

ただ、ビジネスをしたいと思わない人もいるだろう。次の章では、投資家に対して相当な税の優遇が設けられている、もう一つの資産クラスを紹介しよう。不動産だ。まず、次の「税金戦略18」を見てほしい。ビジネスからの収入への課税額を大幅に減らせる、非常にクリエイティブなヒントだ。

■**第18章のキーポイント**

1. ビジネスは仕事を創出して経済の成長を助けるから、税金の優遇が受けられる。
2. 起業の「初期費用」は開業後、一定の期間内に控除できる。
3. ビジネスには多くの節税方法がある。

●税金戦略18：ビジネスを、自分で実際に働かなくていい「受動的投資《パッシブ》」に変える。

これまで長年にわたって、私は人々が自分のビジネスを投資に変えて、毎日出勤しなくてもいいようにする方法について話すのを聞いてきた。なぜそんなことが可能なのか、私には長い間わからなかった。とくに、公認会計事務所ではあり得ない話だと思っていた。結局のところ、公認会計士ほど労働集約型の仕事はないのだから。ところが、アンの作り出した斬新なシステムや手順のおかげで、私たちは事務所を受動的投資に変えることができた。私たちがいなくても、ビジネスが機能するようになったのだ。

ビジネスを出勤する必要のない受動的投資に変えるには、かなりの努力が必要だ。アンと私も事務所を受動的投資に変えるまでに五年かかった。でも、いいことを教えよう。たとえまだ自分なしでビジネスが機能する地点にまで到達していなくても、税金の観点から、簡単にビジネス収入を受動的所得に変えることができる。その理由とやり方を説明しよう。

●通常所得を受動的所得に変える

第8章で取り上げた通り、収入にはさまざまな種類、または「バケツ」がある。ポートフォリオ収入や投資所得は通常所得よりもいつだって望ましい。ウォーレン・バフェットの支払う税率が一七パーセントなのは、彼の収入のほとんどが投資所得だからだ。

それよりもさらに望ましいのが、受動的所得だ。受動的所得だと、不動産投資の損失で相殺できる。第7章でくわしく見た通り、不動産投資は控除額が大きいので、たとえ不動産からプラスのキャッシュフローがあったとしても所得税申告で損金として計上できる。問題は、米国だと不動産賃貸の損金は受動的損失とみられ、受動的所得としか相殺できない点だ。

だからビジネスからの通常所得を受動的所得に変換した方がいい。そのやり方はこうだ。ルール7を覚えているだろうか？　「大事なのはどれだけ所有しているかではなく、どれだけコントロールできるかだ」。このルールを使って、少なくとも通常所得の一部を受動的所得に変換するのだ。やり方は簡単だ。ビジネスの一部を、そのビジネスに従事していない家族のだれかのものにする。そうすると、ビジネスの収入の一部が受動的所得となる。そして、受動的損失の生じる不動産の一部もその同じ家族に所有させる。すると、不動産損失がビジネスの受動的所得と相殺できるようになるというわけだ。

考え方としてはシンプルだが、決して税務アドバイザーに相談せずやろうとしないでほしい。このすぐれた戦略を実際に機能させるには、税務アドバイザーがチェックしなければならない細かい決まりがたくさんある。

第19章　不動産の魔法

「不動産は有形で、確かな存在で、美しい。芸術的だとすら私は思う。だから私は不動産を愛してやまないのだ」

――ドナルド・トランプ

私が思い出せる限り、両親は常に賃貸不動産を所有していた。二棟の二世帯用住宅と、自宅からそう遠くない所に広い土地を所有していた。その土地に私の義理の兄が菜園をつくり、とても楽しんでいたことを覚えている。私の父は不動産に関わる仕事をするのが好きだった。時間を見つけては、庭の手入れをしたり家を修繕したりしていた。父にとってそれが一つの楽しみだった。

仕事が楽しみになるなんて、私自身がビジネスや投資を始めるまで理解できなかった。今ならわかる。私の仕事は父とは大分違うが、今の私なら、生産的な仕事をし、それが他人の助けになることがどれほど楽しいかを理解できる。私の仕事は教育とアドバイスで、父の仕事は印刷業と自分が所有する不動産を修繕することだった。

若い頃、私は両親が不動産から得ている税の優遇について、その全容を理解していなかった。しかし会計学の修士号を得て、不動産を所有する顧客を持ち始めると理解できるようになった。**不動産は最良の節税手段だ。だからこそ、真剣に不動産投資に取り組んでいる人は、不動産から生じるキャッシュフローや売却益に対して、一銭も税金を払っていないのだ。**

ルール16：たいていの国で、不動産投資は最良の節税方法だ。

第7章で減価償却の魔法について見てきたので、不動産から生み出されるキャッシュフローが、実体のない損失によってどのようにして課税を免れられるかはすでに理解できているだろう。さらに、賃貸不動産への投資は不動産のキャッシュフローを節税できるだけでなく、ほかの所得にかかる税も節税することができる。正しく対策を立てれば、賃貸不動産はあなたのビジネスや給与所得に大きな節税効果をもたらしてくれる。やり方については、前章の税金戦略18を参照してほしい。

■税金対策のヒント

多くの国では、自宅の売却に税金がかからないことから、自宅を数年ごとに買換えるという手もある。自宅は自分のポケットからお金が出ていくものなので負債に当たるが、売買の時期を選べば利益を生み出すこともできる。ただし、売ることだけを目的に家を買わないでほしい。あくまでも自分が住みたい家を買うべきで、売却益はボーナスとして考えよう。

●同種の不動産の買換え

不動産を通じてタックスフリーで資産を作るカギは、もちろん、不動産を購入し続けることにある。なぜか説明しよう。

第7章でコストセグリゲーションの事例を紹介したが、その時に不動産を所有した最初の数年で、より大きな減価償却の恩恵を受ける方法について学んだ。この不動産の課税基準（不動産の購入価格から、この不動産のこれまでの減価償却分をすべて差し引いたもの）は、償却されるごとに減っていく。課税基準は減価償却を計算する上でも、その不動産を売却する際の利益を計算する上でも、重要なものとなる。

いったん課税基準がゼロになると、それ以上償却はできない。また、不動産を売却する際には、売却価格から課税基準を差し引いた額が売却益として計上される。これは世界共通の会計の基本的な原則だ。

不動産からのキャッシュフローおよびビジネスからのキャッシュフローを節税するためには、非課税の買換え特例を利用して、売却益を同種の不動産の中に取り込むことによって、より多くの不動産を買い続ける必要がある。

課税基準に関してすばらしい点の一つに、そこに借入金も含まれるという点がある。したがって、タックスフリーの同種交換を利用して頭金なしで不動産を購入した場合も、課税基準と減価償却の恩恵はすべて得ることができる。銀行には何の恩恵もない。簡単な例を見てみよう。

一〇万ドルの家を購入したとする。第7章で、家の購入とは実は四種類の不動産を購入したことになる、とお話しした。土地、建物軀体、その他の構築物（塀など）、そして建物の中にあるものだ。土地以外のものは減価償却できるので、この場合、その不動産のさまざまな部分をすべて洗い出して、あなたの税理士が年間の減価償却費は八〇〇〇ドル（あくまでもわかりやすい例として）になると計算したとしよう。

毎年、あなたは確定申告をして八〇〇〇ドルの減価償却分を控除する。一方、不動産の課税基準は八〇〇〇ドルずつ下がっていく。最初の五年が過ぎて家の中身を減価償却し終えると、減価償却控除は年間四〇〇〇ドルまで下がる。

そして七年後に建物を売却しようと決めたとする。その時点までに、あなたの減価償却の控除額は四万八〇〇〇ドルとなる（八〇〇〇ドル×五年＋四〇〇〇ドル×二年）。すると課税基準は五万二〇〇〇ドルとなる（一〇万ドル－四万八〇〇〇ドル）。したがって、もし建物が一三万ドルで売れたとすると、あなたの課税所得は七万八〇〇〇ドルになる（一三万ドル－五万二〇〇〇ドル）。基本的に、あなたは減価償却控除分を払い戻すことになる（減価償却返還と呼ばれる）。それに加えて、不動産評価額の上昇分に対して税を払う（表㊶）。

ところが、多くの国では、非課税交換、つまり特例に定められた「同種の不動産の買換え」を利用して、自分が売却した不動産と同額またはそれ以上の額で新たに投資物件を購入すると、それだけで、不動産の売

㊶課税基準はどのように計算するのか

課税基準の例			
		不動産の購入額：	100,000ドル
税理士が定めた減価償却費			
1年目の減価償却	8,000ドル		
2年目の減価償却	8,000ドル		
3年目の減価償却	8,000ドル		
4年目の減価償却	8,000ドル		
5年目の減価償却	8,000ドル		
	5年間の減価償却総計	40,000ドル	
6年目以降は減価償却費が引き下げられる			
6年目の減価償却	4,000ドル		
7年目の減価償却	4,000ドル		
	6年目および7年目の減価償却総計	8,000ドル	
		減価償却の総計	48,000ドル
		不動産の課税基準	52,000ドル

却益（減価償却返還も含む）を回避することができる。これはアメリカでは「一〇三一エクスチェンジ」と呼ばれるもので、内国歳入法第一〇三一条によって定められている。これにより、評価額が高くなりすぎたから、あるいは投資戦略の見直しをするといった理由で手放したい不動産を売却し、税金を一切支払わずに済ませることができる。

同種の不動産の買い換えを利用すると、新たに購入した不動産の課税基準はその購入価格から非課税の売却益分を引いた額になる。今回の例では、不動産を一三万ドルで売却し、それと同額の不動産を新たに買ったとしよう。新しい不動産の課税基準は五万二〇〇〇ドル（購入価格の一三万ドルから非課税の売却益の七万八〇〇〇ドルを差し引いた額）。新しい不動産は古い不動産であるかのように扱われ、減価償却される。したがって、五万二〇〇〇ドルという課税基準に基づいて、定められた率で減価償却費が控除される。この時点で減価償却費を求める計算は多少複雑になるので、税務アドバイザーが毎年、あなたの不動産のそれぞれの課税基準を正確に把握しているか確認しよう。

●同種不動産の買換え特例＋減価償却＝税金ゼロ

第８章で、私の友人ガイ・ザンティがこの買換え特例を使ってどのように税金を二万ドルも減額できたかお話しした。あなたも買換え特例と減価償却を組み合わせて、不動産を売却した際のキャッシュフローまたは売却益に課される税金を払わなくていいようにできる。そのやり方を説明しよう。

不動産投資の戦略として、まず一世帯住宅への投資から始めると決めたとする。その後、数年にわたって何軒かの物件を購入し、あなたは不動産自体の評価額を上げながら、プラスのキャッシュフローを生み出す不動産を買うことに慣れてきた。そのまた数年後、キャッシュフローはもう少し増やしたいが、管理する不動産の数は減らしたいと思う。そこで所有していた家をすべて売却し、アパートを二棟購入する。これらの売買は正式に認可を受けた「適格仲介人」を通して行い、税務アドバイザーの教えてくれる通りに、買換え特例の詳細規定に従って、同種の不動産の買換え特例に該当するようにする。

その後数年間にわたり、あなたの手元にはそのアパートが生み出す余分なキャッシュフローが入る。さらに減価償却による控除の恩恵も受けられる。すでに第7章で見たように、こうした控除はキャッシュフローを完全に所得税から守る。でもいつかは、あなたはこのアパートを手放して現金化し、もっと管理の楽な資産がほしいと思うだろう。アパートの方が一戸建てよりも管理がずっと楽だし、より多くのキャッシュフローを生む。それでもやはり管理は大変だ。管理がまったく必要ない物件を探し回ったあなたは、薬局チェーンのウォルグリーンを見つける。

ほかの多くの小売店同様、ウォルグリーンも通常店舗を所有せず、その代わり土地を見つけ、そこに建物を建て、その土地と建物を投資家に売り、三〇年リースにするという手法を取っている。維持管理や必要経費の一切はウォルグリーンが持つ。投資家がすることといえば、ローンを支払うことのみだ。これは非常に好都合だ。というのも、ウォルグリーンは信用度が高いため、銀行は気前よくあなたにお金を貸してくれる。なんといっても、あなたが買おうとする不動産は、世界でも最大級のネットワークを持つ小売店チェーンの一つウォルグリーンが賃貸の保証となっているわけだから。

だからあなたは所有するアパートをすべて売却し、ウォルグリーンの不動産を購入する。そのあとは毎月、ウォルグリーンから送られてくる小切手を自分の銀行口座に入金すればいい。あるいは、ウォルグリーンから銀行口座に直接入金させることもできる。そうすれば、ローンの支払いも自動で済む。あなたは何もしなくていいのだ。ウォルグリーンの不動産が生み出す投資益で、あなたは年老いるまで、世界中を旅して回ることもできる（図㊷）。

このウォルグリーン戦略のからくりはこうだ。あなたは長年の間に、まず一世帯住宅、次にアパート、そしてウォルグリーンと、それぞれの物件に対して減価償却の控除を受けてきた。この減価償却のおかげで、キャッシュフローに対する所得税の課税を避けることができた。長年の減価償却の控除総額が四〇〇万ドル

㊷ウォルグリーン戦略のからくり

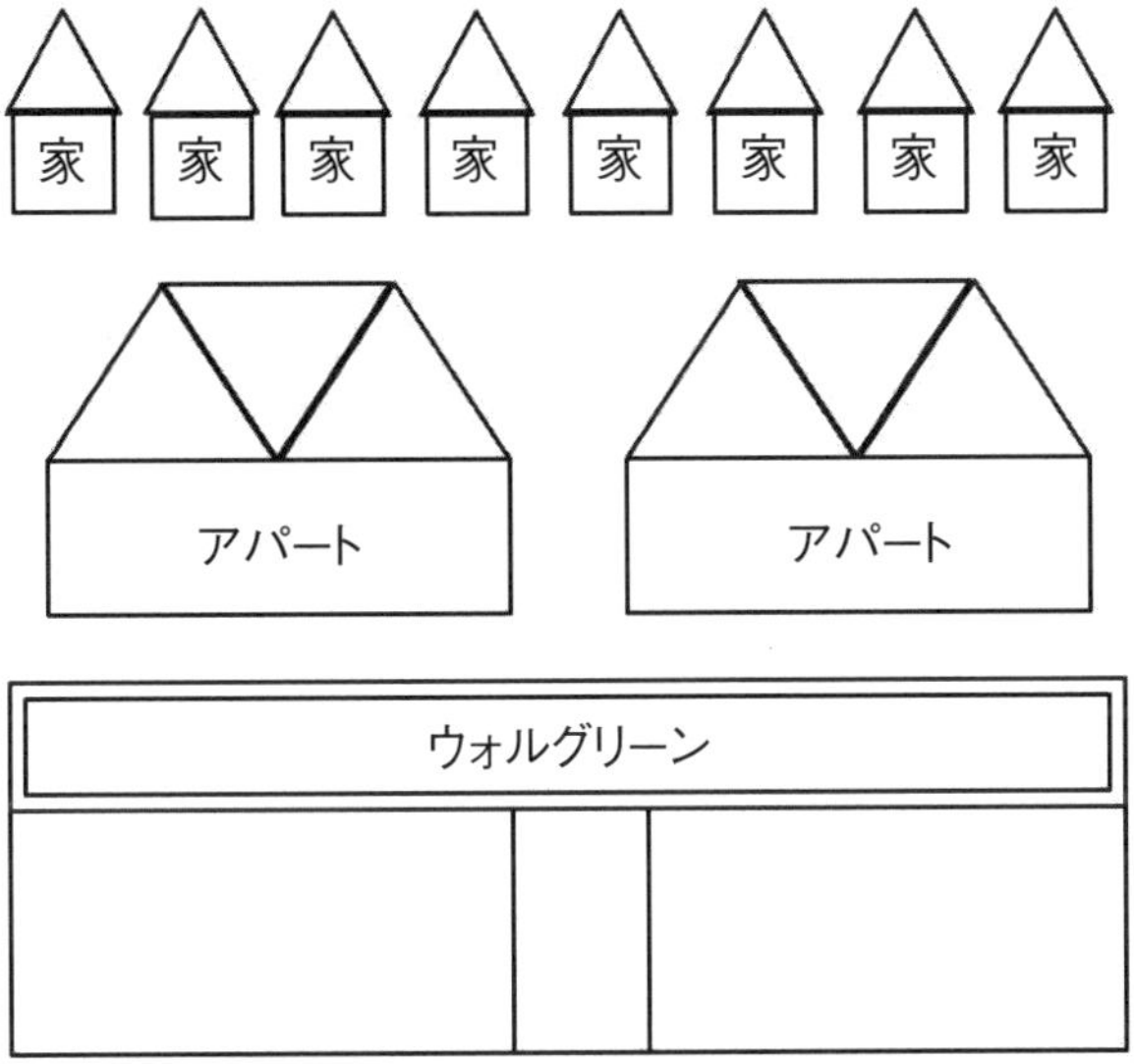

だったと仮定しよう。この減価償却分で、自分の不動産の課税基準を下げなくてはならない。課税基準が不動産の売却時に発生するキャピタルゲインの計算に使われることを覚えているだろうか。したがって、ウォルグリーンに五〇〇万ドルを支払ったとして、減価償却の総額が四〇〇万ドルだとすると、課税基準は一〇〇万ドルになる。もしあなたが死ぬ前日に、その物件を六〇〇万ドル（評価額）で売ったとすると、五〇〇万ドル（六〇〇万ドルの売却額から一〇〇万ドルの課税基準を差し引いた額）に対しキャピタルゲイン税を支払わなくてはならない。キャピタルゲイン税率が一五パーセントだとすると、税金は七五万ドルだ。

　だが、このキャピタルゲイン税を払わずに済ませることもできる。死ぬまで物件を所有し続ければいいのだ。死んでしまうと、課税基準が自動的に死去した日の不動産評価額へと引き上げられる。もし不動産評価額が六〇〇万ドルだったとすると、課税基準も六〇〇万ドルになる。あなたの子供たちはあなたが亡くなって間を置かずにウォルグリーンの物件を売り、現金を手にする。それはとてもよい税金対策だ。あなたは生きている間、減価償却の恩恵を大いに受け、子供たちはあなたが亡くなった時それに対して税金を払わなくて済む。

■ここに注意！　死ぬ前に不動産や実物資産（価値のある有形資産）を売らないこと

1．資産を売ると不必要なキャピタルゲイン税が生じる。それを避けるには、資産を死ぬまで保有することだ。

2．不動産があればそれを担保にいつでも現金を借りられる。しかも負債は非課税だ。

遺産税はどうだろう。第13章で見たように、あなたが死んだその日から遺産税が襲いかかる。しかし一定額までの遺産に関しては免税措置が受けられる。ウォルグリーンの物件は六〇〇万ドルの価値があり、一〇〇万ドルのローンが残っていたとすると、遺産の純価値は五〇〇万ドルだ。アメリカでは五〇〇万ドルの遺産には基礎控除があるため、ウォルグリーンの物件には遺産税がかからない。（たとえウォルグリーンの物件とその他の資産を合わせて総額が五〇〇万ドルを超えたとしても、遺産税を軽減あるいはゼロにできる方法はたくさんある。それは第13章で紹介した通りだ）。

もちろん、減価償却や同種の不動産の買換えだけが不動産を通して行える節税対策ではない。第9章で不動産を通じて課税控除が受けられる方法を見てきたが、低所得者向け住宅の課税控除や歴史的建造物保存のための税の優遇など、さまざまな不動産税の優遇制度がある。また多くの国では、自宅を売った際に生じる利益には税金がかからない。

不動産に関して税金面での最大の利点は、借入れ金は非課税だということだ。銀行からお金を借換えても、そのお金には税金がかからない。同種の不動産の買換えをしない理由として、不動産を売却して得た現金がいつか必要になるかもしれないからという話をよく聞くが、その場合は、不動産を現金化してキャピタルゲイン税を払って必要なお金を手に入れるのではなく、同種の不動産の買換えの後にその不動産のローンの借換えをしたらどうだろう？　借換えをすれば、ローンとして手にした現金には課税されず、しかも資産はそのまま保有できるのだから！

もし不動産を通して資産形成しようとするなら、税務アドバイザーによく相談して、所得税を大幅に減税する、あるいはゼロにするために、毎年いくら償却できるのか、同種の不動産の買換えなどの税の優遇はどれくらい受けられるのかを確かめてほしい。

次章では、株式やオプション取引など、紙の資産に対する能動的投資で受けられる税の優遇について説明する。

■第19章のキーポイント

1．不動産投資は最良の節税対策の一つである。
2．不動産投資が有利な点は、買換え特例と減価償却にある。

●税金戦略19：自宅を改装して高く売り、数年ごとにそれを繰り返す。

今では、不動産が上がり続けることはないとだれもが知っている。価値が上がった時に売ることだけを目的に家を買うことは、確実な資産形成方法とは言えない。しかし、自宅を数年ごとに売るのであれば、話は別だ。これは資産形成の一助となる。

ほとんどの人がさまざまな理由から持ち家が欲しいと思っている。持ち家があれば安心だし、自分の家を所有しているという満足感が得られるし、家族がある人には安定感をもたらしてくれるかもしれない。

ここで、あなたは夢のマイホームを買う代わりに、修繕が必要な家を買おうと決めたとする。こうした物件は非常に多い。私の友人にも、改修の必要な家を大特価で買うのが大好きだという人がいる。彼女は多くの改修を手掛けてきたため、家の価値を最大化させるために、どんな改修を行ったらいいのかがよくわかるようになった。それに税金をできるだけ払いたくないと思っている。

そのため、この夫婦は数年おきに自宅を売り、改装・改修が必要な家を新たに購入する、ということを繰り返している。平日の夜や週末はペンキ塗り、床の張替え、キッチンキャビネットの取付けなどをして過ごす。それに彼女はインテリアデザインも大好きだ。彼ら夫婦にとって、家の改修は楽しみながらできる趣味のようなものだ。また、彼女の夫のKolbe評価は「実装者（implementor）」のスコアが高かった。ということは、道具を使ったり何かを組み立てたりなど、手を使うことが大好きな人なのだ。だから自分の手で家を改修するのはうってつけだ。

こうした改修プロジェクトを通して友人夫婦は個人的に楽しむこと以外に、税金の面でも恩恵を受けられる。アメリカでは自宅を売却する際、過去五年のうち二年間そこに住んでいれば、税金を支払わなくていい。この夫婦はいつも、リフォームが完了するまでその家に住む。たとえ不動産市場が低迷している時でも、改修のおかげで家を売却する際には購入価格より高く売れる。その利益が五〇万ドルを超えなければ、全額非課税だ。そしてまた次の物件を探し、改修する。彼らが最初にこれを始めた時、目標はマイホームを借入れ金なしで所有することだった。その目標は数年前に達成した。今では新しい物件を見つけてはそれを夢のマイホームに変身させて売却しているが、そうやって得たお金には税金がかからない。

もちろんこの戦略は万人向けではない。改修の必要な家に住まなくてはならないし、実際に労力も必要だ。それでも数年ごとに引っ越しするのが苦にならないなら、非課税でお金を得られるなんて、こんなにいい戦略はない。

第20章　株式投資も税金を下げることがある

「市場の変動性を、敵ではなく味方だと捉えてみよう。すなわち、バカ騒ぎに参加するのではなく、そこから利益を得るのだ」
——ウォーレン・バフェット

私の初めての株式投資は散々だった。長年、ハーバード・ビジネススクールで教鞭を取っていた兄スティーブが二つの会社を勧めてくれた。一つ目は当時まだだれも耳にしたことのないバークシャー・ハサウェイという会社だった。代表者はウォーレン・バフェット。まったく知らない会社だったが、兄の話では、このウォーレン・バフェットという人物は非常に頭の切れる人のようだった。そこで、私はこの会社の株を買った。

兄のもう一つのお勧めは、ファストタックスという会社で、私も馴染みのある企業だった。納税申告をコンピュータ処理するサービスをしていた。二五年も前のことだが、私たちは職場でファストタックスを使っており、非常にいい仕組みだと思っていた。当然、安全な投資になるだろうと思っていた。

数年後、私は現金が必要となり、持っていた株式のうち一つを売った。私の決断は明確だった。自分の知っている会社、すなわちファストタックスの株を手元に残し、知らない方、バークシャー・ハサウェイの株を売ったのだ。あなたはこの決断を笑うだろう。もしバークシャー・ハサウェイの株を残しておけば、何百万ドルもの価値になっていただろうから。ほとんどの投資の失敗は知識が欠けていることが原因となる。私の場合もそうだった。

株式市場で財を成す人たちは、株式市場を熟知している。彼らは市場が上下しようと、横ばいだろうと、どうしたら利益を出せるか知っている。彼らは、当時の私のような戦略、すなわち株を買い、保有し、株価の上昇を祈るような戦略には見向きもしない。そうではなく、オプションや先物、その他のヘッジを利用してリスクを減らし、報酬を増やす術を心得ているのだ。

ところが、こうした人たちでも税金の話となると、株式に関する膨大な知識量に比べ、理解が乏しくなるようだ。とくに、正しい知識さえあれば株取引で大きく節税できるのに、知識がなかったり、間違った知識を持っていたりすると、高額な税金を払うことになりかねないという点について知らない場合が多い。能動的《アクティブ》投資家が大きく節税できる例と、注意しなければいけない落とし穴を見てみよう。

●投資信託の落とし穴

投資信託は最も一般的な株式投資の形態だ。問題は、投資信託にはあまり知られていない税金の落とし穴があるという点だ。投資信託をパートナーシップのように、出資者に課税される「パススルー法人」だと思ってみよう。投資信託で生じた収入は投資信託へ課税されるのではなく、投資家に課税される。もし全員が同じ時期に投資信託を始めたのなら、それでもいいだろう。だれもが投資信託が株売買で得た利益や損失を申告すればよく、自分たちの投資の増加や減少をその同じ利益と損失でもって計ることができる。

ところが、実際はそういうわけにはいかない。投資信託に投資する場合、恐らくあなたは市場に何年も存在しているファンドを買うことになるだろう。長年にわたって投資家たちが出たり入ったりするのを横目に、そのファンドはさまざまな銘柄の株式を購入してきたはずだ。難しいのは、そのファンドが特定の株式を売ろうとした時だ。あなたが今年の初めに投資信託Aに投資すると決めたとしよう。この投資信託Aは一五年前に株式Bを一株あたり一〇ドルで購入している。あなたが年初にファンドに参加した際、株式Bの市場価格は一株あたり五〇ドルだったが、その翌日、ファンドマネージャーが株式Bを売却すると決めたとする。するとファンド側には、一株あたり四〇ドルの売却益が発生する。

ところで、この四〇ドルの売却益に対する税金はだれが払うのだろうか？　それはあなただ。たとえ前日にファンドを購入したばかりだとしても、あなたが払うことになる。あなただけでなく、投資信託Aが株式を売却し、利益を得た日にこの投資信託の株式を保有していた投資家全員が課税対象となる。フェアでないと思わないだろうか？　問題はこれだけではない。

投資信託Aを一月に一口あたり一〇〇ドルで買ったとしよう。その年の終わりには市場が下落し、投資信託Aの価格が八〇ドルに下がったとする。それでもあなたは投資信託Aが株式Bを売却して得た利益、つまり一株あたり四〇ドルに対する税金を支払わなくてはならない。

ルール17：投資信託では、損をしたのに税金を払わなければいけない場合がある。

●能動的な株式投資の税の優遇について

それでは、能動的投資家の場合はどうだろうか。投資信託をパッシブ運用する投資家と違って、能動的投資家は多くの税の優遇を受けることができる。最も顕著なものは、株式のアクティブ運用から得た利益はキャピタルゲインであり、投資信託の利益とは違って売却する時にのみ課税される点だ。

多くの国ではキャピタルゲインに対する税率は特別に低く設定されている。アメリカなどの国では、長期キャピタルゲインの税率が低い。長期とは、その国の税法で規定されている期間、資産を保有したという意味である。アメリカ、オーストラリアなどの国では、長期とは一年と一日とされている。キャピタルゲインの長期と短期を区別していない国もある。ニュージーランドなどのように、キャピタルゲインに対してまったく課税されない国もある。

もちろん、資産に対して利益が発生するということは、損失も発生し得るということだ。株式の売却で生じた損失は、通常、キャピタルロスとされる。キャピタルロスはキャピタルゲインとしか相殺できないという国がほとんどだ。もし相殺できるほどのキャピタルゲインがない場合、キャピタルロスは将来にわたって引き継がれる。ところがアメリカでは、相殺できるキャピタルゲインが足りない場合、一年に三〇〇〇ドルまではキャピタルロスでほかの収入を相殺できる。

アメリカと同様に、多くの国では株の配当に対しても低いキャピタルゲイン税率が定められている。これは最近になって始まったことで、いつ変更されるとも限らない。過去を振り返ると、配当はこれまで通常所得とされてきたし、利子収入も通常所得とみなされている国がほとんどだ。

本業の合間に投資をしている程度の人は、キャピタルゲインや配当、利子のルールだけを知っていればいいだろう。あなたがプロの投資家になった時には、より複雑なルールを理解しなければならないが、それだけ税の優遇も増える。それがルール18だ。

ルール18：税制上大きな優遇を与えるルールは、より複雑になっている。

このルールは、ほとんどすべての税の優遇に対して当てはまる。だからこそ、富裕層は税務アドバイザーに相当程度頼っているのだ。このルールの背景には、政府は税の優遇の機会を限られた状況に限定したいという思惑がある。どういう状況が税の優遇に該当するのかを定義するには、ルールは複雑にならざるを得ない。しかし心配しなくても大丈夫。あなた自身が詳細を知る必要はなく、税務アドバイザーが必要なルールを熟知していればいいのだ。

■税金対策のヒント

自己管理型のＩＲＡまたは年金口座を利用して、株やオプションの取引をしてみてはどうだろうか。大きな税の優遇が受けられる可能性がある。

●オプション取引の税制上のメリット

紙の資産でまず複雑なのは、株やオプション取引のルールだ。第6章で、ほとんど何でも経費にして控除できると言ったが、控除するためには、通常かつ必要なビジネス上の支出でなくてはならない。これは投資家の場合、難しい。あなたは恐らく他人のために投資しているのではないだろうから、厳密にいうとビジネスとは言えないからだ。

ところが、株取引を生業としている人には、ビジネス要件の例外がある。自分の時間のほとんどを費やして株取引を行い、それが資産形成のための行為の大部分を占めていれば、その株取引は自分の利益のためだけに行っていると言える。株取引が本業の場合、ビジネスをしている人と同じように経費を控除することができるのだ。株のトレーダーにとって、これは一般的なビジネスオーナー以上のメリットがある。通常控除として経費を控除でき、さらに株取引で得た利益は、税率の高い通常所得ではなくキャピタルゲインになる。トレーダーの要件を満たしていない場合は、あなたの費用は投資費用となる。投資費用は、費用の種類や額に応じて、控除できる場合もある。

> **■ここに注意！　株取引に関する税制上のルールは専門家でも知らない場合がある**
>
> 1．株トレーダーとして認められるかどうかは、状況による。
> 2．株取引のルールに関する判例は常に変わるため、自分がトレーダーとして認められるかどうか、税務アドバイザーに毎年判例を調べてもらおう。

こうした特殊なルールは複雑なため、あなたの住む国で資格のある税務アドバイザーに相談して、自分がトレーダーとして認められるかどうかを確認してほしい。アメリカの例を見てみよう。

正式なトレーダーとして認められるには、三つの要件をクリアしなくてはならない。ところがこれが難しい。なぜならば、税法のどこにも規定されていないからだ。その代わりに、裁判所が長年にわたり決定してきたのだが、これが常に変わる。したがって税務アドバイザーによく相談して、あなたの実態や状況がトレーダーとして認められるのに十分なものか、あるいはトレーダーとして税の優遇を受けるためにどんなことを変更しなくてはならないのかを、確認しなくてはならない。

第一の条件は、取引行為の量だ。ここでは、取引の数と取引している金額の大きさを意味する。もし日中、常に取引している人であれば、週に数回取引している人に比べ、トレーダーとして認められる可能性が高い。一日数回の取引では十分とは言えない。同じように、取引金額もかなり多くないといけない。とくに金額が決まっているわけではないが、多ければ多いほどいいということだ。週に一〇〇万ドルの取引は認められるかもしれないが、週に一万ドルであれば明らかに足りない。

二つ目の条件は、取引に費やす時間だ。取引に費やす時間が多ければ多いほど、株取引がメインの所得を生み出す行為だとみなされる可能性が高まる。現在の判例を見ると、一日一時間では足りないだろう。一日三、四時間でも十分ではないかもしれない。何時間取引をすればよいのかという点は、三つ目の条件とも関連する。

三つ目の条件とは、株取引があなたの所得に与える影響の大きさだ。所得総額のうち、株取引から得ている分がかなりの部分を占めていなければいけない。もし総所得のうち一割程度だったら、恐らく株取引に何時間を費やそうと、何回取引を行おうと、トレーダーとは認められない。当然ながら、トレーダーとしての条件を満たしている人とは、株取引に長けており、総所得のうちのほとんどを株取引で得ている人ということになるだろう。

■株トレーダーとして認められるための三条件

1. 取引量（取引回数および取引金額）がかなり多い。
2. 一日のうち、取引にあてる時間がかなりの割合を占める。
3. 取引から生じる所得が総所得のうちかなりの割合を占める。

職業の一般的な定義を考えてみたらわかるだろう。裏庭で時々ちょっとレンガをいじるだけのような人を、レンガ職人とは呼ばない。わずかなお小遣い稼ぎのためにうまくもない機械いじりをする人を、電気工とは呼ばない。正式なトレーダーとは株取引を職業にしており、常に取引をしながら腕を磨いている人のことを指す。したがってプロのトレーダーになったのなら、それで一定の収入を稼がなくてはならず、相当な時間や労力も費やさなくてはならない。そうなって初めて、トレーダーとして税の優遇が受けられるようになる。

●トレーダーに対するさらなる税の優遇

株やオプション取引を行うトレーダーには、それ以外にもさまざまなメリットがある。アメリカのオプションとトレーダーの中には、すべて一年未満の取引なのに、所得の六割をより税率の低い長期キャピタルゲインの扱いにできる人もいる。先物取引や外国為替を扱うトレーダーもこうした税の優遇を受けられる。

このように複雑な金融分野でプロのトレーダーになると決めたのなら、税法に精通した経験豊かな税務アドバイザーの存在が絶対に必要だ。株やオプション取引、先物取引、外為取引などについてもっと知りたい人は、リッチダッド・エデュケーションの私の友人たちにぜひ相談してほしい。どうしたらプロのトレーダーになれるのかを教えてくれるプログラムがある。詳細については、www.taxfreewealthbook.com をご覧いただきたい。

次の章では、石油やガス、農業、貴金属などのコモディティへの投資を通じて節税できる方法をお伝えしよう。

■第20章のキーポイント

1. 株取引に関する税は複雑だが、それを理解すると大きな節税ができる。
2. 正式な「トレーダー」として認められるにはいろいろな条件がある。自分がその条件をクリアして、トレーダーとして税の優遇を受けられるか、税務アドバイザーに確かめる。

●税金戦略20：株取引は自己管理型ロスIRAを利用しておこなう

第17章で、なぜ私が国の適格退職年金制度をよいと思わないのかを説明した。ただし、数少ない例外として、株やオプション取引であればそれなりに意味がある。とくにトレーダーとして認められていない人であれば、なおさらだ。

前に、IRAの中でやってはいけないことについてお話ししたが、覚えているだろうか？ そのうち一つは自分のIRAに代わって各種業務を行うことだが、唯一の例外としてIRAの投資の仕方に指示を与えることができる。自己管理型IRAであれば、どの資産をIRAが売買するかを自分で指定できるし、売買する時期も選べる。

株やオプション取引をする時、あなたが実際にやっているのは、どの資産を買ったり売ったりするか、またそのタイミングを指示することだけだ。同じことをIRAの管理者ウェブサイトですることができる。でも、もっと簡単な方法もある。

あなたがIRAを使って証券取引口座のあるLLCを設立したとする。投資について指示するだけで、その口座からお金の出し入れをしなければ、個人の証券取引口座として運用できる。そうすれば、売買が必要な株式やオプションに毎日アクセスできるのだ。

株やオプション取引は短期キャピタルゲインとして扱われるため、IRA以外の口座で取引をする場合には通常所得の税率で課税される。だが、ＩＲＡの中で取引をする時には何も支払う必要はない。投資収益に対する税金の支払いを先送りするだけのことだ。

自己管理型のロスＩＲＡであれば、なおいい。この場合、株やオプション取引で生じた利益は永遠に非課税だ！　すばらしいことではないだろうか。もちろん、引き出せる時期については制限があるので、五九歳半以下の人は、ＩＲＡを利用した株やオプション取引からの所得をあてにすることはできない。これは年金口座なのだから、その趣旨に応じて取引することになる。

もし４０１（ｋ）かＩＲＡにお金があり、株やオプション取引を通じて資産形成の一部を行おうと考えているならば、４０１（ｋ）やＩＲＡを自己管理型のＩＲＡに変えて、その中で取引をすることを考えてみてはどうだろう？　取引を始める前に通常のＩＲＡをロスＩＲＡに変更しておけば、取引で得られた利益はすべて非課税になる。

第21章　コモディティも税金対策になる

「成功の方程式。早起き。勤勉。石油を掘り当てること」——J・ポール・ゲッティ

私がテキサス大学大学院で会計学を専攻し始めた時、世の中はちょうど八〇年代、石油と天然ガスのブームで沸き立っていた。テキサスの石油業界は非常に好調で、ミッドランドに支社を置く世界八大会計事務所（合併などにより現在は四大会計事務所となっている）は私の通うテキサス大大学院から会計学を修了したばかりの新卒者をこぞって採用していた。できるだけ多くの会計士の卵を確保したかったのだ。

私は当然の成り行きで石油と天然ガスについて学ぶことにした。「石油と天然ガス関連法」という授業を取ったが、なかなか気に入った。さらに「不動産法」の授業も取った。こうした学習が、卒業後に最初に就職したユタ州ソルトレイクシティのアーンスト&ウィニー（現在のアーンスト&ヤング）で非常に役立った。ソルトレイクシティもちょっとした天然資源ブームに沸いていた。当時、世界最大の露天鉱山（ケネコット銅山）が操業しており、多くの銀が採れた。ユタ州東部やワイオミング州、コロラド州の辺りは天然ガスブームだった。あの地域には天然ガスが多く埋蔵されており、ガス価格もそれなりに高かったため、多くの農家や牧場主たちは非常に豊かな暮らしをしていた。テキサス州の牧場主たちが石油の恩恵を受け、どんどん豊かになっていったように。

新卒で入った会計事務所では、私は多くの時間を鉱山や石油開発の税金関連の仕事に費やした。個人顧客の中には、合わせて三〇〇を超える油井やガス井の権益を保有している人もいた。私の仕事は、これらの油井やガス井から生じた収入と支出の全記録をとることだった。まだパーソナルコンピューターなどない時代だ。巨大な簿記用紙にすべて手作業で記入した。

私が入社して間もなく、アップル社のコンピューターが二台入ってきた。一台が監査用、もう一台が税務用だった。私はビジカルク（パーソナルコンピューター向けの初めての表計算プログラム）を使うことの便利さを知った。石油や天然ガスに投資をしている顧客の情報をすべてビジカルクのスプレッドシートに入力し、手作業から解放された。なんという膨大な時間の節約だっただろう。今日では、あのような規模のプロジェクトを手作業でやるような人はいない。

ただ、ああした細かい数字を手作業で扱ったことにも利点はあった。石油や天然ガス、鉱物への投資のもたらす節税効果について非常によく理解できるようになったことだ。アメリカでは石油と天然ガスの掘削への投資に対して、大きな税の優遇がある。それを説明しよう。

●石油と天然ガス投資に対する税の優遇

アメリカは長年にわたり、石油の海外依存度を減らすため、国内での石油と天然ガスの掘削を促進するエネルギー政策を採ってきており、政府は税法を通じて、この政策を実行に移してきた。国内の（あるいはアメリカを拠点とする）石油と天然ガスの掘削に投資する人なら、だれでも大きな税の優遇が受けられるという法律だ。

アメリカでは、石油と天然ガスは実に効果的な税金対策になる。これまでの章で、受動的所得と受動的損失について説明したのは覚えているだろうか。実は石油と天然ガスへの投資だけは唯一、このルールから除外されている。そう、もし適切な投資さえすれば、石油と天然ガスの投資損失分を通常所得から控除でき、しかもその投資は完全に受動的投資とされるのだ。

■税金対策のヒント

石油と天然ガスに投資すると受動的損失に関するルールを回避できる。石油と天然ガスは受動的投資からの損失を制限するルールの適用を受けない唯一の投資先だ。

石油と天然ガスに投資するには四通りの方法がある（表㊸）。第一は石油・天然ガス会社の株式を買うというもの。これは通常の株式投資と同じ扱いで、特別な条件や優遇はない。第二に、現在石油や天然ガスを産出している井戸のロイヤリティ（権益）の一部を証券の形で買うというもの。この所得はポートフォリオ所得なので、投資収益を生み出し、投資用ローンの利息を控除できるが、それ以外にはロイヤリティに対する投資の優遇はさほどない。

残りの二つは、実際の掘削作業に投資するもので、これは大きな税の優遇が受けられる。予備掘削（通称「試掘」と呼ばれる）または開発井への投資だ。予備掘削は、資源を掘り当てられない可能性もあり、非常にリスクが高くなる。とはいえ、技術は年々進化しているため、その分リスクも減っている。

開発井とは、すでに原油の埋蔵が確認されている油田を掘削するものだ。開発会社は地中からより多くの原油を採取するために、追加で井戸が必要になることもあるかもしれない。これは試掘よりリスクは低いものの、やはり出資金を失う可能性もある。私も以前、開発会社が膨大な埋蔵量を確証していた開発井に投資したことがあるが、結局原油までたどり着けず、結果的に出資金を失った。

石油と天然ガスの掘削に関する主な支出は二つに分類される。まず掘削に必要な機材の購入だ。これはだいたい、油井・ガス井の掘削総経費の三割に当たる。次に無形掘削費と呼ばれるもので、これには労働コスト、調査、地表の障害物除去、排水、燃料、修理など、掘削以外の支出がすべて含まれる。

こうした支出は通常、油井・ガス井の経費とされ、井戸の耐用年数に応じて減価償却されるが、アメリカ議会は法制度を変更し、出資者は出資した年（通常は掘削が始まった最初の年）に無形掘削費を控除できるようにした。ということは、出資額の七割は、掘削に投資した年に控除できるというわけだ。もし一〇万ドル出資したならば、初年度の控除額は七万ドルになる。税率は四〇パーセントなので、それだけで政府から

㊸アメリカでは石油と天然ガスへの投資は税金対策になる

石油と天然ガスの投資		
	種類	税の優遇
1.	石油・天然ガス会社の株を買う	なし
2.	すでに石油や天然ガスを産出している井戸の利権を買う	なし
3.	予備掘削（「試掘」と呼ばれる）に投資する	あり
4.	開発井に投資する	あり

二万八〇〇〇ドル（七万ドル×四〇パーセント）の現金をプレゼントされたことになる。それに加えて、掘削機材の償却が今後数年続く。

これだけではない。石油と天然ガスに投資をすると、毎年、投資した井戸の売上総利益のうち一五パーセントを控除できる。これを減耗償却という。減価償却に似ているが、減耗償却は無形掘削費と減価償却費の控除が終わっても、毎年償却される。言ってみれば、これは政府からの贈り物だ。売上総利益には石油と天然ガスの売上のすべてが含まれ、どんな経費によっても減額されることはない。たとえば、あなたの総利益が一〇〇〇ドルで支出が四〇〇ドルだったとすると、純利益は六〇〇ドルになる。減耗償却による控除が一五〇ドル（一〇〇〇ドル×一五パーセント）なので、課税対象となるのは所得四五〇ドル（六〇〇ドルから控除分一五〇ドルを引く）だけだ。

■石油と天然ガスに投資した場合の税の優遇

1．無形掘削費の控除（通常は初年度）

2．井戸から生じる総利益の一五パーセントが毎年控除される（減耗償却）

無形掘削費と減耗償却費を控除するためには、掘削の直接権益を持っていないといけない。掘削会社の株を保有していたり、石油や天然ガスのロイヤリティの一部を持っていたりするだけではだめだ。石油と天然ガスに投資することを決める前に、必ず税務アドバイザーに相談しよう。もう一つ注意点がある。無形掘削費を控除するためには、ゼネラルパートナーシップまたは個人事業主という形をとる必要があり、コーポレーションやLLC、リミテッドパートナーシップを利用することはできない。また、アメリカ以外の国に住んでいる人は、その国の税制や優遇措置について調べる必要がある。

■ここに注意！　石油と天然ガス投資のために利用する法人は慎重に選ぶ

1. 法人の選択を誤ると、石油と天然ガスに投資しても税の優遇が受けられない。
2. 石油と天然ガスに投資した場合、資産保護と税の優遇は両立がむずかしいトレードオフの関係になるかもしれない。

●採掘事業に対する税の優遇

採鉱にも石油と天然ガス開発と同じような税の優遇が設けられている。鉱物資源の売上総利益から減耗償却ができ、また採掘作業開発費には、無形掘削費と同じような特別措置がある。必ず税務アドバイザーに、自分の国ではどの鉱物資源の採掘が税の優遇を受けられるのかを確認しよう。石炭が優遇される国もあれば、石油と天然ガス、あるいは石膏などの鉱物資源が優遇される国もある。

●再生可能エネルギーに対する税の優遇

多くの国では、再生可能エネルギーも税の優遇の対象だ。再生可能エネルギーには風力発電、太陽光発電、電気自動車などが含まれる。各国政府は新しいエネルギー源への投資を推進したいと考えているので、風力発電への投資、ソーラーパネルの購入、電気自動車やハイブリッド車の購入などに対する税額控除といった税の優遇をしている。アメリカでは太陽エネルギーに投資すると大幅に税額控除される州もある。

●農業に対する税の優遇

どの国の政府も自国の食料自給率をできるだけ上げたいと思っている。他国からの輸入には頼りたくないからだ。そして石油や天然ガス同様、農業もリスクの高いビジネスだ。したがって、農業への投資を促進させるため、政府は特別な税の優遇を設けている。農業促進のための税の優遇は無数にあり、それだけで一冊の本が書けるくらいだ。ここでは重要なものをいくつかご紹介しよう。

農業に対する一番重要な税の優遇は、農場、果樹園、牧場などの経営にかかわる費用をすべて控除できるという点だ。これには家畜のえさ代、種代、労働コストも含まれる。だからこうした費用は作物や家畜と違って棚卸資産に加える必要がまったくない。費用が発生した時点で控除することができる。

畜産業に関するもう一つの大きな税の優遇は、セクション一〇三一の買換え特例だ。家畜の売買には税金がかからない。ただ、取引する家畜の種類と性別が同じでなくてはならない点に気を付けてほしい。雌牛は雌牛と、雄牛は雄牛と、去勢牛は去勢牛とという具合だ。

減価償却の規則も農業に有利だ。国によっては、耕作機械は他の設備に比べて早く控除できる。農場経営の収入も、その収入が協同組合を通したものであれば、一部を非課税とするか、または税を繰り延べることができる。

農業は遺産相続の面でも優遇されることが多い。農場を相続した際は遺産税を軽減したり、分割払いしたりできる場合がある。政府は農業や畜産業を継承してもらいたいので、税の優遇を設けて、税金を支払うために相続人が農場を売らなくてもよいようにしている。

もし農業分野に投資すると決めたら、特定の作物に対して特例措置が設けられているかどうか確かめるといい。たとえばアメリカでは、ピスタチオ農園は税の優遇を受けられる。どの国にも政府に働きかける農業関連の利益団体が存在し、さまざまな農場、果樹園、牧場が優遇の対象となっている。

■農業分野に対する税の特例措置

1. 農場、果樹園、牧場に関する経費の控除
2. セクション一〇三一の買換え特例を利用する
3. 減価償却
4. 遺産税に関する特例
5. 特定の作物への税の優遇

●貴金属に対する税の優遇

金や銀などの貴金属も、国によっては税の優遇が受けられるコモディティの一つだ。金や銀はインフレ対策として保有することが多い。ということは、数年間にわたって保有することになる。金や銀を売る時、利益はキャピタルゲインとなる。前にもいったように、キャピタルゲインには課税されない国もあれば、長期キャピタルゲインだと特例として税率が低くなる国もある。

アメリカの税制は、金や銀の保有を促進するようになっていない。むしろ貴金属投資には通常の長期キャピタルゲイン税率より高い税率が適用されており、奨励されていない。本書の執筆時点で、アメリカの金と銀のキャピタルゲイン税率は二八パーセントだ。他のキャピタルゲイン税率のほぼ二倍にあたる。したがって、金や銀を保有するならIRAや年金制度を利用したほうがいい。貴金属は長年保有することになるし、税率も通常の税率とほぼ同じだから、国の年金制度を利用して税金の支払いを先送りしたほうが得策だろう。もしロスIRAを通じて保有するなら、所有する金や銀の価値が上昇しても税金を支払う必要はまったくな

い。

次の章で、納税者であれば誰もが恐れる唯一かつ最大の点について話そう。そう、税務監査だ。監査に「勝つ」には、あるいは監査がそもそも入らないようにするにはどうしたらよいだろうか？　私の仕事は、政府の税務監査に対するあなたの心配を軽減することだ。

■第21章のキーポイント

1．アメリカでは石油と天然ガスの採掘への投資に対して、大きな税の優遇がある。
2．初年度の無形掘削費を控除できるだけでなく、毎年の総収入からも一五パーセントの控除ができる。
3．農業への投資に関しても、買い替え特例や減価償却、遺産税、あるいは特定の作物に対する特例措置など、税の優遇がある。

●税金戦略21：石油や天然ガスへの投資の場合「受動的所得《パッシブインカム》」に関する規則にひっかからないようにする

第8章でお話ししたように、能動的《アクティブ》に関与していないビジネスから得た収入や損失は、受動的所得、受動的損失と分類される。石油と天然ガスへの投資では、恐らくあなた自身は積極的に経営に参加しないだろう。最初の年に、初期投資のうち七割から八割にあたる税務上の損金をほかの出資者と分け合うことになる。この損失は受動的損失の扱いとなり、受動的所得としか相殺することができないのだろうか？　答えは違う。

受動的損失の規則は、石油と天然ガスに限っては例外となる。たとえ能動的に関与していなくても、石油と天然ガス事業から生じた損失は通常損失として扱われ、その一〇〇パーセントを所得の種類を問わず相殺できる。ただし、損失を通常損失とするためには、どのような形で石油と天然ガスに投資するのか、注意しなければならない。

石油と天然ガス開発の利権は付帯条件なしに保有しなければならない。つまり、ＬＬＣやリミテッドパートナーシップなどの責任が制限されるような法人形態では利権を保有できない。その代わりに訴訟や災害から自分を守ってくれるのは開発会社の保険だ。通常、開発会社は出資者のためにパートナーシップを設立し、最初の一年から二年は全員がゼネラルパートナーになる。

保有してから二、三年経ち、課税所得が生じるようになれば、リミテッドパートナーシップやLLCへの変更も可能だ。そうすれば、将来負うことになるかもしれない責任から自分を守ることができるようになる。よい開発会社であれば、収益を生み出し始めたと同時にあなたの所有権を自動的にゼネラルパートナーからリミテッドパートナーに変更してくれるだろう。であれば、あなたの責任は掘削に費やされる最初の一、二年に限られる。

第22章　税務監査は怖くない

「稼げば稼ぐほど、お金は出ていく。そして私は横たわり、今から眠りにつく。神のお導きあれ。もし私が目覚める前に、収税官が私の魂を手にしていなければ」

——オグデン・ナッシュ

私の少年時代、父は地元のボーイスカウトの分隊長を一二年間、務めていた。家業の印刷業がとても忙しく、毎年一週間しか休みを取れなかったが、その休みはボーイスカウトのサマーキャンプと決まっていた。家族にとっては父と過ごせる唯一の休暇だったので、毎年、トレーラーに荷物を詰め込み、父と一緒にサマーキャンプに出掛けた。私たちが好きなことをして過ごしている間、父はボーイスカウトの子供たちの面倒を見ていた。毎年一週間を過ごしたこのキャンプは、いい思い出でいっぱいだ。

ただ、一つだけあまりよくない思い出がある。ニューフォーク・スカウトキャンプで過ごした時のことだ。私は当時五歳くらいだった。ある晩、私たちが散歩をしていると、大きな黒いクマが突然キャンプ場に迷い込んできた。五歳の私には、そのクマがとてつもなく大きく見えた。心臓はばくばく動き、目は大きく見開いたまま、私は全速力でトレーラーに向かって走った。あのクマに出くわしたことが、人生で一番怖かった。死ぬんじゃないかと思った。

大人になると、あの大きな黒いクマよりももっと怖いものがある。中でも多くの人が最も恐れるものが国税庁だ。アメリカで泣く子も黙るIRS、カナダではCRA、オーストラリアではATO、イギリスではHMRCと呼ばれている。どの国に住んでいようと、それがどんな名前であろうと、多くの人にとって、税務申告の監査を受けることは考えただけでゾッとする。

なぜ私たちは税務監査をそれほど恐れるのだろうか。私がクマに遭遇した時と同様、だれでも攻撃を受けるのは怖い。この世に税務監査官から攻撃されることよりひどいことがあるだろうか。確かに、彼らの存在は大きくて怖いものに感じられる。

ただ実際は、税務監査官もただの人たちで、与えられた仕事をしているだけなのだ。クマもそうだが、挑発されなければ襲うことはない。あなたが十分に準備さえしていれば、たとえ最強の監査官であろうと恐れるに足りないはずだ。

ルール19：準備をしておきさえすれば、税務監査は怖くない。

監査に入られた場合の最良の対処法や、監査に入られる確率を減らすための簡単な方法など、税務監査に向けて事前に準備できることを考えてみよう。そうすれば、私がクマに遭遇した時とは違って、いつでも準備万端で、手ごわい監査官に当たってもよい対処法を思いつくことができる。

●税務監査に備える

税務監査の準備は、監査が入るかどうかまだ分からない段階で対処法を考えておくことから始まる。私がクマに出会った時に混乱したのは、クマとの遭遇を全く予期していなかったからだ。その時に思いついたのは、走って逃げることと、クマが私を追いかけてこないように、私たちのトレーラーに入ってこないようにと祈ることだけだった。しかし祈るだけでは最善の選択とは言えない。準備万端なのが一番いい。

■税金対策のヒント

毎年、監査対策パッケージを購入する。こうしたパッケージを提供している税務申告代行サービス会社がいくつかある。これは監査期間中、自己負担費用を抑えてくれるし、専門家に頼んだ場合の費用も心配しなくていい。

●自分のための税金対策チーム

税務監査対策として最も重要な最初のステップは、正しいチーム作りだ。真っ先に必要となるのは税務アドバイザーで、同じ人が税務申告の書類も作成すべきだ。税務アドバイザーは監査官と最前線で対決する。あの黒いクマがキャンプ場に現れた時、もし私の隣に猛獣ハンターがいてくれたらどうだっただろう？　私はそれほど恐怖を感じることもなかったし、攻撃される危険性もかなり低かったはずだ。ハンターであればクマを追い払う方法を知っているし、万が一クマが襲ってきたとしても必要な弾薬を持ち合わせていただろう。私はハンターがクマを撃退しているすきに、慌てずに逃げることができたはずだ。

税務監査についても同じことが言える。数多くの監査官を見てきて、相当数の監査に難なく対処してきたようなベテランの税務アドバイザーが側に付いていたら、強力な助っ人となってあなたのストレスを減らし、監査を上手く乗り越えられるようにしてくれるだろう。実際のところ、監査官と直接交渉すべきなのは税務アドバイザーだけなのだ。税務アドバイザーがどう監査に対応すべきかについては、この章の先で触れる。また次章では、いい税務アドバイザーの選び方をお教えする。

■ここに注意！　監査に対応するとは、監査官に対応するということ

1. 税務アドバイザーの監査官への対応は、監査の結果に大きく影響する。
2. 税務アドバイザーは、パーソナルスキルが高く、だれに対しても、敬意を持って接することができる人であること。とりわけ政府の監査官に対しては、そうすることが大事。

もう一人、あなたの味方として必要なチームメンバーは、優秀な帳簿係または会計士だ。これは、税務アドバイザーや申告書の準備をしてくれる人が担う必要はない。もしあなたの税務アドバイザーが帳簿係も兼任しているのであれば、その人は猛獣ハンターではなく、執拗に小さな獲物を追うリスハンターである可能性が高い。帳簿係はすべての記録と書類を保管する手助けをしてくれる重要な役目だ。正確な情報が揃い、そのおかげであなたは監査に向けて準備万端でいられる。それでは次に、監査にはどのような書類が必要になってくるのかを見ていこう。

●書類の準備

ＩＲＳまたは他の税務監査に向けて書類を準備するには、実質二通りのやり方しかない。一つは、必要な資料や書類を漏れなく完璧に準備すること。もう一つは、まったく情報を用意しないことである。まったく情報がないというのも、一つのやり方だ。というのも、そうであれば監査官をイラつかせるし、監査官に見るべき書類をまったく与えないことになるからだ。ただ、この方法はお勧めしない。税務申告の内容の裏付けとなる書類が何もないとなると、あなたは監査官に対して自分がいい加減で、自己管理ができておらず、ひょっとすると嘘をついているかもしれないと思わせてしまうからだ。

それよりも、もっとしっかりと準備しておくことだ。それほど難しいことではない。何を記録しておくべきか、それらの記録をどのように管理しておくべきかを知っていれば、ごく簡単だ。すべてはお金を使った時と、収入を得た時から始まる。多くの場合、税務監査官が注目するのは、あなたが収入を漏れなく計上しているか、また法律上認められている控除だけを差し引いているかという点だ。

●会計ソフト

監査対策の第一歩は、いい会計ソフトを使って自分のコンピューターに収入と支出を記録することだ。いいソフトはいくらでもある。ただ、中には損益計算書しか作成しないソフトもあるので、必ず損益計算書と貸借対照表の両方を作成するソフトを選ぼう。損益計算書だけでは収入と支出しか分からないが、貸借対照表があれば正確な数字を記録する助けになる。あなたの資産（所有しているもの）と負債（借りているもの）、そして資本（資産と負債の差）を表すのが賃借対照表だ。

もし当局があなたのビジネスを監査するとしたら、最初に提出を求められるものは損益計算書と貸借対照表だろう。この二つの準備ができていれば、あなたがまじめに記録を取っていること、またビジネスを趣味ではなく、真剣に行っていることが監査官に伝わる。

さらに私は顧客に対して、個人の収入と支出についても同じ種類の会計ソフトを使って記録するように勧める。これは監査に役立つだけでなく、自分の収入と支出の傾向について、有益な情報が得られるからだ。この種のソフトウェアのほとんどが、予算を作成したり見通しを立てたり、収入源を記録したり、また年単位で収入と支出を比較できるので、現状分析が容易になる。まさに会計報告書のようだ。

●領収書

私がよく聞かれる質問の一つが、領収書の保管についてだ。一般的なルールとして、控除を受けるものについては必ず領収書の保管が必要だ。特定の控除については、領収書以外にも必要とされる情報がある。たとえば、外食費、交際費、旅行に関する控除などについては、同席者、業務上の関係、場所そして会談内容について、領収書にメモ書きで記述する必要がある。これは領収書をもらったときにすぐに書き留めることをお勧めする。

領収書の保管方法については、いくつか方法がある。私のお気に入りは、スキャンしてパソコンに保管する方法だ。この方法だといつでも指先一つで情報を引き出すことができ、オフィス内の場所も取らない。紙で領収書を保管したい場合は、支出の費目毎にフォルダーを作ってファイリングし、支出が発生するたびに正しいフォルダーに入れる。そうすれば、申告書類を作成する際に何がどこにあるかがすぐにわかる。また、監査が入った場合にも何がどこに保管されているかわかっているからすぐ対処できる。

もう一つよく聞かれる質問は、領収書や申告書類などの保存期間だ。アメリカでは大体、七年だ。カナダの決まりでは六年。イギリスとオーストラリアでは五年間保存するよう言われている。私が知る限りでは、七年以上の保存を求める国はない。不安な場合は、税務アドバイザーに聞いてみるといい。

●コーポレートブック

領収書と帳簿のほかにも必要となる書類がある（表㊹）。あらゆる契約書、その他の法律関係の書類も安全かつ取り出しやすい場所に保管しておかなければいけない。もちろん税務申告書類のコピーも保管しておく必要がある。また、ビジネスをしている場合は「コーポレートブック」を用意しておくといい。

コーポレートブックは、監査の際に、まるで魔法の杖のような効果を発揮する。この魔法の杖を一振りするだけで、監査官が消えてしまうのだ。ここで言うコーポレートブックとは、単に会社に関する公式な記録をすべて一つにまとめたものだ。

コーポレートブックには、定款、規約、業務委託契約やパートナーシップ契約、株主総会や役員会議の議事録などが含まれる。どのような形態の法人であっても、たとえそれがコーポレーションでなくても、コーポレートブックは用意しておいたほうがいい。

議事録とは、要するに会議の記録だ。手書きでもいいし、コンピューターで入力してもいい。議事録には、配当金の金額や配当金以外に株主に対して分配すると決定したものなど、会社としての重要な決定事項を記載する。税金に関する重大な決定事項も議事録に記録すべきだ。私の会計事務所では、最終的な税務申告書類と共に議事録に含めるべき項目も指示するようにしている。

税務監査官は、必ずコーポレートブックの提出を求める。実際にそれを手渡すと、しかもそれが整理され

㊹いざというとき、あわてないために

監査に備える	
ステップ1　常に整理された帳簿をつける	
a.	いい会計ソフトを使う
b.	ビジネスの収入と支出を記録する
c.	損益計算書を作成する（随時更新）
d.	貸借対照表を作成する（随時更新）
e.	個人の収入と支出を記録する
f.	予算を作成し事業見通しを立てる
g.	報告書を作る
h.	収入と支出を年単位で比較する
ステップ2　領収書を整理して管理する	
a.	税務申告で控除を申請するための領収書を保管する
b.	領収書をスキャンし、パソコンの決まった場所に保管する
c.	または支出の費目ごとに紙のファイルフォルダーを作る
d.	領収書を保存する。期間は7年（アメリカ）、6年（カナダ）、5年（イギリスとオーストラリア）
ステップ3　ほかの書類も準備しておく	
a.	法的契約書、合意文書
b.	税務申告書類のコピー
c.	以下を含むコーポレートブック（ビジネスをしている場合）
i.	定款
ii.	業務委託契約、パートナーシップ契約
iii.	規約
iv.	議事録

た状態だと、彼らはとても驚く。いかに多くのビジネスオーナーがそうしていないかがわかる。漏れのないコーポレートブックは、あなたが自分のビジネスを大切にしていて、また記録も恐らく正確だろうとの印象を監査官に与える。記録を正確に取っておくことのメリットは、あなたの税務申告書が間違っていないと監査官に信じさせ、追加の資料提出が求められなくなることにある。監査の時間も大幅に短縮され、監査官がそれほど厳しい目を向けなくなるため、質問もあまり出ないだろう。つまり、監査官はそれだけ早く帰っていくということだ。

●監査の舵取りをする

あなたのチームに優秀な税務アドバイザーがいれば、税務監査はあなたが思っているよりずっと楽になる。その理由は、監査に直接対応するのはあなたではなく、税務アドバイザーだからだ。

ルール20：税務監査が入った時、自分で対処せずに、必ず税務アドバイザーの力を借りる。

税務アドバイザーに監査対応を任せるのには、いくつものメリットがある。一つ目は、監査に自分で対応するとどうしても感情的になりやすいが、税務アドバイザーに監査を任せると、監査官と直接対峙しなくてすむので、時間と労力の節約になる。もちろんあなたも引き続き関わることになるが、情報を集めて税務アドバイザーに渡す程度だ。

経験値の高い税務アドバイザーは、監査官に対応することが苦にならない。自分のお金ではないので、感情的になりにくいのだ。猛獣ハンターがクマを恐れないように、熟練の税務アドバイザーは監査を恐れない。これは実にいいことだ。なぜなら**監査官を上手に扱うことは、監査において最も重要なことだからだ。感情的になってしまうと、監査官にうまく対応できなくなってしまう。**これは税務アドバイザーが成果を気にしていないということではない。感情的な次元ではなく、よりプロフェショナルな次元で監査に臨んでいるということだ。

私は顧客を決して監査官に会わせないと決めている。そうすれば、監査官が私に質問をしても「わかりません」と答えられる。もし監査の場に顧客が同席していて、「わかりません」と答えてしまったら、少々怪しく思われるだろう。もし監査官に対応しているのが私だけなら、監査官が本当に知りたい情報が何なのかを確かめ、その質問の回答となる情報だけを提供することができる。監査を税務アドバイザーに任せない人たちは、監査官に必要以上の情報を与えることになるのだ。これは監査の期間を長引かせ、監査官に追及の機会を与えるだけだ。それでは控除が取り消される結果になりかねない。

監査の舵を取るのは、監査官ではなくあなたの税務アドバイザーだ。これはとても重要なことだ。監査官に提供する情報を最小限に抑えられるだけでなく、監査のペースもコントロールできる。監査官の中には、何か月にもわたって監査を長引かせたがる人もいる。時には何年もかかる監査も実際にある。私が監査のコントロール権を握った場合は、たいていプロセスをスピードアップさせ、監査官が探ろうとしている焦点を絞ることができる。

監査において私が最も大事にしていることの一つは、監査官に気分よく仕事をしてもらうことだ。私たちが協力的であることを見せ、手厚く対応する。数年前、私はある顧客のIRSによる監査に対応した。監査官はまず、顧客のビジネスを監査したが、その顧客はビジネスのほんの一部しか所有していなかったので、その時には彼のパートナーたちが雇った会計士が監査に対処していた。

私が初めて面談した時、監査官の女性がかなり緊張した様子で入ってきたので、まずは彼女の緊張を解こうと思った。私は丁寧に挨拶をし、監査官になって何年経つのかと尋ねた。それから、このビジネスの監査の進み具合を尋ねると、彼女は私にいろいろなことを話し始めた。この件を担当した会計士がとてもいじわるだったと言い、その会計士に泣かされたことまで打ち明けた。この監査官も相当意志の強そうな人だったが、その彼女を泣かせたとは、相当厳しく当たったに違いない。

明らかに、その会計士は彼女を敵と見なしていたのだろう。私は別のやり方をした。その監査官を大変な仕事をしている一人の人間としてとらえ、彼女が任務を終えるために力を貸そうと思った。その結果、彼女はどの点に焦点を合わせて監査しているのかを率直に、隠さず教えてくれた。さらに、監査を無事に終わらせるためにこちらですべきことまで教えてくれた。

そのお返しに、私も彼女に力を貸した。彼女は私の専門である税法をわかりやすく解説し、法律がこの顧客にどのように有利に働いているかを伝えた。彼女はこの説明にとても感謝してくれた。私は彼女より経験も知識も豊富で、それを惜しみなく共有したことが大きな影響を与えたようだ。最後には、この顧客が監査で問題なしと判断される理由を説明した報告書を、彼女の代わりに書いてほしいと頼まれた。もちろん喜んで引き受けた。

この三〇年間で、この人には協力できないと思った監査官は二人だけだった。一人は頭の回転が遅く、もう一人は根っからの攻撃好きだった。でも、私はこの二人に対しても敬意を払って接し、どちらの監査結果も顧客にとって望ましいものとなった。

●**税務申告書の準備**

最後に、監査に対する準備は税務申告の時から始まっていることを忘れないようにしよう。**そもそも、税務申告が理由で監査が入るのだから、監査が順調に進むよう、申告書類をしっかりと準備しなければならない。**理想は、税務申告が監査官の注意を引かないようにすることだ。

数か月前、私は自分の事務所の税務スタッフに研修を行った。税務申告をする際、節税のために、または監査の確率を下げるために必要なことをすべて挙げるように言った。せいぜい五、六個かと思っていたが、実際には六〇以上もの具体的な回答が出てきた。

ここでは、監査が入る確率を下げる税務申告書の記入方法を、いくつか紹介しよう。一つは、控除の項目名をどのようにするかだ。たとえば昨年、セミナー参加費として一万ドルを支払ったとしよう。セミナー参加費は控除の対象になる場合とならない場合があり、それはあなたのビジネスの内容と参加した目的によって変わる。IRSはこういう控除を注意して見ているので、税務申告でどの控除名を使うのかは大事な点だ。その支出をセミナー参加費とせず、社会人教育費としたらどうだろう？　もしくはほかの参加者との人脈構築、または自分を売り込むために参加したのであれば、セールスまたはマーケティング費用としてはどうだろう？

どのようにしたとしても、あなたが事実を伝え、セミナー参加費を正確に計上していることに変わりはないが、それをきちんとやらないと、監査官の目に留まる可能性や監査が入る可能性を減らすことはできない。もう一つ気を付けなければいけないのは、支出の概算を記入する時だ。たとえば、現金で経費の支払いをしたが、正確な額がわからなかったとする。こういう時、多くの人は切りのいい数字を記入しようとするが、これは間違いだ。もっと正確な数字に近い、あるいは少なくともそれらしく見える金額にすべきだ。そうすることで、監査官があなたの申告書を見た時に、概算額を書いたのだと思われる可能性を減らすことができる。

だからといって税控除の額は適当に書けばいいと言っているわけではない。本来ならば、小切手やクレジットカード、あるいはデビットカードを使って、正確な金額を把握しているほうがいい。でも、もし正確な金額がわからず、概算で書くしかない場合は、監査官が見たときに疑いをもたれないような金額にしよう。

税務申告の書類作成代理人の中でも、有能な人は、こうしたテクニックを熟知している。そういう人は時間をかけて、申告された控除と収入が行政当局に目をつけられないようなものになっているか、そして節税が実現するような記載内容になっているかを確認する。

これで税務監査がそれほど恐ろしいものではないことがわかっていただけただろうか？　あなたはただ次

の三つのことを忘れずに実行すればいい。

1. 監査に備える
2. 監査は税務アドバイザーに任せる
3. 監査の確率を減らす方法を知っている人に書類の作成を任せる

もう一つ、よく聞かれる質問がある。どうしたら、いい税務アドバイザーと書類作成のプロを探せるか、というものだ。それについては、次章で説明しよう。なんといっても、税金と監査のリスクを減らす上で最も大事なことなのだから。

■第22章のキーポイント

1. 多くの人にとって、税務当局の監査が入るのは、最大の恐怖の一つだ。しかし、準備ができていれば恐れることはない。
2. 監査に備えるには、つねに収入と支出の記録をきちんととり、いろいろなことに対処できる会計ソフトを使うことが大事だ。
3. お金について当事者は感情的になりがちなので、監査が入ったらプロに任せる。監査官に不必要な情報まで与えてしまう可能性を排除できるからだ。
4. 監査を避ける最善の方法は、普段からプロに税務申告をしてもらうことだ。そうすれば、監査官に目をつけられる確率が減る。

●税金戦略22：「監査対策パッケージ」を購入する。

プロヴィジョンに税務申告書の作成を依頼した人は、税務申告用の監査対策パッケージを購入することができる。その費用は申告書類の作成代の何パーセントという具合に決まっていて、その税務申告に対する監査が入った場合の代理人代をカバーする。もし監査が入った場合、私たちが対応にあたる時間への支払いは不要だ。

ＩＲＳ監査で最も費用がかさむのは、専門家に支払う費用だということを、多くの人は気付いていない。プロを雇う場合の相場は、一万ドルから一万五〇〇〇ドルだ。あなたは追加の税金は払わずに済むかもしれないが、それでも専門家への費用はかかる。

監査に保険をかけられるというのは理に適っていると思う。自動車保険に加入せずに車を運転することはないだろう。実際に五〇〇〇ドル以上の支払いが生じる交通事故に遭う可能性は低いが、私たちはそれでも保険に入る。それならば、自動車事故よりも遭遇する確率が高く、しかも費用も高くつく税務監査に対しても保険をかけたほうがいいのではないだろうか?

監査対策パッケージは、あなたが払うことになる税金や延滞税を補償するものではないが、ＩＲＳから自分を守るための費用は払わないですむ。これはとくに大事な点だ。というのも、ＩＲＳの監査では、シロだと証明されない限り、クロだと判断されてしまうからだ。だからこそ、あなたを守ってくれる優秀な税務アドバイザーが必要となる。監査パッケージのような保険がないと、結局は高い費用で専門家を雇うことになる。

第23章　税務アドバイザー、申告書を準備してくれる人を正しく選ぶ

「明けても暮れても、あなたのお金を増やしたり減らしたりできる唯一の人物は、自分の子供を除くと、税理士しかいない。」

——ハーヴィー・マッケイ

私が初めて法律を学んだのは、大学のビジネス法のコースだった。地元の倒産裁判所判事が講師を務めていて、とても面白い講義だった。私はその授業が大好きだった。とくに、法律がいかにあいまいなものかということを学ぶのが好きだった。私はすでに、何年も前から、具体的で確実なものよりもあいまいなものほど柔軟性が高いことを知っていたので、法律は柔軟なものだと知るのが楽しかった。

たいていの子供がそうであるように、私も小さいうちから親をうまく操縦する方法を知っていた。ある時は、母をけしかけて、父に私をどこか遊びに連れ出すように頼み込んでもらったりした。父と母が私に何かをやらせようとする時など、親の声が聞こえないふりをすることもあった。そういう時は大抵、親に言われたことを自分に都合のいいように解釈していたのだ。そして親の意向と違うことをした時は、親の言った台詞をうまく引用して、僕にはそうしていいと聞こえたんだと言って納得させた。

私が法律を学んで顧客のために活かすことは、運命だったのかもしれない。初めて受けたビジネス法の授業は、私が税法を学び続けるきっかけとなった。私は法律を学ぶのが楽しくて仕方がなく、ユタ大学三年生の時、大学付属のビジネススクールで受講できる税法のクラスをすべて履修してしまった。クラスメイトのほとんどは四年になるのを待って税法のクラスを受講したが、あまりに面白そうで私は待っていられなかった。そのために、私はほかの上級会計コースを取るのを遅らせ、大学四年で取ることにした。四年生で残った上級クラスをすべて受講するために、一つの学期の中に二つの中級会計学クラスを並行して受講したこと

を今も覚えている。こうした苦労はすべて、私には大きな価値があった。

ユタ大学ビジネススクールには、税務の講義を担当するヘイニー教授という素晴らしい教授がいた。税法の弁護士で、本業の傍ら講義を受け持っていた。授業は厳しかったが、税法に精通していて、熱心に教えてくれた。私が大学院に進もうかと考えていた時、真っ先に相談したのは妻以外にはこのヘイニー教授だった。私は法科大学院に進むべきか税務会計の修士号を取るべきか相談した。ヘイニー教授は、私が税法の分野で働きたいのであれば、公認会計士の資格を取った方がいいだろうと言った。彼の経験では、公認会計士の方が弁護士よりも税務に取り組む時間が長いということだった。そこで私はヘイニー教授の助言に従い、テキサス大学の会計学修士課程に進んだ。

それ以来、私は人生のほとんどを、税法を学び、税法を教え、税法を使って顧客の税負担を減らすことに費やしてきた。税金は本当に負担だ。ベンジャミン・フランクリンはかつてこう言った。「国民の所得の一割を税金として取るような政府は情け容赦のない政府だ」今、世界のあちこちの国で、一割どころか個人所得の四割から五割を税金として取られている。

もうお気付きだとは思うが、念のためお伝えしておくと、私は節税に情熱を燃やしている。そして節税には、この熱意こそが一番大事だ。

ルール21：あなたと税務アドバイザーの節税に対する熱意が高ければ高いほど、税金は下がる

セミナーで話をする際、**何度も聞かれる質問がある。「どうしたらいいアドバイザーを見つけられるのか？」あなたの人生において、これほど大事な質問はほかにあまりない。**いい税務アドバイザーは、あなたの税金を減らしてくれるだけでなく、税金に対する恐怖心も取り除いてくれる。さらに、これが最も大事な点だが、税務監査に対する恐怖心も取り払ってくれる。

㊺税務関係者にも知識の差がある

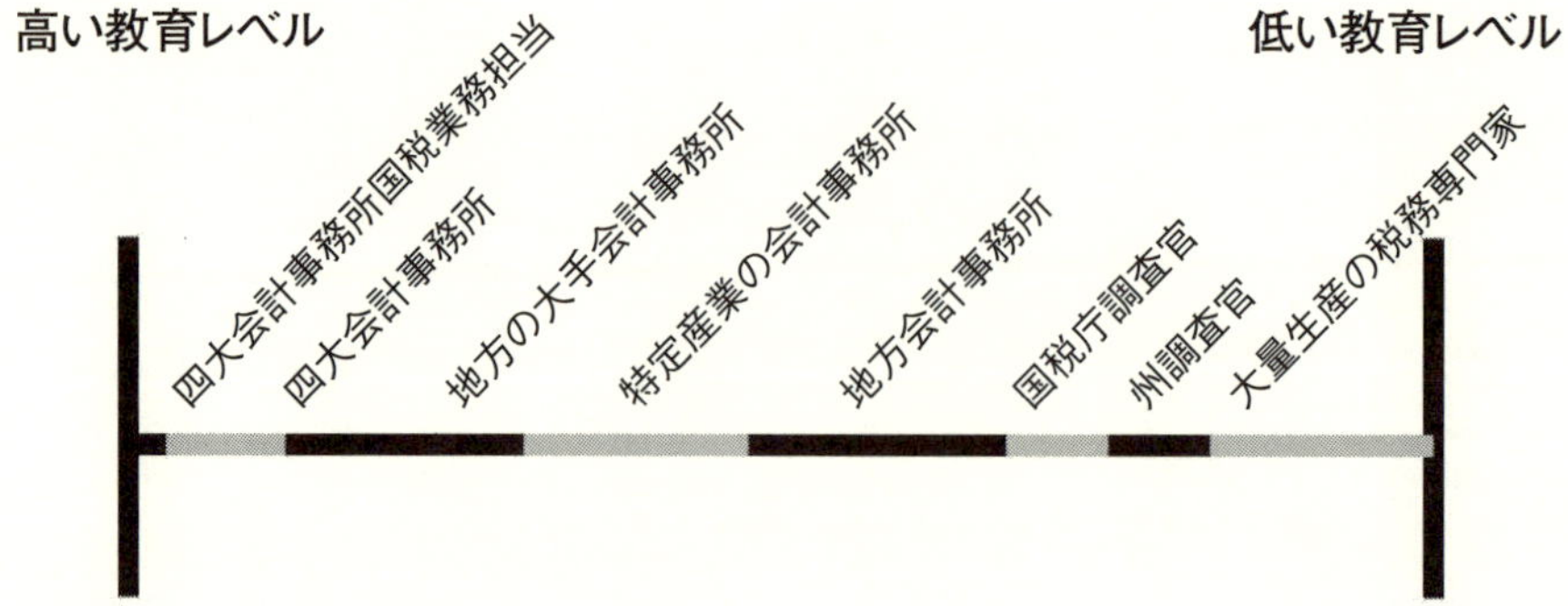

とはいえ、節税への熱意を持っているかどうかは、いいアドバイザーを選ぶ際に見極めるべき条件の一つに過ぎない。もう一つ確かめるべきことは、法律をどうとらえているかだ。そのアドバイザーは法律を恐れているか？　それともチャンスととらえているか？　ほとんどの税理士は法律を恐れている。法律を読もうともせず、代わりに税法の簡易版、つまり税務ガイドのようなものを読んでいる。こうした税理士はわからないことがあると尻込みしてしまう。そして、その「わからないこと」がたくさんあるのだ！

彼らが尻込みしてしまうのは、これまで腰を据えて法律を学んでこなかったからだ。医者や弁護士などの専門職と同じように、税務アドバイザーや申告書を作成する人にもさまざまな教育レベルがある（図㊺）。税務申告書を作成する人の中には、作成方法について数時間か数週間程度のコースしか受けていない人もいる。学校に通った人もいるが、それでも十分ではない。税法を熟知しているのは、上位大学をトップの成績で卒業した税務アドバイザーたちだけだ。彼らがなぜ上位の大学に進み、トップの成績で卒業できるかというと、彼らには税法とその複雑な仕組みの全容を学びたいという気持ちがあるからだ。私もそうだったが、法律を勉強したくてたまらないのだ。この業界におけるヒエラルキーはとてもシンプルだ。形式上も実務上も、受けた教育レベルに基づいて決まる。

結果として、教育と知識レベルの低い会計士は、そのほとんどが申告書類を作成する際に、分かりやすい控除や税の優遇を盛り込むことしかしない。それに恐らく顧客と話す機会も年に一、二回だろう。彼らの側に提供できる情報がほとんどないからだ。また彼らはIRAやRRSP、401（k）の積立金を最大にするように勧めたり、年末に経費を前払いするように言ったりする。あるいは、あなたが今、手にしてしかるべき収入の受け取りを、先延しにしたほうがいいなどと言い出すかもしれない。

なんてひどいアドバイスだ。こうしたアドバイスはすべて、将来税金を払わなければいけないという代償を払って現在節税しているだけだということにあなたは気付いただろうか。こうした会計士たちは、あなたの将来の負担と引き替えに、今節税することしか考えていない。ある時、私はスタッフ研修のなかで、プロヴィジョンとほかの公認会計事務所との違いを説明するように言った。すると大学を卒業したての一番若いスタッフが実に鋭い意見を述べた。彼女は、顧客の過去についてこと細かに調べるのではなく、将来に焦点を当てる会計事務所で働くことになるとは思わなかったと言ったのだ。税務申告書を作成する人たちの多くが恒久的な節税に着目しない理由の一つは、彼らの関心は過去と現在にしかないからだ。未来のことまでは考慮していない。

なぜ人々はわずかな見識しかない会計士や税務アドバイザーを雇うのだろうか。おそらく何を基準に選んでいいかわからないからだろう。あるいは、単に料金が安いからかもしれない。料金が安いからといって、それだけの理由で雇うのは大きな間違いだ。税務アドバイザーの真価は、報酬の額ではなく、どれだけコストパフォーマンスが高いかで測るものなのだ。

ルール22：プロへ支払う報酬額自体ではなく、節税効果を考慮したコストパフォーマンスを考える。

例を挙げよう。顧客の一人（仮にジルとする）が最近、プロヴィジョンのおかげでいくら節税できたかを

㊻毎年７万ドル節税して利回り10%で運用すると……

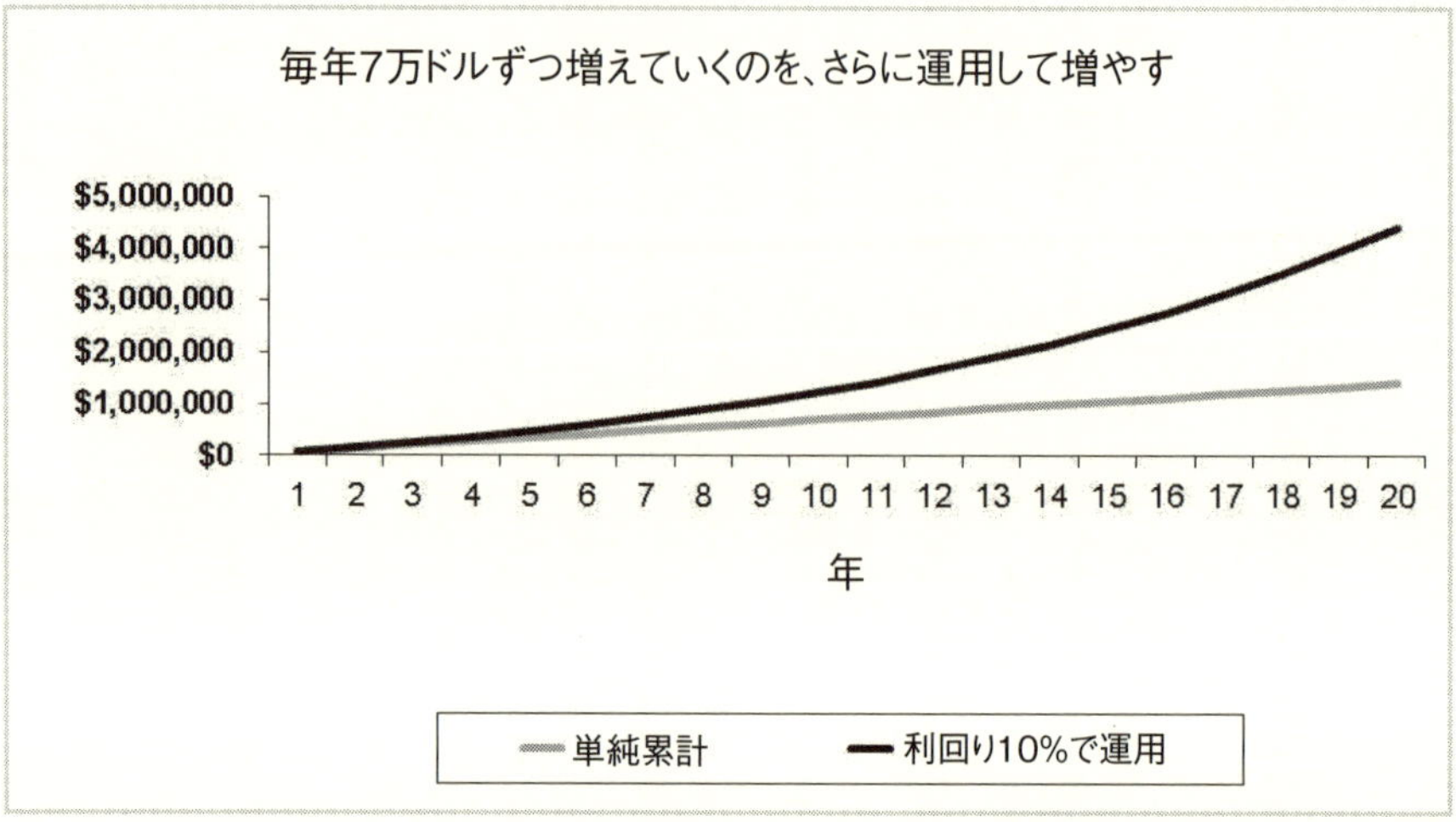

話してくれた。私たちが法律を熟知していたおかげで、ジルの毎年の節税額は七万ドルにもなった。これを二〇年間利率一〇パーセントで運用すると、総額四〇〇万ドルになる（図㊻）。もしジルが以前のアドバイザーを雇ったままだったら、この総額四〇〇万ドルは手元に残らなかった。つまり、以前のアドバイザーの費用が二〇年で四〇〇万ドルにもなっていたことになる。確かに、そのアドバイザーの報酬は私たちよりも安かった。プロヴィジョンはジルの税金対策費用として、二万ドルを請求した。しかしその二万ドルはジルが今まで支払ったものの中で最高の投資となった。この投資の収益率（ＲＯＩ）は年率三五〇パーセントだ。しかもこれは所得税が戻ってきたものだから、課税対象とはならない。二万ドル投資して三五〇パーセントの非課税還付を受けられるのは、なかなかいい話ではないだろうか？

プロヴィジョンの顧客でも、だれもが毎年七万ドルも節税できるわけではない。もっと多く節税できる人もいれば、少ない人もいる。請求する報酬も顧客によって異なる。ここでカギとなるのは、どちらの会計士の方がジルにとって高コストになるかという点だ。雇うための費用は少なかったが、結果的に四〇〇万ドルかかったほうか、それとも雇う費用は高かったが毎年七万ドル節税してくれたほうか。答えは明らかだ。それでもまだ多くの人は、雇った専門家のせいで税金を払い過ぎる可能性よりも、その専門家を雇う費用のほうを気にする。

もう一つ言えるのは、法律を直線的にとらえる会計士が多いということだ。私たちはこうしたタイプの会計士を、直線型または左脳派と呼んでいる。会計士にはこういうタイプが多い。彼らは数字の確かさと明快さが好きで会計士の道を選んだ。法律のあいまいさが好きで会計士になる人はあまりいない。こうした会計士たちは、申告書類を正確に作成するなど型にはまった業務は問題なくこなす。ところが、顧客に有利になるような、創造的な法律の活用法を考えることはしない。問題なのは、税法を作るのが会計士ではないという点だ。法律の草案を書くのは、上院議員や下院議員に雇われた税法の専門家だ。彼らは景気をよくしたい、特定の産業を支援したい、または政府の収入を維持したいという政治家の思いを実現させるために法律を書く。この人たちは物事を直線で捉えない。こうした人たちは、非直線型または右脳派とでも呼ぶことができるだろう。

税法は直線的に書かれていない。ある法律の条項が他の条項に影響することがあるが、その関連性も常に明確なわけではない。何よりも、法律の解釈には裁判所の決定、判例が大きくものをいう。したがって、税務アドバイザーが最大限の節税を実現するためには、あらゆる法律について調べないといけない。これは極めて重要な点だ。もし税務アドバイザーが一つの決まりしか知らなかったら、残りの四つか五つの決まりを知っていればできたはずの節税分を逃すことになる。

■ここに注意! 税務アドバイザーの能力は同じではない

1. 税務アドバイザーは、それぞれ知識と経験が異なり、医療専門家よりもその差は大きい。
2. あなたの支払う税金の額は、他のどんなことよりも、雇う税務アドバイザーによって左右される。

当然ながら、税務アドバイザーの資質として最も重要なのは、自分のニーズよりも顧客のニーズを優先する姿勢だ。それはどうしたらわかるのだろうか？　実はこれは簡単で、打ち合わせの時の対応を見ればいい。あなたの質問に答えるだけだったり、自分の提供するサービスのことばかり話したりする人かどうか？　あるいは、あなたにとって本当に必要なことを重点的に話しているか？　そういったことを見れば判断がつく。

わかりやすい例を紹介しよう。

少し前の話だが、私が同僚と近所のカフェで昼食をとっていた時のことだ。私はメニューの中においしそうなサンドイッチを見つけた。どうやらそのサンドイッチにはピクルスがついてくるようだ。これはピクルス好きな人にとっては嬉しいだろうが、ピクルスが嫌いな人にとってはつらい。

ピクルスは「社交的」だ。一か所に留まらず、汁があちらこちらに広がり、サンドイッチどころか、同じお皿に載ったほかの食べ物にも全部味が移ってしまう。ピクルスが好きだったら、それもいいだろう。しかしピクルス嫌いにとっては、ピクルスがお皿に載っているだけで、食事が台無しにされる恐れがある。

私は注文を取りに来た店員に、私の皿にはピクルスをどうか載せないでほしいと丁重にお願いした。「承知しました」と店員は言った。「ご心配なく」とも。それでも私は心配だった。そこで、彼女が飲み物を運んできた時に、私はもう一度念を押した。店員は、私の料理にピクルスが入らないようにもう一度確認すると約束した。

数分後、彼女は注文した料理を運んできた。私の皿を見ると、そこにはサンドイッチと、フライドポテトと、そしてピクルスがあった！　二度も頼んだのに、なぜピクルスがついて来てしまったのだろう。私の感じが悪かったのだろうか？（十分感じよくしたつもりだったが）彼女は私の頼みを忘れてしまったのだろうか？　それともコックが彼女の話を無視したのだろうか？

私は同僚と一緒に、この状況から何を学べるかを考えてみた。なぜ、ピクルスを入れないでほしいと二度も頼んだにもかかわらず、私の皿にはピクルスがついてきたのだろうか。きっと、コックかウェイトレスがルーティンの業務に忙しすぎて、いつもと違うことには対応できなかったのだろう。私たちはそう結論を出した。

ではどうしたら、私はこの災難を避けられただろうか？（もっとも大災難というわけではないが）私たちは考えに考え、やっと結論にたどり着いた。もしも店員が「ピクルスはいりますか」と聞いていたらどうだっただろう。私の皿にピクルスはついてきただろうか。もちろんなかったはずだ。なぜなら、彼らのルーティンの中に、顧客が本当に欲しいものを探るという工程が含まれているからだ。

税務アドバイザーとの打ち合わせでも同じことが言える。税務アドバイザーの日常業務が顧客の質問に答えることだけだとしたら、このアドバイザーは質問に答えることはできても、それ以上のことは、あなたから伝えないと何も伝わらない。逆に、もし彼が日常業務として、顧客の置かれている状況について聞き出そうとしていれば、彼はあなたのよい味方になり、あなたにとって本当に必要なものを引き出そうとしていることがわかるはずだ。

それだけでない。あなたが支払う税金の額は、あなたの実態と状況によって決まる。どんな支出でも、正しい状況下であれば控除の対象になると前にお話ししたが、状況が変われば、税金も変わる。もし税務アドバイザーがあなたの現況について尋ねなかったら、いったいどうやってあなたにとっての妥当な税額がわかるというのだろうか？　その税務アドバイザーは、間違いなく、あなたがより控除を受けられるように、どう現状を変えたらよいかアドバイスなどできないだろう。

現実には、すべての答えを握っているのはあなただ。税務アドバイザーは、その答えを引き出すべく、あらゆる質問を投げかけられるようでなければならない。**税務アドバイザーに何を質問したらいいか心配する必要はない。もしあなたから質問しなければならないとしたら、それはいい税務アドバイザーではないということなのだから。**

■税金対策のヒント

いい税務アドバイザーを見つけよう。いい税務アドバイザーは、あなたに質問を用意させるのではなく、自分から顧客に積極的に質問をする。

さらに、節税は本人だけにしかできないものだということを思い出そう。だから、税法が自分の日常でどう使われているのかくらいは知っておく必要がある。そうすれば、日々の生活でその知識を有効に使うことができる。そのためには、節税に必要なルールを熟知し、熱心に教えてくれる税務アドバイザーを見つけることが大事だ。

多くの税務アドバイザーは、本心ではそうしたルールをあなたに知ってほしくないと思っている。ルールが知られてしまうと、自分たちのアドバイスが必要とされなくなってしまうのではと恐れているからだ。あなたも私も、この考え方が間違っていることを知っている。ルールがわかれば、あなたはもっと節税できる。節税できると、あなたのキャッシュフローも増える。キャッシュフローが増えれば資産が増える。資産が増えると、今よりももっと税務アドバイザーが必要になる。つまり、税務アドバイザーにとって、時間をかけてあなたに必要なルールを教えることは、彼ら自身の利益にもなるのだ。もちろん、あなたの利益にもなる。

■いい税務アドバイザーの特徴

1. 税法に精通している
2. 顧客の節税に対して熱意がある
3. 法律をチャンスだととらえている
4. 恒久的な節税に焦点を当てている
5. 顧客に有利になるように自由な発想で法律を応用する

6．一つの法の規則だけではなく、法律全体を踏まえて節税の方法を検討する
7．自分のことよりも顧客のことを大切に考える
8．顧客の置かれた状況について質問する
9．税制について積極的に教えてくれる

この章の最後のアドバイスは税務申告書まで作成してくれる税務アドバイザーを見つけるということだ。自分の税務アドバイザー以外に税務申告書の作成を頼んではいけない。もし頼んでしまったら、大きな間違いとなる可能性がある。税務アドバイザーからすばらしいアドバイスをもらっても、書類の作成者がそのアドバイスを的確に反映させられないかもしれない。

あなたが税務書類の作成者に求めるものは、正確性だけではないはずだ。税務申告書を作成しながら節税も考えられる人、監査が入る可能性を減らそうとしてくれる人であってほしい。私の会計事務所では、申告書類の作成を、前年度の税務対策の締めくくりの作業、そして翌年度の最初の仕事と位置付けている。

税務申告書まで作成してくれるようないい税務アドバイザーを、ぜひ時間をかけて探してほしい。これはと思ったアドバイザーとの打ち合わせには、この章で挙げた主なポイントをふまえた準備をしてほしい。

■いいアドバイザーに必要な専門的素養
1．正確性
2．申告書類を作成するだけでなく、顧客の税金戦略についても助言できる
3．顧客の税務申告書を作成しながら節税対策を行える
4．顧客に監査が入る可能性を減らす

これであなたは節税について必要な知識をすべて学んだ。次は何をしたらよいだろうか？　まず税務アドバイザーに相談し、私から得た助言をくまなく活用して、すぐに節税にとりかかろう。そうすれば、即座にキャッシュフローが増える。この余分に手にしたお金で何ができるかを考えるだけで、わくわくしないだろうか！

次の章では、この新たに得たキャッシュフローを使って資産を大きく増やす方法をお話しする。

■第23章のキーポイント

1. 税法は柔軟性をもたせるために、意図的にあいまいに作られている。税法を理解していれば、さまざまに利用できる。
2. 財産を守るために大事なことの一つは、普通に「いい」税務アドバイザーではなく本当に「優秀」な税務アドバイザーを見つけることだ。
3. 優秀な税務アドバイザーとは、税法をよく知り、応用を利かせることができ、親身になってあなたのニーズに応えてくれる人だ。
4. 税務アドバイザーと申告書を準備してくれる人を分けてはいけない。そうでないと、アドバイスがまったく無駄になることがある。

●税金戦略23：優秀な税務アドバイザーを見つける

■税務アドバイザーを面接するときに聞きたい一〇項目

1. 税法についてどう考えるか？
2. 税法で一番得をするのはだれだと思うか？

3. なぜ税務アドバイザーになろうと思ったのか?
4. 私の何について知りたいか?
5. あなたのアドバイザーチームはどうなっているか?
6. これまでの経歴を教えてほしい。
7. あなた自身の投資戦略はどうなっているか?
8. 税務に関する修士号をどこで取得したか?
9. IRS監査のリスクを減らすための方法を三つ挙げてほしい。
10. 資産保護についてどう考えているか?

■税務アドバイザー候補があなたに聞くべき一〇項目

1. あなたの夢と目標について教えてほしい。
2. 家族の現在の状況と将来の見通しはどうなっているか?
3. 配偶者および子供とあなたの法的関係はどうなっているか?
4. 現在の投資状況と、今後の投資計画について教えてほしい。
5. 現在の経営状況と、今後の経営計画について教えてほしい。
6. あなたの節税哲学を教えてほしい。
7. 税法についてどんなことを知りたいか?
8. あなたに合った学習法はどれか?(聴覚型、視覚型、触覚型、運動感覚型)
9. もしすべてが理想的に進むとしたら、あなたは公認会計士とどのように関わりたいか?
10. あなたのチームのほかのメンバーはだれか?

第24章　余分に手に入ったお金を何に使う？

「善きサマリア人を皆が覚えているのは、彼の行いがよかったからだけではない。彼はお金も持っていたのだ」

――元イギリス首相マーガレット・サッチャー

おめでとう！　これであなたは税法の仕組みを知り、その知識を使って節税できる方法を学んだ。この本で学んだ戦略を毎日の生活に取り入れたら、来年はどんなにたくさんの税金が戻ってくるか、考えてみてほしい。

次に考えてほしいのは、こうして得た余分なお金の使い道だ。ただポケットに入るだけでもうれしいかもしれないが、よく考えてみてほしい。政府から戻ってくるお金は、ほかのどんな収入よりも気分のいいものだ。これが、税金の還付《リファンド》がうれしい《ファン》理由だ。このお金はあなたが好きなように使っていいお金だ。しかも全額を好きにできる。政府の取り分はない。

何年も前だが、私の顧客に、政府にはわずかなお金も取られたくないという人がいた。彼は一ドルを政府に渡さないために喜んで二ドルを払うような人だった。政府が税金を不要な公共事業に充てて無駄使いしていると信じていたため、節税のためなら何でもした。彼のような考えを持つ人はほかにもいるはずだ。

何も、私はあなたに一ドルを節税するために二ドル使うようにと勧めているのではない。私の提案は、実は正反対だ。優秀な税務アドバイザーの手助けを得ながら、本書で掲げた基本原則を理解し、日常生活の中でそれらを実行すれば、何千ドルもの節税ができる。

このようにして手にしたキャッシュフローを、あなたならどう使うだろうか。休暇で旅行に行く、自宅を改装する、慈善団体に寄付する――どれもが意味のある活動だ。でも、考えてみてほしい。その追加のキャッシュフローでもっと大きな資産を築けたら、旅行もさらに豪華になるし、家ももっと大きくなるし、寄付金ももっと多くなるだろう。

気持ちはわかる。あなたは今すぐに、この余分なお金を少しでも自分のために使いたいだろう。よく働いたのだから、旅行ぐらい行ってもいいはずだ。しかも、もし正しく処理すれば、その休暇の費用を全部、あるいはそのほとんどを今年の税務申告で控除することができる。でも、今はそれよりも、もっと大きな資産を築くことに集中してみたらどうだろう。そうすれば将来、もっとすばらしい旅行に行けるし、もっと大きな家にも住める。あるいは支援する慈善団体にもっと多くの寄付ができる。二〇年も待たずに、あなたのほしいものがすべて手に入るとしたら、すてきだと思わないだろうか。

では、節税で生じた追加のキャッシュフローを使って、どうやって資産を築くスピードを上げられるだろう。**あなたはこれまで、恒久的な節税を通じて、まったく新しい方法でキャッシュフローを増やす方法を学んだ。ここで一番やってはいけないことは、その全額を従来型の投資につぎ込むことだ。つまり、投資信託会社や古い考えのファイナンシャルプランナーに預けてはいけない。**

■大きな財産を築くためには、次の三つの概念を理解する必要がある

1. 複利
2. レバレッジ
3. お金の速度

この三つの基本原則の上に大きな財産が築かれる。

●複利の魔法

私は大人になるまでに、複利の魔法についていつも聞かされてきた。その意味を尋ねると、複利は寝てい

㊼1 万ドルを金利 5%の複利で 10 年預けた場合

年	金額	金利	利息	合計
1	10,000	5%	500	10,500
2	10,500	5%	525	11,025
3	11,025	5%	551.25	11,576.25
4	11,576.26	5%	578.81	12,155.07
5	12,155.07	5%	607.75	12,762.82
6	12,762.82	5%	638.14	13,400.96
7	13,400.96	5%	670.04	14,071.00
8	14,071	5%	703.55	14,774.55
9	14,774.55	5%	738.72	15,513.27
10	15,513.27	5%	775.66	16,288.93

る間も増え、常に膨らみ続ける魔法のようなものだと教えられた。その仕組みを紹介しよう。

あなたが譲渡性預金（定期預金）に一万ドル預け入れたとする。預金金利は五パーセント。一年後、あなたの預金には五〇〇ドルの利息がつく。この五〇〇ドルはそのまま銀行に寝かせておくことにしよう。これであなたの預金額は一万五〇〇ドルだ。五パーセントの金利は、最初の一万ドルと前年利息分の五〇〇ドルのどちらにもつく。したがって、二年目の利息額は五二五ドルだ。二年目の利息が二五ドル多い理由は、前年の利息分に今年の利息がついたからだ。これが複利だ。

一〇年後には、利息の合計は六二八八ドルになる（表㊼）。もしあなたが利息分を毎年引き出していたら、利息は一〇年で五〇〇〇ドルにしかならなかった。差額の一二八八ドルは複利のおかげで生まれたものだ。これがよく言われる複利の「魔法」だ。

複利の重要性は明らかだが、この方法では富を築くのに非常に時間がかかることも確かだ。一〇年で金利を五パーセントから約六・三パーセントまで引き上げるくらいしかできない。そしておそらく、この金利の上げ幅はインフレ率よりも低い。では、もっと短期間で、もっと大幅に、しかもリスクを増やすことなく資産を増やせるとしたらどうだろう。実は、レバレッジという正真正銘の「魔法」を使えばこれが可能になる。

●レバレッジ

レバレッジとは、自分のお金だけでなく、他人のお金で利益を得る時に発生する力だ。銀行があなたからお金を借りてやっていることがまさにこれだ。銀行はいつあなたからお金を借りているのだろう。そう、あなたが預金をするたびに、銀行はあなたからお金を借りている。

そうだ。銀行はお金の貸し借りをビジネスにしている。だれかが銀行に預金すると、銀行はその預金分を預金者から借りたことになる。さらに銀行は、預金者に必ず返済するのであれば、預かったお金を自由に使うことができる。だから、あなたが銀行にお金を預けた時、そのお金は銀行の帳簿の貸方に記入される。銀行側からすると、その時点であなたからお金を借りたことになり、負債を負うからだ。銀行が預金者に負った負債は貸方勘定項目として賃借対照表に計上される。

さて、銀行はあなたのお金を使って何をするのだろうか。銀行はそのお金を、あなたに払う利息よりも高い金利でほかのだれかに貸し出す。銀行にとってはあなたから預ったお金がレバレッジだ。あなたが譲渡性預金に預けた一万ドルを例に取ろう。銀行はあなたに五パーセントの利息を支払う。たとえばこの銀行が、あなたの預金を別のビジネスオーナーに金利八パーセントで貸し付けたとしよう。すると銀行は、あなたのお金で八パーセントの利息を得るが、あなたに支払う利息は五パーセントだ。銀行は自分のものではないお金を使って、正味三パーセントの利息を得ることになる（表㊽）。

借金はとてもリスクが高く危険なものだと人が話すのを時折耳にする。でも、あながちそうとは限らない。銀行が低リスクの借り手に融資することを主な戦略としている限り、銀行業をとくに高リスクだと思う人はいないだろう。銀行は融資をする際、事前に慎重な審査を行う。この審査がリスクを減らしている。審査と呼ぶかわりに単に情報収集、知識、教育と呼んでもいい。知識や教育はリスクを減らす。

■ここに注意！　借金は十分な知識がないと危険

1. 借金はてこ《レバレッジ》として働き、財産を短期間に増やすことも、減らすこともある。
2. 借金を利用して財産を増やす場合、十分な知識を身につけること。そのための効果的な方法の一つは、ロバート・キヨサキとキム・キヨサキが考案した『キャッシュフロー』ゲームで遊び、リッチダッド・エデュケーションの講座をとることだ。

あなたの一万ドルを貸し出して、銀行は年間三〇〇ドルの利益を上げる（表㊾）。なるほど、彼らが喜んで預金者に利息を支払うわけだ。これで銀行が大量の広告を出して預金者を集めようとする理由がわかる。

㊽銀行はあなたの預金を他の事業主に貸し出す

ステップ1：預金する

銀行の賃借対照表

資産		負債	銀行はあなたに 5%の金利を支払う
現金*	+ $10,000	預金	+ $10,000
	+ $10,000		+ $10,000

＊わかりやすくするため、ここでは連邦準備金を含まないことにする。

ステップ２：銀行が預金を別のビジネスオーナーに貸し出す

銀行の賃借対照表

資産		負債		
現金	$10,000	預金		+ $20,000
融資	+ $ 10,000	あなたの預金	$10,000	
銀行はあなたの預金を 金利八%で貸し付ける。		*ビジネスオーナーの預金	$10,000	
	$20,000			+ $20,000

＊ここでは、借り手（事業主）は融資を受け取った後、同じ銀行の自分の事業用口座に預金したこととする。

預金が増えれば増えるほど、さらに高い金利で貸し出せるお金が増えるのだ。

では、実際に財産を増やすために、このレバレッジの原理をどのように使えばいいのだろうか？　それは、銀行と同じようにすればいいだけだ。だれかからお金を借り、その金利よりも高い利率でリターンが得られるものに投資をする。

では、だれがあなたにお金を貸してくれるだろう？　そう、銀行だ。

あなたがすでに預金している（つまりお金を貸している）銀行ならば、その同じ銀行が、喜んであなたに適切な投資のためのお金を融資してくれるはずだ。銀行は、ビジネスや不動産への投資であれば融資する（もちろん、旅行など個人的な理由でもお金を貸してくれるが、これにはとても高い金利がつく。そう、クレジットカードだ）。

お気付きだろうか？　銀行は、キャッシュフロー・クワドラントの右側にいる人、すなわちビジネスオーナーと投資家には喜んで融資する。この人たちはリスクが低いからだ。ただ、ビジネスオーナーや投資家といっても、ビジネスを成功させるだけの知識があり、ローンを必ず返済できる人にしか銀行はお金を貸さない。

あなたがビジネスのために銀行から一〇万ドルを借りるとしよう。銀行は金利八パーセントで融資するとする。あなたはこの一〇万ドルで設備や仕入れ品を購入し、一年で一万二〇〇〇ドルの収益を上げる（投資利益率一二パーセント）。銀行へは、金利八パーセントつまり八〇〇〇ドル支払うので、この融資のおかげであなたは四〇〇〇ドル（四パーセント）の純利益を得ることになる（表㊿）。これはまさに、銀行の行うレバレッジと同じ方法だ。

譲渡性預金に預けた一万ドルの話に戻ろう。このお金を銀行には預けず、代わりに銀行からの融資一〇万ドルと合わせて事業資金にしたとしよう。あなたはこの一万ドルで一二パーセントの利益を上げると同時に、銀行からの融資分で四パーセントの利益を上げた。最初の一年で合計五二〇〇ドルの利益を上げたことにな

㊾銀行はこうして利益を生み出す

関係する人	金額	金利	結果
あなたの利益	$10,000	5%	$500
事業主の支払額	$10,000	8%	$800
銀行の利益	事業主から支払われる利息800ドル －銀行があなたに支払う利息500ドル ＝純利益300ドル		

㊿銀行から融資を受けてビジネスをした場合

お金にレバレッジをかける			
ステップ1		ステップ2	
借りる	$100,000	設備や仕入れ品を購入する	$100,000
×金利	8%	×利益率	12%
＝あなたの費用	$ 8,000	＝あなたの収入	$ 12,000
収益12,000ドル－支払金利8,000ドル＝あなたの純利益4,000ドル			

る（一万ドル×一二パーセント＋一〇万ドル×四パーセント）。この結果を、譲渡性預金に預けっぱなしだった場合の利息五〇〇ドルと比べてほしい。これがレバレッジの魔法だ！

●お金の速度

速度と聞くと私は必ずレーシングカーを連想する。いったい、どれくらい速く飛ばせるのだろう？　数年前、パートナーのアンがクリスマスに、フェニックス・インターナショナル・レースウェイでF１カーを運転できるギフト券をプレゼントしてくれた。私は車を速く走らせるのが大好きなので、これはとてもうれしかった。車好きならだれだってそうだと思う。スピード違反の心配をしなくていいのだから！

トラックに到着すると、スピード好きなのは私だけではないことがわかった。そこには同じ考えの人間が二〇人ほど集まっていた。最初にインストラクターが私たちを小さな部屋に集め、これから運転する車とコースについての説明をした。そして、万が一車が衝突した時にかろうじて身を守ってくれるであろうカバーオール（つなぎ服）、ヘルメット、ゴーグルが渡された。そこから私たちはトラックに出て、実際のレーシングカーの運転の仕方について教わった。

その後、インストラクターは私たちをバンに乗せ、トラックを一周した。これは、走行スピードを最大にしながら事故のリスクを減らすには、どうコース取りをしたらいいかを教えるためだった。私は大型バンがあっという間にトラックを一周したことに驚いた。運転していたのは明らかに経験を積んだ優秀なドライバーたちだった。この後ようやく、私たちは自分の車に乗り込むことが許された。一周目はゆっくり走るようにとの指示だった。車とトラックの感触に慣れるためだ。そしてついに、一周目が終わると、好きなだけスピードを出してもいいことになった。

初めのうち、私は少し様子を見ながら運転した。カーブでは速度を落とし、直線に入ると加速した。トラックを何周かするうちに、ブレーキを踏む回数が徐々に減り、カーブでもスピードを落とさずに走行できるようになった。それからさらに何周かするうち、私はアクセルをめいっぱい踏み込んだまま、コントロールを失うことなく、一周できるようになった。最初から最後までスピードを落とさずに走り抜け、最高の気分だった。

これとまったく同じ原理がお金の速度についても当てはまる。車と同様、コントロールを失うことなく、極限まで速いスピードで進むには、できるだけ早く知識を習得して経験を積み、それを活かしながら走ることだ。お金の場合、目指すところはあなたの夢の実現だ。知識の習得と経験の蓄積の速度が早ければ早いほど、より早く夢に到達できる。

お金の速度を上げるカギは、お金を動かし続けることだ。銀行の複利の話を思い出してほしい。あなたはただ銀行にお金を置いていただけで、お金は動いていなかった。わずかな利息はついたが、一〇年かかってもたかだか六二八八ドルだ。そこにレバレッジをかけたら、どうなっただろう。複利だけでは一〇年かかった利息とほぼ同額を、たった一年で手にすることができた。

ここでさらにお金の速度の原理を使っていたら、もっと利益は大きかったはずだ。こう考えてほしい。実際のところ、レバレッジとは、他人のお金を使って複利で利子を生み出すことにすぎない。お金の速度を上げることは、レバレッジを大きくする一つの方法だ。その仕組みを説明しよう。

あなたは自分のビジネスに投資するために、手持ち資金の一万ドルに加えて、銀行から新たに一〇万ドル借りたとする。銀行が融資を承認したのは、一つにはあなたが自分の資金をビジネスに出資しているからだ。「身銭を切っている」からというわけだ。

一年目のあなたの収益は、投資総額一一万ドルに対して一万三二〇〇ドル。利益率は一二パーセントだ。銀行への返済が利息分の八〇〇〇ドルあるので、手元に残るのは五二〇〇ドル（表㊿）。さて、一万ドルの自己資金に対して銀行は一〇万ドルを融資してくれたのだから、この利益分五二〇〇ドルを自分のビジネスに再投資するとしたら、銀行は新たに五万ドルを融資してくれるはずだ。この五二〇〇ドルは正確には「ビジネスからの収益」だが、そうであっても同じことだ。銀行は借り手が収益をビジネスの中に留めることを好む。これは収益をビジネス内部に保つことから、「内部留保」と呼ばれる。

あなたは追加融資の五万ドルと一年目の利益分五二〇〇ドルを合わせた資金をもとに、さらに一二パーセントの儲けを出す。当初資金の一一万ドルもまだあるため、そこからも一二パーセントの利益が上がる。すると二年目の収益は約一万九八〇〇ドル（一六万五二〇〇ドル×一二パーセント）となる。銀行への返済は、融資総額一五万ドルに対して八パーセントの利息、つまり一万二〇〇〇ドルだ。ということは、二年目の利益は約七八〇〇ドルになる。これは一年目よりも三〇〇〇ドル近く多い（表52）。

これだけ利益が増えたのは、富の三原則である、複利、レバレッジ、お金の速度のすべてを活用したからだ。資金全額に複利がついたのだ。銀行から一〇万ドルの融資を受けて初期投資の一万ドルにレバレッジをかけた。そしてその一一万ドルが生んだ利益に満足することなく、初年度の利益に再度レバレッジをかけた。これが追加融資の五万ドルだ。一年目の利益にレバレッジをかけたのが、「お金の速度を上げた」ことにあたる。これは単に、富を築くスピードを上げ続けるために、お金に新たなレバレッジをかけて、動かしたのだ。するとたった二年で、合計一万三〇〇〇ドルの利益を手にできた（表54）。

これを、自己資金一万ドルを金利五パーセントの譲渡性預金に入れた場合の二年分の利息一〇二五ドルと比べてみよう（表53）。あるいは、追加融資五万ドルを受けずに一年目の利益に再度レバレッジをかけなかった場合の二年分の利益一万〇四〇〇ドル（五二〇〇ドル×2年）と比べてほしい。期間が長いほど、そしてお金の速度が速いほど、富の増える速度は増す。

大事なのは運動量《モメンタム》だ。**レバレッジを利かせれば利かせるほど、お金を再投入するスピードが速ければ速いほど、資産が増えるスピードも速くなる。**スピードウェイで学んだことを思い出してほしい。

1．精通した知識を持った専門家から正しく学ぶことから始める。

⑤1自己資金１万ドルと銀行の融資１０万ドルでビジネスを始める

複利、レバレッジ、 お金の速度が内部留保を生む 1年目	
銀行からの融資（100,000 ドル） + 自己資金（10,000 ドル）	= $110,000
投資利益率をかける （110,000 ドル ×12%）	$ 13,200
借入利息を差し引く（100,000 ドル ×8 %）	- $ 8,000
= 内部留保	= $ 5,200

⑤2２年目はさらに５万ドルの追加融資を受ける

複利、レバレッジ、 お金の速度が内部留保を生む 2年目	
銀行からの融資（150,000 ドル）+ 自己資金 （10,000 ドル）+ 内部留保（5,200 ドル）	= $165,200
投資利益率をかける （1650,000 ドル ×12%）	$ 19,824
借入利息を差し引く（150,000 ドル ×8%）	- $ 12,000
= 内部留保	= $ 7,824

2. 次に、専門家と一緒に試験走行をする。投資やビジネスを始める際には、ゆっくりと始め、まずはトラック（投資またはビジネス）の感触をつかむ。

3. トラックを何周かした後、本格的に走り出し、加速させる。そうすれば自分でも気付かないうちにトップスピードに達し、カーブでもスピードを緩めることなく走っているだろう。

■資産形成のヒント

私の紹介した単純な公式を使って、大きな不労所得が得られるようにしよう。まずは勤労所得を得て、成長が見込める資産へ投資し、その資産から大きな資本を作る。次にその資本を、不労所得を生み出すような資産に投資する。元手となる資本が大きければ、控えめなリターンの投資でも、大きな不労所得を得ることができる。

こうなると本当に楽しくなる。私はビジネスを使ってこの段階に達した。私はまず企業に勤め、従業員として専門家に学ぶところから始めた。自分の中ではインターンシップのような位置付けだった。その後、独立をしたが、最初は従業員も雇わず、ゆっくりとスタートした。そのうち従業員を数名雇い、共同経営者も加わるようになった。

今では猛スピードで走っているが、事務所に出勤して何時間も働くようなことは、もうない。私は仕事がこなせるように従業員を教育し、実証済みで間違いのないシステムを採用して、教育されたことを彼らがしっかりと実行できるような環境を整える。私は、自分のお金を再投資することも、ほかの人の力を借りてレバレッジをかけることもできる。レバレッジとして使えるのは、何もお金だけではない。他人の持つ時間、才能、そして人脈までも利用することができる。

安全かつ長期的に、迅速に財産を増やす方法はこれしかない。手っ取り早い儲け話は長期的に見ると必ず失敗する。宝くじの当選を狙うようなものだ。リスクが高く、たとえ当てたにしても賞金の使い方がわからず、あっという間に使い果たしてしまう。

私がここで説明したルールに従えば、複利、レバレッジ、お金速度の原則は必ずうまく機能する。しかも自分の貯金を使う必要もない。恒久的な節税に努め、それによって浮いたお金を使えばいい。

■第24章のキーポイント

1. 節税できただけでうれしいが、もっとうれしいのは、さらに財産を増やすためにそのお金を使えることだ。
2. 財産を増やすカギは、複利とレバレッジとお金の速度にある。
3. 複利だけでは財産の増加するスピードはとても遅いが、レバレッジとお金の速度を加えると、それは強力なツールになる。
4. 本当に節税するための唯一の方法は、まずこの本に書かれている戦略を実行してみることだ。今すぐ、優秀な税務アドバイザーを見つけて、第一歩を踏み出そう!

●税金戦略24：節税したお金を使って大きな不労所得を生み出す

この章では、例として一万ドルを使って、複利、レバレッジ、お金の速度の原則に基づいて富を生み出す方法を見てきた。ここで、これまで本書の全編で学んできた節税効果を組み込んだ場合、どうなるかを見てみよう。この章の例では、レバレッジとお金の速度の原則を使って、一〇万ドルの投資に対する収益を、二年で一〇〇〇ドル少々から一万三〇〇〇ドルほどにまで増やすことができた(表53 54)。さらに税の優遇を取り入れたら、どうなるだろうか?

あなたの税金戦略で、年間二万ドルの節税ができるとしよう。その二万ドルで追加融資を受け(仮に八万

㊸1万ドルを金利5％の定期預金に預けた場合

複利による収益 1年目と2年目	
1年目の利息	$500
2年目の利息	$525
合計	$1,025

㊹レバレッジとお金の速度を利用した場合

レバレッジとお金の速度による収益 1年目と2年目	
1年目の投資収益	$5,200
2年目の投資収益	$7,824
合計	$13,024

㊺レバレッジとお金の速度　税の優遇を利用した場合（1年目）

レバレッジ、お金の速度、 税の優遇による投資収益 1年目	
税金戦略により2万ドルを節税する＋投資を行うために、 8万ドルのレバレッジ（融資）を受ける	$100,000
投資利益率をかける（100,000×12%）	$ 12,000
借入費用を差し引く（80,000×8%）	- $ 6,400
＝投資収益	$ 5,600

⑯レバレッジとお金の速度　税の優遇を利用した場合（2年目）

レバレッジ、お金の速度、税の優遇による投資収益 2年目	
投資（100,000 ドル）+1 年目の利益（5,600 ドル）	$105,600
投資利益率をかける（105,600 ドル ×12%）	$ 12,672
借入費用を差し引く（80,000 ドル ×8%）	- $ 6,400
＝投資収益	$ 6,272

⑰節税分の収益を投資に生かした場合

節税分20,000ドルを投資した収益 1年目と2年目	
1 年目の投資収益	$5,600
2 年目の投資収益	$6,272
合計	$11,872

⑱これらすべてを投資に生かした場合

もとの投資に節税分、レバレッジ、お金の速度、 税の優遇を加えた収益	
レバレッジおよびお金の速度を 利用した投資収益	$13,024
節税分による収益	$11,872
合計	$24,896

ドル）、さらに一〇万ドルの投資ができる。その一〇万ドルは一二パーセント、つまり一万二〇〇〇ドルの利益を生み出す。あなたは銀行からの八万ドルの融資に対して八パーセント、つまり六四〇〇ドルの利息を払うので、結果として、五六〇〇ドルの追加収益となる（図55）。二年目は、一〇万五六〇〇ドル（一〇万ドル＋一年目の利益分五六〇〇ドル）に対して一二パーセント、つまり総額一万二六七二ドルの収益を得る。八万ドルの融資に対して六四〇〇ドルの利息を払うため、追加収益は六二七二ドルだ（表56）。それに加えて、税金戦略により毎年二万ドルを節税しているため、その分が手元に残る。それと新たな八万ドルの銀行融資を合わせて投資すると、五六〇〇ドルの純利益が生じる。さて、あなたは二年間で、元々の収益一万三〇二四ドルに一万一八七二ドルの投資収益を追加し（表57）、たった一回の一〇万ドルの投資と税金戦略により節税した分の投資に対して総額二万四八九六ドルとなる収益をわずか二年で生み出した（表58）。この結果を、レバレッジもお金の速度も税金戦略もなく、ただ一〇万ドルを銀行に預けただけで一〇二五ドルの利息を得た場合と比べてほしい。お金に対する考え方を変えただけで、二年間で収益を二四倍以上に増やすことができた。しかも、年間二万ドルの節税の結果、二年間で四万ドルとなった節税分（追加投資した資本）は、収益としてここには含まれていないのだ。

節税対策を資産形成戦略に組み込むと、どんなにすばらしい効果を生み出せるかわかってもらえただろうか？　税金戦略で節税した分を投入して、二年間で投資収益を二倍近くに増やすことができた。もちろん、これは一例にすぎない。収入の額や税務アドバイザーの能力によって、節税額は年間二万ドル以上になることもあれば、下回ることもあるだろう。いずれにせよ、財産を築くためには、複利、レバレッジ、お金の速度、そして節税を組み合わせるのが一番いい。

おわりに

あなたはこの本を読んで、恒久的に節税し、資産を形成する方法について多くを学んだ。でも、これで終わりにしないでほしい。必ず自分のチームとじっくり話し合い、節税戦略と資産戦略を立ててほしい。節税対策を練るために必要なアイディアや情報は十分に得たはずだし、第24章では資産戦略を立てるのに役立つ考え方も紹介した。財産を増やす上で一番のカギは、節税戦略と資産戦略を組み合わせることだ。まずはチームの中心メンバーを確認しよう。節税戦略ブレイン（税務アドバイザー）と資産戦略ブレインだ。よい税務アドバイザーの選び方については、第23章でその秘訣をお伝えした。

資産戦略ブレインについてはどうだろう。もしあなたのチームに、あなたの置かれた状況をしっかりと把握し、巨額の不労所得を得る方法を熟知し、よいチーム作りについて理解している人がいたとしたら、その人こそあなたの資産形成にとって欠かせない重要な人ではないだろうか？　その通り。では、その人をどこで探したらいいのだろう？　答えは簡単。資産戦略ブレインは、税務アドバイザーが兼ねるべきだ。資産を築くのは、簡単な方程式に則っている。複利とレバレッジとお金の速度と節税を足せばいいのだ。この方程式で一番複雑な部分は、節税のところだ。だったら、この複雑な領域に精通し、しかもあなたの状況を理解している人、そう、あなたの税務アドバイザーが資産戦略ブレインになるべきではないだろうか？

これで、資産構築に挑むための準備は整った。チームにはあなたのことを理解し、資産の形成の仕方も、節税の仕方も熟知している人がいる。あとはぜひ、本書で紹介した考え方を駆使して、学んだことをくまなく実践するように心がけてほしい。そうすれば、タックスフリーで資産が築けるようになる。覚えていてほしい。よい戦略の第一歩は、夢から始まる。節税し、その浮いた分で財産を築くという夢だ。そのことを忘れないでほしい。

確かに時間と労力はかかるだろう。まずは今、自分はこれから節税して財産を増やすのだと意識的に決心することだ。先送りにすればするほど、支払う税金は増え、夢を叶えるのに時間がかかってしまう。節税のいいところは、今日からでも始められることだ。本書で学んだ考え方を応用するだけでいい。

そして考えてみてほしい。複利だけに頼るのではなく、レバレッジやお金の速度を利用して資産を築けたら、こんなに楽しいことはない。やはり、近所を歩き回るよりもレーシングカーで飛ばすことの方がずっと楽しいし、目的地に速く着けるのだから。

私がビジネスをしていて一番好きなのは、ほかの人たちが夢を叶えるための手伝いをすることだ。ぜひwww.taxfreewealthbook.comにアクセスして、タックスフリーで資産を作るという目標達成に向けて、必要な追加情報を入手してほしい。本書を通じてあなたに私の知識をお伝えできたことは、大きな喜びだ。次はぜひ、金持ち父さんのセミナーまたはアリゾナ州テンペにある私の事務所で、あなたにお会いできる日を楽しみにしている。

日本の税制について

渡邊浩滋（大家さん専門税理士）

私も『金持ち父さん貧乏父さん』のシリーズを読んで、衝撃を受けた一人です。

その著者ロバート・キヨサキ氏のビジネスパートナーである、公認会計士トム・ホイールライト氏の著書を解説させて頂く機会に恵まれました。

どんな裏技が書いてあるのだろう。期待しながら読んでいくと、いい意味で、期待を裏切られました。

「これは怪しい節税本ではなく、王道の節税本である」読み進めていきながら直感的に思いました。

読み終えたときには、「税金は戦略だ」と普段私自身が思っていることを、改めて確信しました。

とくに本書の第9章、第10章で言っていることは非常に重要です。

「どれだけ所有しているかではなく、どれだけコントロールできるか」

これがまさに節税の本質なのです。

1. 税金対策に必要な戦略

日本でも所得税は、超過累進税率が採用されています。所得が高くなればなるほど、高い所得部分に高い税率で課税されるのです。

「いかに低い税率で課税を受けるか」これには戦略が必須です。

戦略を考えるうえで必要なものは次の二つです。

①収入の受け皿をどうするのか（仕組み作り）

②課税を受けるタイミングをどうするか（時間という横軸で考える）

①については、所得の低い家族に収入を移したり、税率の低い法人を使うという方法があります。法人は、税金をコントロールできる最適の方法です。法人で課税を受けて、法人税を払ってもよいし、法人から家族に給与を支払って、家族で課税を受けることも選択できるのです。

家族に給与を払う場合に注意が必要なのは、社会保険（本書では雇用税）。日本では、社会保険料の方が、所得税や法人税よりも高くなることがあるからです。

社会保険まで含めたトータル設計が欠かせないのです。しかし、法人を設立するときに、社会保険まで含めた設計をしている人（アドバイザーも含めて）は、数少ないのです。

②については、長期的な展望が不可欠になります。本書の第17章でも詳しく書いてありますが、引退すると税率が下がるかどうかは自分次第なのです。豊かな引退生活を求めるのであれば、収入が減らない人生設計が必要となるはず。

日本でも、年金だけでは老後資金が足りないと騒がれています。

自分自身で老後の生活資金を貯めておければよいですが、そもそも今の収入で貯蓄することが難しいと思っている人が多いことも事実ではないでしょうか。すると、老後になっても、収入を稼がないとならない時代になっていることを認識しなければならないのです。

いつ稼ぐのか。どのように稼ぐのか。

これによって、いつ税金を払うのがよいのかが変わってくるのです。ここで税金を抑えられる設計をすれば、貯められるお金は増えるのです。

例えば、

・法人を設立して、法人で賃貸不動産を購入する
・バリバリ働けるうちは、サラリーマンの収入で生活し、法人から給与はもらわない（法人税を払い、法人にお金を貯める）
・サラリーマンで稼げなくなったときに、法人から給与をもらう
・足りない老後資金は、退職金でもらうようにする

などが考えられます。

そのためには人生設計と資産設計が必要で、その間をつなぐ税金の戦略が不可欠です。この税金は、所得税や法人税だけでなく、相続税なども関係してくることになります。

このような税金のコントロールができれば、本書でいう「恒久的に税金を減らす」ことが可能となります。一人でその戦略を考えるのは難しいです。是非、パートナーとなるべき税理士を見つけて頂きたいと思っています。

2. 日本の税制ではどうか

本書をお読みになって、「これ、実際に日本で適用できるの？」と疑問をお持ちかと思います。

日本の税制での注意点を解説していきます。

（1）総合課税と分離課税

アメリカでは、受動的所得（パッシブインカム）と能動的所得（アクティブインカム）に区分して、受動的所得の損失を能動的所得の損失と相殺することが制限されています。そのため、受動的所得となる収入を作ろうと本書では言っていますが、日本では少しルールが異なります。

不動産の家賃収入は不動産所得、給与収入は給与所得に区分されますが、いずれも総合課税の対象として、合算していきます。

つまり、不動産所得のマイナスは、給与所得のプラスと相殺（損益通算）が可能です。

なお、不動産を売却した場合には、譲渡所得に区分されます。これは分離課税といって、総合課税とは別計算となります。原則として、総合課税と分離課税のプラスマイナスは、相殺（損益通算）ができません。

日本では、不動産所得と給与所得などの所得との損益通算ができるため、不動産賃貸による節税がしやすいとも言えます。

しかし、不動産所得がマイナスになった場合の注意点があります。

不動産所得については、赤字になった場合には、「土地取得にかかる借入金の利息については、損益通算の対象にはならない」という規定があります。

土地の借入金の利息について、経費にならないということではなく、経費にはなるけれども、赤字になった場合には、赤字分から土地の借入金の利息を控除した金額が、損益通算の対象になるということです。

例えば、不動産所得がマイナス一〇〇万円になった場合、経費計上した借入金利息一二〇万円のうち、土地にかかる利息部分が六〇万円とすると、一〇〇万円－六〇万円＝四〇万円のみが損益通算の対象になります。

この規定があるため、土地から購入する投資家さんは、赤字にしても思ったほど節税にならないことがよくあります。

（2）同一生計親族に対する支払い

本書第5章と第9章では、子供を、家族でやっているビジネスや投資に参加させ、子供に給与を支払うことで税金の控除を受けることができる方法が記載されています。

個人事業主の場合、日本での注意点があります。

家族（同一生計親族）に対して支払う経費（給与など）は、本人の経費にできないのが原則です。給与を受け取った家族も収入に計上はしません。同一生計親族とは、同じ家計でやりくりしている家族。その中でのお金のやり取りは、単に同じ家計（お財布）の中でのやり取りにすぎず、経費にしないという趣旨です。

ですから、子供に事業を手伝ってもらっているからといって、子供に給与を払って経費にすることはできないのです。しかし、例外として青色事業専従者に対して支払う給与は、経費にすることが可能です。

そのためには、下記の要件を満たしている必要があります。

①本人が青色申告者で事業的規模であること
②その家族の年齢が一五歳以上であること
③その家族が年を通じて六か月（従事可能期間の二分の一）を超えて事業に専ら従事していること
④適用をしようとする年の三月一五日までに税務署に届出すること
⑤届出書に記載されている金額の範囲内で、実際に支払われたこと
⑥支払われた金額が労務の対価として相当であること

なお、別生計親族への給与の支払いは経費にすることが可能です。また、法人が家族従業員に支払う給与も経費にすることは可能です。

（3）相続税と相続により取得した不動産の売却

平成二七年による相続税法の改正によって、日本の相続税は、大衆課税化されました。相続税がかからない範囲である基礎控除が大幅に下がったためです。

相続税の基礎控除＝三〇〇〇万円＋六〇〇万円×法定相続人の数

相続人が一人なら三六〇〇万円、二人なら四二〇〇万円、三人なら四八〇〇万円となり、ある程度の資産があれば、相続税がかかってくる可能性があります。

なお、アメリカの遺産税は、アメリカに住んでいる人の基礎控除が大きく相続税がかからない人が多いですが、アメリカに住んでいない人（非居住者）の基礎控除は六万ドルなので、日本に住んでいながらアメリカの不動産を所有すると、日本の相続税だけでなく、アメリカの遺産税も課税される可能性があるので注意が必要です。

したがって、不動産投資をして、不動産の保有をしていくとなると、相続税対策も念頭におかないとならなくなります。

また日本の相続のしくみとアメリカの相続のしくみも大きく異なる点があります。

アメリカには、プロベート手続きという、裁判所の管轄に基づく相続分割手続きがあります。この手続きには、非常に時間の手間がかかるため、それを避けるために信託契約がさかんに行われています。

日本にはプロベート手続きというものはなく、相続人主導で遺産分割手続きが行えます。しかし、ここ十数年で信託法が改正されて、家族間でも信託契約できるようになり、信託が注目を浴びてきていますが、日本ではまだまだ発展途上の状況です。

また、相続した不動産を売却した場合の課税も日本とは異なります。

第19章に、資産を売却した場合のキャピタルゲイン税を回避する方法の記述があります。死ぬまで物件を所有し続けると、相続した日の不動産評価額に未償却残高（取得費）が引き上げられることから、相続人が相続後に売却したとしてもキャピタルゲイン税が発生しないというもの。

日本では、単純相続の場合、取得費が相続時点の評価額に引き上げられることはありません。相続時時点の取得費を相続人が引き継ぐこととなり、売却した場合に、売却金額との差に譲渡税が発生することになります。

例えば、父が一億円で賃貸物件を購入し、相続があるまでに累計で四〇〇〇万円の減価償却を取ったとします。取得費は一億円－四〇〇〇万円＝六〇〇〇万円となります。

これを子が相続して九〇〇〇万円で売却すると、九〇〇〇万円－六〇〇〇万円＝三〇〇〇万円が譲渡益となり、これに譲渡税（長期譲渡なら二〇・三一五％）が課税されることになります。

日本では、相続によって「精算される」のではなく、「引き継ぐ」という考えに基づいているためです。

なお、日本の場合、相続後三年一〇か月以内に相続財産を相続人が売却した場合に、支払った相続税の一部を譲渡税から控除する特例があります。

（4）事業用の買換え特例

第19章に、同種の不動産の買換え交換という制度が紹介されています。

日本にも買換え特例と呼ばれる、似たような制度があります。この買換え特例は、居住用や事業用などに用意されており、賃貸不動産は、事業用の買換え特例が使えます。

しかし、日本の事業用の買換え特例は、非常に要件が厳しくなっています。税制改正があるたびに適用範囲を狭めてきている傾向にあります。

アパートやマンションの買換えの場合には、「一〇年超所有資産の事業用の買換え」が、主に利用されています。この買換えは、譲渡資産、買換資産それぞれの要件があります。

《譲渡資産の要件》

・譲渡資産がその年の一月一日時点で一〇年超所有していること

・事業的規模は問いませんが、相当の対価を得て継続していること

《買換資産の要件》

・買換資産が土地の場合は、面積が三〇〇㎡以上のもので、事務所、工場、作業場、研究所、営業所、店舗、倉庫、住宅その他これらに類する施設の敷地の用に供されるもの（駐車場については、上記の施設と併設されて事業上必要とされるもの、又は、開発許可申請中だけ駐車場にしている場合に対象とされる）

・買替資産の土地については、譲渡した土地の面積の五倍以内が対象となり、五倍を超える部分は対象とならない

・買換資産は、原則として、譲渡資産を譲渡した年、譲渡した前年、譲渡した翌年に取得すること

例外として、譲渡した年の前々年もしくは翌々年、翌々々年まで延長することができる場合がある

・買換資産を取得した日から一年以内に事業に使うこと

要件を満たせば、買換えをした物件を売却するときにも適用は可能ですが、期間が一〇年を超える必要があるため、繰り返し適用するにも時間的制限がかかってしまいます。

（5）ＬＬＣ（合同会社）とＬＬＰ（有限責任事業組合）

本書のところどころに出てくるアメリカのＬＬＣとＬＬＰは、日本と大きく異なります。日本版のＬＬＣは、合同会社になります。合同会社は、有限会社が新設できなくなったことに代わってできた会社形態で、株式会社と同様に出資者が有限責任の範囲で責任を負うものです。税制も株式会社と同様に、法人税が課税されます。ですが、アメリカ版のＬＬＣやＳコーポレーションのようにパススルー課税ではありません。

パススルー課税が適用できるのは、ＬＬＰ（有限責任事業組合）です。有限責任事業組合は、民法組合の特例であり、法人格はありません。出資者である組合員が、出資の引受価額を限度として責任を負い（有限責任）、出資者である組合員が業務の執行を行います。

有限責任事業組合には法人税等が課税されません。組合から配当を受ける組合員に対して課税（いわゆるパススルー課税）が行われるのが特徴です。このＬＬＰを使うことで、本書に書いているような税金をコントロールすることが可能になります。ただし、注意点として次の二点があげられます。

・ＬＬＰでは許認可の主体になれず、建設業や不動産業など業種によってはＬＬＰの名前で業務を行うことができない場合があること
・また、金融機関がＬＬＰに対して融資を積極的に行ってくれない可能性があるということ

まだまだ日本では、ＬＬＰの認知度が高くなく、活用法も少ないのが現状です。本書を通じて、ＬＬＰをもっと活用しようという流れが出て、税金の戦略として利用する人が増えればよいと願っています。

(6) コストセグリゲーション

第7章で、コストセグリゲーションが紹介されています。

資産を、土地・建物以外にも細かく分類することによって、短く償却することが可能という方法です。

日本でもコストセグリゲーションは可能と考えますが、根拠がある分類でなければなりません。

自分勝手に資産の分類をすると、後から税務署から指摘を受ける可能性があります。

そうならないように、資産を分類する専門家(建築士や不動産鑑定士など)が必要です。専門家に払う報酬を考えると、ある程度大きな物件でないとコスト倒れになる可能性があることに気を付けましょう。

また、本書では、不動産を購入してからどんなに年数が経っていたとしても、その年にコストセグリゲーションをしたのと同じだけの減価償却ができると紹介されていますが、日本では、過去の経費(減価償却)を、その年の経費にすることはできません。

3. ルールを知るものが勝つ

日本とアメリカの税制は異なる部分があることは間違いありません。

しかし、本書でも言われているように、税法は大部分が税金を減らすものというのは、日本でも同じです。

不動産投資は税金との戦いであると、よく言われます。

これは私の持論ですが、サッカーや野球でも実力があるだけでは勝てないと思っています。ルールを知り尽くし、ルールを味方にできる者が勝者になれるのだと。

ビジネスも同じことが言えます。ここでいうルールとは、税法です。

税法を知り尽くし、味方につけることがビジネスにおいて成功者になれると思っています。

決して一人で戦う必要はありません。税理士を始めとするチームを作り、チームで戦術を練り、戦っていけば、難しいことではありません。私も微力ながらみなさまのお力になれれば幸いです。

みなさまのビジネス・投資の成功を祈っています。

著者・訳者紹介

ロバート・キヨサキ
Robert T. Kiyosaki

個人ファイナンス関連書籍で前代未聞のベストセラーとなった『金持ち父さん　貧乏父さん』の著者ロバート・キヨサキは、世界中の人々のお金に対する考え方に疑問を投げかけ、その考え方を変えてきた。彼は起業家、教育者、投資家であり、世界には雇用を創出する起業家がもっと必要だと信じている。

お金と投資に関するキヨサキの考え方は、社会通念と対立することも多い。キヨサキは歯に衣を着せず、時として不遜だが勇気ある発言をするとの定評を世界中で得ており、ファイナンシャル教育の大切さを臆することなく情熱を持って語る唱道者の一人だ。

ロバートとキム夫妻は、ファイナンシャル教育を提唱するリッチダッド・カンパニーの創設者であり、ゲーム『キャッシュフロー』の考案者だ。二〇一四年、このゲームの世界的な成功を糧に、新たに斬新なゲームのモバイル版とオンライン版を発売した。

ロバートは、お金、投資、金融、経済などに関する複雑なコンセプトを分かりやすく語れる才能をもったビジョナリー（未来を見すえる人）として広く受け入れられており、経済的自由を得るまでの自分自身の道のりを、あらゆる年齢層や経歴の聴衆の心に響く形で公開している。

「持ち家は資産ではない」「キャッシュフローを生む資産に投資せよ」「貯金する人は負け組だ」といった彼の中心的原理やメッセージは批判を浴び冷笑された。だが彼の教えや哲学は、この二〇年間の世界の展開を正確に予言し、人々を動揺させてきた。

大学に行っていい仕事に就き、貯金をし、借金を返し、長期の分散投資をせよという「旧来の」アドバイスは、変化の激しい今日の情報社会では完全に時代遅れだ、というのがロバートの主張だ。金持ち父さんの考え方やメッセージは現状に挑戦するものだ。その教えは、人々にファイナンシャル教育を受け将来に向けて積極的に投資を行うよう勧める。

国際的なベストセラーとなった『金持ち父さん　貧乏父さん』をはじめ、ロバートの著作は二〇年にわたり国際的なベストセラーリストにランクされている。彼は現在も世界中の聴衆に向けて教えを説き、人々を鼓舞し続けている。

世界中のメディアへの出演も多く、CNN、BBC、フォックス・ニュース、アル・ジャジーラ、GBTV、BTV、PBSをはじめ、ラリー・キング・ライブ・オプラ、ピープル、インベスターズ・ビジネス・デイリー、シドニー・モーニング・ヘラルド、ザ・ドクターズ、ストレーツ・タイムズ、ブルームバーグ、NPR、USAトゥデイ他、多数のメディアに出演している。

より詳しく学びたい方は、ぜひRichDad.comを訪れてほしい。

トム・ホイールライト　公認会計士
Tom Wheelwright, CPA

公認会計士であるトム・ホイールライトは、世界最初の戦略的CPA事務所であるプロビジョンの創造力の源である。創設者兼CEOのトムは、プロビジョンの優良顧客に対し、税や事業、蓄財などに関する革新的なコンサルティングや戦略サービスを提供している。

トムはパートナーシップや法人の税金戦略に関する傑出した専門家であり、多くの著作もある。著名な講演者であり、富に関する革新的な指導者である。

ドナルド・トランプはトムをWealth Builders Program（財産構築プログラム）の貢献者として選出しており、「一流の中の一流」と称賛する。ベストセラー『金持ち父さん　貧乏父さん』の著者であるロバート・キヨサキは、トムを「金持ちを目指す人間なら誰もが自分のチームに引き入れたい人物」と評している。

ロバート・キヨサキの著書『The Real Book of Real Estate』では、トムが一章と二一章を執筆した。また、キヨサキの最新刊『金持ち父さんのこうして金持ちはもっと金持ちになる』では多大な貢献をしており、『金持ち父さんのパワー投資術』や『金持ち父さんのアンフェア・アドバンテージ』でも執筆に協力している。

トムは大手専門誌やオンラインの媒体にも寄稿しており、米国、カナダ、ヨーロッパ、アジア、南米、オーストラリアなどで多くの聴衆に向けて講演している。

トムは三五年にわたり、製造業、不動産、ハイテク分野などの優れた投資家やビジネスオーナーのために税金、事業、富に関する革新的な戦略を考案してきた。現在の彼の情熱は、こうした戦略を人々に伝えることだ。トムは様々な会議で基調講演をし、またパネリストとして参加し、旧弊な税金戦略を打破するための画期的な議論を行っている。

トムの専門家としての経験は多岐にわたる。四大会計事務所のひとつ、アーンスト&ヤングのワシントンDC国税関連部署で、数千人のCPAへのトレーニングを管理・主導した。また当時フォーチュン1000にランキングされていたピナクル・ウェスト・キャピタル・コーポレーションでは、企業内税金アドバイザーを務めた。

さらにアリゾナ州立大学の修士課程税金コースの非常勤教授を一四年務め、州をまたぐ税対策の手法を指導するコースを創設、多くの大学院生を指導した。

白根美保子
Shirane Mihoko

翻訳家。早稲田大学商学部卒業。訳書に、ロバート・キヨサキ『改訂版　金持ち父さん　貧乏父さん』などの「金持ち父さん」シリーズ、キャサリン・サンダース『家族を亡くしたあなたに――死別の悲しみを癒すアドバイスブック』、クレア・ウィークス『完全版　不安のメカニズム』（以上、筑摩書房）、共訳書にエリザベス・メーレン『悲しみがやさしくなるとき』（東京書籍）ほか。

シュレーゲル 京 希伊子
Schlegel Miyako Keiko

高校在学中に、AFS交換留学生として米国に留学。在シアトル日本国総領事館、新進党本部、米国大使館、国連大学などを経て、現在はフリーランスの翻訳家。世界最大手IT企業などの翻訳に携わる。シアトル在住。

渡邊浩滋　税理士

Watanabe Kouji

税理士、司法書士、宅地建物取引士。税理士・司法書士渡邊浩滋総合事務所代表。

一九七八年東京都江戸川区生まれ。明治大学法学部卒業。司法書士試験合格後、実家の大家業を引き継ぐ。空室対策や経営改善に取り組み、年間二〇〇万円の赤字から一四〇〇万円の黒字までのV字回復を果たす。

大家兼業税理士として悩める大家さんの良き相談相手となるべく、不動産・相続税務専門の税理士法人に勤務。退職後、二〇一一年に事務所を設立し、二〇一八年から大家さん専門税理士ネットワークknees bee（ニーズビー）を立ち上げ、大家さん専門税理士のフランチャイズを展開している。

資格専門学校の講師経験があり、講演も多数おこなっている。

金持ち父さんシリーズ

●『改訂版　金持ち父さん　貧乏父さん――アメリカの金持ちが教えてくれるお金の哲学』
●『改訂版　金持ち父さんのキャッシュフロー・クワドラント――経済的自由があなたのものになる』
●『改訂版　金持ち父さんの投資ガイド　入門編――投資力をつける16のレッスン』『改訂版　金持ち父さんの投資ガイド　上級編――起業家精神から富が生まれる』
●『改訂版　金持ち父さんの子供はみんな天才――親だからできるお金の教育』
●『改訂版　金持ち父さんの若くして豊かに引退する方法』
●『改訂版　金持ち父さんの起業する前に読む本――ビッグビジネスで成功するための10のレッスン』
●『金持ち父さんの予言――嵐の時代を乗り切るための方舟の造り方』
●『金持ち父さんの金持ちになるガイドブック――悪い借金を良い借金に変えよう』
●『金持ち父さんのパワー投資術――お金を加速させて金持ちになる』
●『金持ち父さんの学校では教えてくれないお金の秘密』
●『金持ち父さんのファイナンシャルIQ――金持ちになるための5つの知性』
●『金持ち父さんのアンフェア・アドバンテージ――知っている人だけが得をするお金の真実』
以上すべてロバート・キヨサキ著／白根美保子訳／筑摩書房
●『金持ち父さんのサクセス・ストーリーズ――金持ち父さんに学んだ25人の成功者たち』ロバート・キヨサキ著／春日井晶子訳／筑摩書房
●『金持ち父さんの金持ちがますます金持ちになる理由』ロバート・キヨサキ著／井上純子訳／筑摩書房
●『金持ち父さんの21世紀のビジネス』ロバート・キヨサキ、キム・キヨサキ、ジョン・フレミング著／白根美保子訳／筑摩書房
●『金持ち父さんの「大金持ちの陰謀」――お金についての8つの新ルールを学ぼう』ロバート・キヨサキ著／井上純子訳／筑摩書房
●『金持ち父さんのセカンドチャンス――お金と人生と世界の再生のために』ロバート・キヨサキ著／岩下慶一訳／筑摩書房
●『金持ち父さんのこうして金持ちはもっと金持ちになる』ロバート・キヨサキ著／岩下慶一訳／筑摩書房
●『金持ち父さんの「これがフェイクだ！」――格差社会を生き抜くために知っておきたいお金の真実』ロバート・キヨサキ著／岩下慶一訳／筑摩書房
●『金持ち父さんの新提言　お金がお金を生むしくみの作り方』
●『金持ち父さんのお金を自分のために働かせる方法』
以上二点はロバート・キヨサキ著／井上純子訳／青春出版社
●『人助けが好きなあなたに贈る金持ち父さんのビジネススクール　セカンドエディション』ロバート・キヨサキ著／マイクロマガジン社
●"Rich Dad's Escape the Rat Race"
●"The Real Book of Real Estate"
●"Why "A" Students Work for "C" Students"
●"8 Lessons in Military Leadership for Entrepreneurs"
●"More Important Than Money"

ドナルド・トランプとの共著

●『あなたに金持ちになってほしい』ドナルド・トランプ、ロバート・キヨサキほか著／白根美保子、井上純子訳／筑摩書房
●『黄金を生み出すミダスタッチ――成功する起業家になるための5つの教え』ドナルド・トランプ、ロバート・キヨサキ著／白根美保子訳／筑摩書房

キム・キヨサキの本

●『リッチウーマン――人からああしろこうしろと言われるのが大嫌い！という女性のための投資入門』キム・キヨサキ著／白根美保子訳／筑摩書房

●"It's Rising Time—A Call for Women: What It Really Talks for the Reward of Financial Freedom"

エミ・キヨサキとの共著

●『リッチブラザー リッチシスター――神・お金・幸福を求めて二人が歩んだそれぞれの道』ロバート・キヨサキ、エミ・キヨサキ著／白根美保子訳／筑摩書房

金持ち父さんのアドバイザーシリーズ

●『セールスドッグ――「攻撃型」営業マンでなくても成功できる！』ブレア・シンガー著／春日井晶子訳／筑摩書房
●『勝てるビジネスチームの作り方』ブレア・シンガー著／春日井晶子訳／筑摩書房
●『不動産投資のABC――物件管理が新たな利益を作り出す』ケン・マクロイ著／井上純子訳／筑摩書房
●『資産はタックスフリーで作る――恒久的に税金を減らして大きな富を築く方法』トム・ホイールライト著／白根美保子、シュレーゲル京希伊子訳／筑摩書房
●"The ABCs of Property Management" Ken McElroy
●"Advanced Guide to Real Estate Investing", Ken McElroy
●"Start Your Own Corporation", Garrett Sutton
●"Run Your Own Corporation", Garrett Sutton
●"How to Use LLCs and LPs" Garrett Sutton
●"Writing Winning Business Plans", Garrett Sutton
●"Buying and Selling a Business", Garrett Sutton
●"The ABCs of Getting Out of Debt", Garrett Sutton
●"Loopholes of Real Estate", Garrett Sutton
●"Stock Market Cash Flow", Andy Tanner
●"The Social Capitalist", Josh and Lisa Lannon

金持ち父さんのオーディオビジュアル

●『ロバート・キヨサキのファイナンシャル・インテリジェンス』タイムライフ（CDセット）
●『ロバート・キヨサキ ライブトーク・イン・ジャパン』ソフトバンクパブリッシング（DVD）
●『金持ち父さんのパーフェクトビジネス』マイクロマガジン社
●『金持ちになる教えのすべて』（DVD3枚付）マイクロマガジン社
●『プロが明かす 不動産投資を成功させる物件管理の秘密』（CD4枚付）マイクロマガジン社

金持《かねも》ち父《とう》さんのアドバイザーシリーズ

資産《しさん》は
タックスフリーで作《つく》る

恒久的《こうきゅうてき》に税金《ぜいきん》を減《へ》らして大《おお》きな富《とみ》を築《きず》く方法《ほうほう》

二〇一九年一〇月三〇日　初版第一刷発行

著者　トム・ホイールライト
ロバート・キヨサキ
訳者　白根美保子（しらね・みほこ）
シュレーゲル 京 希伊子（しゅれーげる・みやこ・けいこ）
編集協力　渡邊浩滋（わたなべ・こうじ）
発行者　喜入冬子
発行所　株式会社　筑摩書房
東京都台東区蔵前二―五―三　〒一一一―八七五五
電話番号〇三―五六八七―二六〇一（代表）
装幀　井上則人・入倉直幹（井上則人デザイン事務所）
印刷・製本　中央精版印刷株式会社
ISBN978-4-480-86469-7 C0033

『キャッシュフロー101』で
ファイナンシャル・インテリジェンスを高めよう!

読者のみなさん

『金持ち父さんシリーズ』を読んでくださってありがとうございました。お金についてためになることをきっと学ぶことができたと思います。大事なのは、あなたが自分のファイナンシャル教育のために投資したことです。

私は皆さんが金持ちになれるように願っていますし、金持ち父さんが私に教えてくれたのと同じことを身につけてほしいと思っています。金持ち父さんの教えを生かせば、たとえどんなささやかなところから始めたとしても、驚くほど幸先のいいスタートを切ることができるでしょう。だからこそ、私はこのゲームを開発したのです。これは金持ち父さんが私に教えてくれたお金に関する技術を学ぶためのゲームです。楽しみながら、しっかりした知識が身につくようになっています。

このゲームは、楽しむこと、繰り返すこと、行動すること——この三つの方法を使ってあなたにお金に関する技術を教えてくれます。『キャッシュフロー』はおもちゃではありません。単なるゲームでもありません。特許権を得ているのは、このようなユニークさによるものです。

このゲームはあなたに大きな刺激を与え、たくさんのことを教えてくれるでしょう。金持ちと同じような考え方をしなくては、このゲームには勝てません。ゲームをするたびにあなたはより多くの技術を獲得していきます。ゲームの展開は毎回違います。あなたは新しく身に着けた技術を使って、さまざまな状況を乗り越えていくことになるでしょう。そうしていくうちに、お金に関する技術が高まると同時に、自信もついてきます。

このゲームを通して学べるような、お金に関する教えを実社会で学ぼうとしたら、ずいぶん高いものにつくこともあります。『キャッシュフロー』のいいところは、おもちゃのお金を使ってファイナンシャル・インテリジェンスを身につけることができる点です。

はじめて『キャッシュフロー』をするときは、むずかしく感じるかもしれません。でも、繰り返しゲームをするうちに、あなたのファイナンシャル・インテリジェンスが養われていき、ずっと簡単に感じられるようになります。

このゲームが教えてくれるお金に関する技術を身につけるためには、まず少なくても六回はゲームをやってみてください。何度も繰り返すことでその内容が理解できるようになります。『キャッシュフロー』で学びながら『金持ち父さんシリーズ』やそのほかの本で勉強を続ければ、あなたはこれから先の自分の経済状況を自分の手で変えていく力がつきます。ゲームに慣れたら、次はバンカー役を引き受けたりして、他の人がプレーするのを手助けしましょう。人に教えることで、その内容をより深く理解し、新たな視点からゲームを見ることができるようになります。

子どもたちのためには、六歳から楽しく学べる『キャッシュフロー・フォー・キッズ』があります。

『キャッシュフロー』ゲームの考案者
ロバート・キヨサキ